民国浙江史研究系列·民国浙江经济问题

本辑主编　潘国旗

民国史论丛

MINGUOSHI LUNCONG

浙江省民国浙江史研究中心 编

第五辑

中国社会科学出版社

图书在版编目（CIP）数据

民国史论丛. 第五辑／浙江省民国浙江史研究中心编. —北京：中国社会科学出版社，2020.5

ISBN 978-7-5203-6443-0

Ⅰ.①民…　Ⅱ.①浙…　Ⅲ.①浙江—地方史—研究—民国②区域经济—经济史—研究—浙江—民国　Ⅳ.①K295.5②F129.6

中国版本图书馆 CIP 数据核字（2020）第 072207 号

出 版 人	赵剑英	
责任编辑	宫京蕾	
责任校对	郝阳洋	
责任印制	李寡寡	

出　　版	中国社会科学出版社	
社　　址	北京鼓楼西大街甲 158 号	
邮　　编	100720	
网　　址	http://www.csspw.cn	
发 行 部	010-84083685	
门 市 部	010-84029450	
经　　销	新华书店及其他书店	

印刷装订	北京君升印刷有限公司	
版　　次	2020 年 5 月第 1 版	
印　　次	2020 年 5 月第 1 次印刷	

开　　本	710×1000　1/16	
印　　张	20.75	
插　　页	2	
字　　数	277 千字	
定　　价	98.00 元	

凡购买中国社会科学出版社图书，如有质量问题请与本社营销中心联系调换
电话：010-84083683

目　　录

民国时期的浙江财政经济概论 ……………………………… 潘国旗（1）

江浙财团与北洋政府的经济关系 …………………………… 陶水木（8）

    一　江浙财团与北洋政府的财政经济政策 ………………………（8）

    二　江浙财团与北洋政府的内债 ………………………………（14）

    三　江浙财团与关税特别会议 …………………………………（30）

江浙财团与南京国民政府的财政 ……………… 潘国旗　雷　莉（50）

    一　江浙财团与国民政府建立前国民党的财政经济关系 …………（51）

    二　江浙财团与国民政府 1927—1931 年的公债 ………………（64）

    三　江浙财团与 1932 年的公债风潮和公债整理 ………………（73）

    四　江浙财团与国民政府 1933—1937 年的公债 ………………（82）

张静江与浙江经济建设 ……………………………………… 汪晓浩（97）

    一　社会经济概况与张静江的治浙主张 …………………………（97）

    二　改善基础设施 ………………………………………………（101）

    三　改良农业和发展林业 ………………………………………（118）

    四　举办展览会 …………………………………………………（127）

    余论 ………………………………………………………………（137）

浙江绍兴柯桥镇商会与地方社会 …………………………… 陈　杰（144）

    一　柯桥镇商会的组织演进与运行机制 …………………………（145）

二　柯桥镇商会与地方经济 ……………………………………（160）

三　柯桥镇商会与地方社会的治理 ……………………………（191）

四　柯桥镇商会的政治参与 ……………………………………（204）

新式交通与近代江南交通格局的变动 …………………… 丁贤勇（212）

一　海陆交通格局变化：出现海洋导向的交通格局 …………（212）

二　水陆交通工具变化：显现陆上交通运输主导性作用 ………（215）

三　交通的社会作用加强：对中西方、东西部空间结构的影响 ……（218）

沪杭铁路与沿线社会经济（1912—1937） ……………… 杨玄博（223）

一　沪杭铁路的修筑 ……………………………………………（223）

二　沪杭铁路对区域经济的调节 ………………………………（226）

三　铁路影响下的城乡变化 ……………………………………（241）

小结：沪杭铁路促进发达区域间的互动 ………………………（249）

1945—1949 年杭州市粮食危机探析

　　——以钟渭泉案为中心的考察 ………………………… 张　旭（253）

一　1945 年以前杭州市的粮食问题 …………………………（253）

二　战后杭州市粮食问题：供求失衡、粮价飞涨 ……………（257）

三　战后杭州市抢米风潮 ………………………………………（270）

四　收购摊米、操纵米价 ………………………………………（278）

五　粮食危机下各方势力的角逐 ………………………………（287）

结语 ………………………………………………………………（326）

民国时期的浙江财政经济概论

潘国旗

  浙江位于中国东南沿海，素有"东南财赋之区"之称。秦至清朝，财政税收集权于中央，全国财政收支都在中央政府一个大系统内统一管理，浙江财政仅是国家财政在浙江的分配活动，而不是与中央财政相对应的地方财政。清末曾清理浙江财政，拟分设浙江地方财政，但未实行。辛亥革命推翻清王朝的统治，建立了中华民国。尽管孙中山领导的南京临时政府为时短暂，政权先后被袁世凯及其各派系把持，但是中国社会在政治、经济、文化各方面还是出现了不少新气象。从财政制度上来说，最大的一个变化就是西方国家分税制财政体制的引入和尝试，北洋政府于 1913 年 1 月明确划分了国家收支和地方收支的标准，至此，中国才开始有地方财政的雏形。

  清朝前期，由于浙江交通便利，工商业发达，社会经济即优于他省，则财政情形，自较裕于各省，浙江每年财政除供本省开支外，报解中央的款项，为数至巨。自鸦片战争开始，外患日重，战乱频仍，国运既塞，民生亦促，唯财政支绌之象虽显，而浙江本省尚能库有存银，款无延解，较之他省，犹胜一筹。民国成立，国地收支划分，实行中央、地方两级财政，浙江省始有一定财政自主权。民国十年（1921）前，浙江财政基本自立，上缴中央专款后，尚可保证地方财政平衡。如朱瑞任浙江都督时期，起始由于负担甚重，负债累累。但经过一年多的整理，情形有明显改观。到1914 年 7 月，浙省除自谋财政平衡外，每月尚可认解中央银 25 万元。故有人认为民初浙省财政在 1916 年前是"极盛时期"。但尔后因军费扩张，日形见绌。[①] 尤其是自 1921 年以后，由于在浙江的大大小小军阀，除了穷奢极欲、挥霍无度外，还拼命扩充军队，军费支出更是飞速增加。为了满足以上种种需要，他们就整顿旧税、创设新税，把所有负担都压到人民头上。当这些军阀互相厮杀，在一进一出的过程中，还要向地方进行恫吓敲诈、勒索巨款，不但地方人民不胜其扰，社会经济发展也受到严重影响。如江浙战争，两省军费开支据外人估计高达 6000 万—7000 万元[②]，而浙省 1923年的财政积欠高达 310 万元，依靠正常的财政手段无法解决，到两军开火，军用浩繁，对民众的勒索便常有听闻了。

北伐战争开始后，蒋介石把自己的故乡浙江视作筹措军费的一个非常重要的来源，仅北伐期间浙江省就设法垫解军费 580 万元，其中大部分借自银行。浙江省财政委员会自 1927 年 2 月成立至 5 月底撤销的 3 个多月时间，田赋等税收收入仅 3477224 元，而军政各项支出达 12260110 元，不敷银 8782000 余元，都靠借垫各款弥补。1927 年 6 月，浙江省财政厅成立后，财政状况并未好转，因过去留作省用的税款如烟酒税、印花税、煤油税等多归于财政部直接掌管，另外还得逐月代垫中央各款。

南京国民政府成立后，于 1928 年 7 月分别公布了划分国家收支和地方收支的暂行标准，经由 1928 年 7 月第一次全国财政会议决议，于同年 11月正式公布施行。规定地方收入在税收方面有田赋、契税、营业税、房捐及船捐五项，此外还列有地方财产、事业、行政、营业纯益、补助款、债款等收入。支出方面则列有党务费、行政费、司法费、公安费、财务费、

---

① 《魏颂唐偶存稿》，浙江财务人员养成所 1931 年编印，第 2 页。
② 《敬劝全国明达速筹救人自救之策》，《申报》1924 年 11 月 2 日。

教育文化费、实业费、交通费、卫生费、建设费、债务费等多项。这次国地收入划分，首先确定了地方岁入来源，为日后田赋、营业税和契税成为地方三大税源，打下了基础。

　　1931年国民政府实行裁撤厘金的财政改革，浙江省的财政每年少收数百万元，而新创立的营业税又由于制度不健全，一时无法抵补裁撤厘金的损失。当时浙江的另一项主要财政收入为田赋，但经过1934年的空前旱灾，田赋收入并不理想。而且，田赋主要是出自杭嘉湖和绍兴一带，这里的富户采取种种办法逃避，因此田赋每年均有大量的积欠。1934年12月，黄绍竑出任浙江省政府主席后，决定整理财政，首先就是对历年旧欠田赋的催征，但那时地籍尚未整理，一切册簿都操在庄户之手，催征的效果并不明显。当年的省支出共计1900万元，收入仅为1500万元，省库入不敷出甚巨，黄绍竑只能以举债进行补苴。为了达到财政平衡，黄绍竑还想在节支方面做些文章，但由于过去政府往往靠借债度日，为了维持信誉，每年还不得不拿出相当部分的款项来还旧债 。此外，国民政府在浙江的统治建立后，为了向人民树立重视实业、重视民生的形象，也或多或少搞了一些建设项目，这些均加重了财政的负担。在此形势下，浙江省的财政主要是采取发行公债和其他各种形式的借款来弥补财政收入的不足。浙江省的地方公债，其举于外国者以民国元年向德商克虏伯公司借债始；其举于国内者，则始于民国元年之爱国公债。北洋时期，浙江财政当局于1921年、1923年、1924年先后发行定期借券四次，1925有善后公债，1926年有整理旧欠公债，1928年有偿还旧欠公债及省公路公债，1929年有建设公债，至1936年，已先后举债凡16次，积欠达6000万元，无以因应，乃发行整理公债，将所有公债借款，分别归类，延长偿还期限，减轻利率。浙省财政才得免于破产。故民国以来的浙江财政可谓无时不与借债为缘，所幸浙江财政当局，对于公债之基金、偿还之办法，均能力求稳固，以维债信于不堕，是以浙省地方公债较之其他各省，尚胜一筹。

　　抗日战争爆发后，浙江旧有的税收制度不能适应战时的要求，尤其是一向富庶的杭嘉湖地区的沦陷，使浙江省财政收入几乎减少了一半，再加上军费的大量支出，省财政就更为困难。因此，财政的改革势在必行。黄绍竑第二次主浙后，对战时浙江省财政决定方针三项：（1）自给自足，自力更生，不拖中央"后腿"；（2）相当采取量入为出的原则，以适应战时的客观环境；（3）采取公卖、专卖、专运的方针，以筹措战时的费用。具体表现在以下几方面：首先是调整税收机构和整顿财政行政。1938年6月，在各区县设立税务处、税务分处，其职责是查验特产品的运销，监督全区征税并兼办所在区县营业征税事务。为严密稽查、整顿税务及协助征缉国税，各区还设立了查缉办事处，办理各区查缉事务。整顿财政行政，要是整饬纪律、严厉执行奖惩制度。省还举办财务人员训练班，对财务人员进行专门训练，使税务事业得到了一定的发展。其次是开辟财税来源。1938年11月，省政府颁布了《战区赋税征收大纲》，规定浙西游击区的田地从1939年起，不论基地、山荡都要缴纳田赋，由浙西税务处统一征收，税率是田地每亩每年征收二角，基地每亩每年征收四角，山地每亩每年征收四分，荡地每亩每年征收八分。① 一年分两期或四期征收，由纳税人直接向战区稽征所稽征员缴纳。营业税方面，征收特种消费税，凡在战区内运销土黄酒、烧酒、烟叶、土烟丝、卷烟、糖、食盐、火柴、煤油、绸缎、呢绒等货物均须缴纳该税。再次是实行公卖、专卖、专运等政策。1938年4月，经国民政府财政部同意，浙江省设立了战时卷烟公卖处，试办卷烟公卖。公卖办法是凡运销浙江省境的卷烟，征收50%的公卖费（按商人向烟厂进货实价，除去统税）；经过浙江运销他省的卷烟，进省时要缴纳通过保证金。对存藏的卷烟，在规定时期内要登记，并缴纳登记费。由于公卖卷烟

---

　　① 《浙江省政府公报法规专号》第4册，第225页。

增加了政府的不少收入，因此省政府在 1939 年又增加了火柴公卖。其办法是，在浙江制造或运销浙江省境的火柴，由公卖机关收买，不得私自行销；公卖机关收买境内火柴厂的火柴，按照制造成本加 1 分 5 厘的利息；本省境内火柴厂售存的火柴，要向公卖机关登记，每箱缴纳登记费 36 元。浙江省盛产食盐，沿海各县如余姚、黄岩、乐清、永嘉、瑞安、平阳等地有很多盐场。抗战开始后，浙江食盐的运销一度采取了官运为主、商运为辅的政策，实际上由于军运急需，所有火车、轮船等运输工具都为军事机关所控制，专商运盐困难，盐场的盐无法销售出去，盐民大批失业，无法生活，当然也直接减少了盐务机关的税收。为了抢运销售沿海存盐，救济盐民，黄绍竑亲自出面与两浙盐务局长周三农商量，由浙江省与盐务局合资设立战时食盐运销处，专管食盐运销工作。经盐务局的同意，1938 年 2 月，食盐运销处正式成立，从 7 月开始，食盐运销处改为食盐收运处，继续办理食盐运销。除此之外，浙江省政府还新增了省款经营贸易、地方营业纯益、轮船公益捐等收入项目。

由于采取了以上措施，战时浙江的财政得到了一定的改善。从 1937 年 7 月至 1938 年 12 月这一年半中，省库实收数为 32248758 元，而支出数为 26688775 元，收支相抵库存余达 5559883 元。正如黄绍竑所说："一年以来，财政收入，不但不因战事之影响而短少，在量的比例上，反较未开战前略有增加。"

抗日战争进入相持阶段后，国统区粮食奇缺，物价飞涨，中央政府的财政危机日益严重，地方政府的战时财政也窘态尽现，苛捐杂税因此死灰复燃。为谋对策，国民政府于 1941 年召开第三次全国财政会议，决定改订财政收支系统，全国财政分为国家财政与自治财政两大系统，省财政并入中央财政。1945 年抗战胜利后，这种战时环境下的高度集权的财政体制再也无法维持，国民政府又尝试实行中央与地方"均权"的财政体制。于是在 1946 年 6 月召开的财政部粮食部联合会议上，决定恢复中央、省、县之三级制财政。

抗日战争胜利后，由于接收巨额敌伪资产和收复区提供的税源，加上大量的美援，国民政府财政一度出现了极为有利的条件。但由于执政的国民党依仗其拥有的军力和财力，发动了违背人心的内战，致使军费支出无法控制，国库耗尽，国统区的财政金融出现了严重的危机。这一时期，浙江省政府的财政经济政策主要是服从于国民党反共内战的总要求。抗战胜利后，国民党为了部署新的内战，不顾浙江地少人多、常有天灾的客观现实，继续要求浙江承担巨额的军粮配额。当时国民党政府的军粮筹购委员会要求浙江提供 665600 石的军粮任务，这既是压在浙江人民身上的沉重负担，同时严重地影响了浙江省的财政收入。田赋是浙江人民的又一大负担，1946 年国民党政府要求浙江田赋征实，数额为 400 万担，但由于战争刚刚结束，人民无法交足，而国民党中央政府还是要求浙江将未完成部分和自1941 年以来所欠部分要继续缴纳。因此，自 1946 年后，浙江各县的财政普遍比较困难，预算无法平衡，省政府决定实行特产捐，以丝、蚕、竹、木、纸张等类产品作为征收对象，但此措施一出台马上遭到了各界人士的反对，浙江省政府最后不得不废除特产捐。

对民族工业最大的打击要数国民党实行的通货膨胀的经济政策。战后不久，国民党积极致力于发动反共内战，巨额的军费开支引起了财政赤字，为了弥补赤字，国民党主要采取了通货膨胀的政策。八年抗战结束，当时浙江的物价水平不过比战前上升 847 倍，即按 1948 年 8 月的重庆物价指数计算，也不过上升 2455 倍，9 月又回降为 1769 倍。但自抗战结束到全国解放，前后不到四年时间，浙江和其他国统区一样，出现了世界罕见的恶性通货膨胀，使国民政府管辖区经济日趋恶化，是无政无财的三年半。由于物价涨潮的冲击，浙江的财政收支已无法控制。1945 年 9 月浙江省政府恢复工作之后，只是恢复了一整套管理机构，预算赶不上实际需要，实收满足不了实需支出。法币面额日高，而实值日低。1945—1947 年，浙江财政厅尚可统计年度收支，1948 年以后，季度、月度预算都无法编制。即就浙江省政府会计处编制的《浙江省三十六年度地方岁入岁出总决算书》而言，该决算书所列 1947 年度浙江省收入为 249654908239.13 元，支出为 195530194398.15 元，结余 4124713840.98 元，但在战后恶性通货膨胀的情况下，正常的收支已经无法反映真实的收支状况，这些数字的现实意义不大，早已失去其控制指导实际收支的作用。随着 1948 年军事上的大溃败，国民政府的政治和财政经济也走向全面崩溃。1949 年 5 月 3 日，杭州解放，国民党对浙江的统治基本结束。5 月 5 日杭州市军事管制委员会财经部进驻杭州，8 月 19 日省人民政府成立，设立财政厅。浙江地方财政进入新的历史时期。

抗战结束后，浙江财政经济的迅速崩溃，主要应归结于国民党政府政治腐败，四大家族集团的争权夺利、穷奢极侈、贪得无厌和他们在抗战结束后继续发动反革命内战。内战导致军费支出无法控制，财政赤字日趋庞大，而自 1947 年以后，国民政府的财政赤字几乎全部靠滥发纸币来弥补。所以财政赤字是导致通货膨胀的最基本原因。但通货膨胀出现以后，它又会迫使财政赤字进一步扩大，因而形成恶性循环。通货膨胀必然要刺激物价上涨，当通货膨胀发展到一定程度时，物价就会以更快的速度上涨，物价的加速上涨，又迫使通货进一步膨胀，相互反复影响，又成为恶性循环。通货膨胀、物价飞涨，必然要影响甚至破坏正常的生产和流通，并给囤积投机以肥沃的土壤。囤积投机猖獗，正当生产流通遭到阻碍和破坏，又会使通货膨胀和物价飞涨的局面愈加不可收拾，这又是一个恶性循环。这些深刻的历史教训，值得我们今天吸取。

江浙财团与北洋政府的经济关系

陶水木

一　江浙财团与北洋政府的财政经济政策

中国商人历来标榜"在商言商"，不闻于政，这种状况在进入近代后随着民主政治思想的传播和中国民族资本主义的发展而逐渐有所改变，商人、商会、同业公会对政治的关心与日俱增，江浙财团代表人物穆藕初就说"在商言商之旧习已不复适用于今日，吾商民对于政治必须进而尽其应尽之责任"①。当然，商人、工商团体关心政治更多的是从经济利益出发，政府经济政策的制定和执行是他们最关心的政治，江浙财团自然不例外。上海银行界就明确要求政府"仿照东西各国成例，凡关于财政经济重大问题，特准国内金融［界］参加讨论，征其得失，以定方针"②。北洋政府时期，上海总商会、银行公会、钱业公会和华商纱厂联合会等江浙财团主要团体在做好政府咨询、工商统计、商事习惯调查等的基础上，还提出了一些关于税收、海关、财政、金融等方面的要求和建议，对政府的经济政策产生

---

① 穆藕初：《花贵纱贱之原因》，上海《总商会月报》第 3 卷第 2 号，1923 年 2 月。
② 《全国银行公会联合会会议关于节流财政、确定币制诸端建议书》，见《银行公会联合会议汇记》，载上海银行周报社编《经济类钞》第二辑，第 9 页。

一定影响。

税收是江浙财团最关心的经济政策。对于行之多年的印花税，1920 年
10 月，上海总商会常会专门作了讨论，议决设立由会董事方椒伯、汤节之
负责的专门小组，调查审议当时的印花税实行办法。审议结果认为，上海
租界与内地情况不同，难以施行，若益以检查议罚，不但于事无补，反而
滋成流弊。

1920 年 9 月间，北洋政府财政部发布布告，决定于 1921 年 1 月起正式
在全国施行早在 1914 年公布的所得税条例，声言此项税收"尽先拨用振兴
教育、提倡实业之用"。上海总商会即于 11 月对所得税征收办法公推会董
盛丕华（证券商）、叶惠钧（豆米业巨商）主持审查。他们经审查后认为
"此项税法为非法"，因为该税法非经全国立法机关国会的通过，所以他们
建议对所得税条例当联络各界共起反对。总商会常会再三慎重审查，认为
所得税在欧美固为良好税收，但在中国捐税既已叠加，此税则又未经立法
机关通过，应一致反对。即由总商会主稿，会同县商会联合抗争①。同年
12 月，上海银行公会在全国第一届银行公会联合会上提出"呈政府请缓行
所得税提议案"，从国民生计、社会状况、政府用途等四个方面详细陈述了
"从缓施行"所得税的理由，以"纾商困而培国本"②。因北洋政府决意开
办此项新税弥补财政亏空，江浙财团关于缓行所得税的意见和要求并没有
被北洋政府采纳。

作为江浙财团的重要组成部分，上海华商纱厂主在实业界具有重要地
位，他们与北洋政府关于税收政策的关系主要包括要求禁止棉花出口、取
消棉花进口税、减免棉纱棉布税费、减免棉纺设备进口税等方面。1917 年，
我国陕西、直隶、山东、湖北等省棉花严重歉收，全国产量不及 300 万担，

---

① 《商会请缓行所得税之函稿》，《申报》1920 年 11 月 21 日。
② 《公呈政府请缓行所得税提议案》，上海市档案馆藏上海银行公会档，S173-1-23。

而日本却极力收购中国棉花，至当年 11 月已收华棉超过 100 万担，致使国内棉花价格前所未有地上涨，刚成立的华商纱厂联合会即致电北京政府国务院、农商部、财政部，说明国内棉花市场情况，指出如果不采取措施，"全国纱厂势将停办，棉业前途何堪设想"，要求迅速采取措施，禁止棉花出洋①。

1920 年，中国北五省山东、河南、直隶、陕西、山西发生自"丁戊奇荒"后 40 年未遇的大旱灾，北洋政府以此为名，由财政部电告全国加征捐税。12 月 3 日，华商纱联合会经刘柏森、穆藕初、徐静仁、荣宗敬提议召开临时会议商议。会议认为，该会对于北方巨灾已捐巨款救济，"此项附税，万难承认"。当即议定致电政府请求收回成命。电文说：本会自联合他业组织北方工赈协会以来，捐款已达数十万元，均出于自动急赈，工赈又积极进行，对于灾区已竭尽绵力。此次加征，令向之慷慨捐赈者心灰意冷。又说据民国约法，新课租税及变更税率，应以法律定之，以赈灾为名违法苛敛，势必商民腾怨，要求北洋政府"迅即通令取消"②。12 月 7 日的董事会议又决定函请总商会召集各团体大会，共商办法③。

1921 年后中国棉纺织业经营进入困难期，产能过剩导致棉纱滞销和纱价下跌，而棉花需求大增、棉产下降，棉花价格上涨。1922 年 4 月 4 日，华商纱厂联合会董事会议议决呈请政府取消棉花进口税并向修改税则委员会请愿，同时呈文政府请免花纱税厘文。12 月 12 日，华纱厂联合会召开紧急会议，除议决上海各纱厂自 12 月 18 日起减工 1/4 外，决定派刘柏森、崔景三为代表向政府请愿，要求政府在一年内禁止棉花出口，对于华商纱厂联合会会员的花纱布关税厘金准予记账放行。④ 次年 2 月 21 日的董事会

---

① 上海市档案馆藏上海市棉纺织工业同业公会档，S30-1-5。
② 《上海市棉纺织工业同业公会董事会议记录（三）》，上海市档案馆藏，S30-1-37。
③ 上海市案馆藏上海市棉纺织工业同业公会档，S30-1-5。
④ 《上海市棉纺织工业同业公会董事会议记录（四）》，上海市档案馆藏，S30-1-38。

议又决定，要继续努力，直至订明我国有主权禁止棉花外运为止。经过纱厂联合会的不懈努力，北洋政府照准禁止棉花出口外运。但外国使团对此表示抗议，纱厂联合会于3月2日召开会议，决定推派聂云台、穆藕初为代表，继续向政府请愿，要求政府维持原案。① 但北洋政府屈从列强，只好延期实行，至1923年5月竟宣布撤销禁棉出口令。

货币政策与工商界关系至重，而与金融界关系尤切，以银钱业资本家为主体的江浙财团对货币政策也尤为关注。北洋政府时期他们关于货币政策方面的要求与建议主要包括以下几方面。

1. 要求政府整顿兑换券发行。1920年12月，由上海银行公会提议的全国银行公会联合会第一届大会在上海召开，上海银行公会提出财政节流、内债整理、确定币制为内容的议案，为大会所接受，并议决以上海银行公会会长盛竹书名义分呈国务院、财政部。其中关于整顿兑换券发行问题，呈文说："凡已经发行纸币之银行号有特别规定者，于经营年限满后，应即全部收回，无特别规定者，由财政府（府字衍）部酌定期限，陆续收回，未发行者概不得发行，防微杜渐，用意深远。乃三年来凡称中外合办之银行，无不特许发行纸币，即一二与政府当局有关系之银行，亦享此特权，致令市面纸币杂驳，商民疑惧。究竟政府对于兑换券制度执何方针，何者宜准，何者宜斥，未闻有所宣示，而对于未发行者亦未尝有检举监督之举，流弊所至，必致相率滥发，扰乱金融，一旦有挤兑之事，全国将蒙其殃及。"②

2. 要求停铸铜元。上述以上海银行公会会长盛竹书名义给政府的呈文说"及至于停铸铜元，中国商民之吁请、外国商会之要求，至再至三。政

① 《上海市棉纺织工业同业公会董事会议记录（四）》，上海市档案馆藏，S30-1-38。
② 《全国银行公会联合会会议关于节流财政、确定币制诸端建议书》，见《银行公会联合会议汇记》，载上海银行周报社编《经济类钞》第二辑，第6页。

府已允饬令各厂一律停铸矣。乃昨年以来，因筹款无法，向外商赊购生铜，密令南京、南昌等厂开铸铜元，变售银元，以铸币余利充行政经费。于是各省纷纷加铸。安庆、开封已奉部令裁撤之铜元局，近闻天津总厂且有以全厂押借外款专铸铜元，势必至以整理币制之权授之外人而后，应请政府确定兑换券制度，迅速停铸铜元，规定银币、辅币铸造办法"，集中铸权。全国商会联合会1921年上海会议、1922年武汉会议也两次议决要求政府严令各省停铸铜元。政府在商界压力下，"停铸铜元之令，不啻至再至三，而实则省自为政，中央文告早等虚设"。上海总商会认为，要使停铸令能有效实施，必须禁止铜元原料紫铜的进口及转口，所以又致电币制局迅即"会商税务处，电饬海关严予查扣［紫铜］，否则停铸之令一日数下，亦属涂饰观听，无裨实济"①。

3. 积极建议政府实行废两改元，统一币制，并组成上海造币厂借款银团，以集中铸权，促成废两改元。鸦片战争后，中国渐行银两、银元双重货币本位制。由于各地银两、银元都有不同的名目和成色，给整个货币制度带来极大的混乱。所以，清末民初，有识之士呼吁币制改革、统一货币的呼声不断，但采银两还是银元争论不休。1914年后，北洋政府先后颁布《国币条例》《修正国币条例草案》《国币法草案》，明确了银元的"国币"地位，但均未能付诸实施。江浙财团人士多主张废两改元。1917年8月，上海总商会董事、县商会副会长苏筠尚致函总商会并附《意见书》，提议自次年正月起上海贸易一律改用银元。对此，总商会非常重视，于当月25日召集会董讨论，江苏银行经理张知笙也提出《意见书》，补充苏氏意见，主张除两改元②。这一主张受到上海工商界的广泛关注。上海银行公会的机关

---

① 《上海总商会为各省滥铸铜元渔利病民请即会商税务处饬海关查扣铜料快邮代电》，《中华民国史档案资料汇编》第三辑，金融（一），第279—280页。

② 潘连贵：《上海货币史》，上海人民出版社2004年版，第119页。

刊物《银行周报》在1918—1920年间发表一批主张废两改元的文章，如银行公会书记长徐永祚发表《上海银两本位之难于维持》（第41号）、《上海中国银行发行国币钞票感想》（第48号）、《废两改元议》（第128号）、《废两改元当自上海始》（第138号）等；对金融业深有研究的浙江兴业银行协理徐寄庼也在《银行周报》发表《废两改元先当自废除汇划银始》等文。这些文章论述两元并用之害，主张废两改元从全国工商业、金融中心上海始①。

　　废两改元渐成上海工商界的普遍主张，银元随着上海金融中心的逐渐确立而需求日增，但上海市面银元存底不足，银行家徐寄庼于是主张在上海设立造币厂。1919年12月，银行公会呈请财政部及江苏省当局在上海设立造币厂。为解决造币厂筹建经费问题，上海银行公会决定委托在北京的中国银行公会副总裁张嘉璈与财政部磋商造币厂借款问题。1921年3月2日，上海银行公会会长盛竹书、中国银行总裁冯耿光与财政总长兼币制局督办周自齐、币制局总裁张弧签订借款合同，规定由财政部发行造币厂借款国库券250万元，造币厂借款银团负责发售。合同签订后，银行公会即在各大报纸刊登让售造币厂借款合同国库券的广告，上海银钱业很快认购365.5万元。3月11日，由上海24家银行及若干家钱庄正式成立造币厂借款银团，银团由江浙财团代表人物盛竹书、钱新之、宋汉章、倪远甫、李馥荪、陈光甫、方椒伯、张知笙及钱业公会会长秦润卿为董事，沈籁清为稽核员。银行公会16家会员银行摊得200万元，钱业25万元，非会员银行25万元②。银团成立后，即派定厂长，设立筹备处，一面购置基地，一面订购机械，一切按计划进行。只是置地定机后发现，建筑费用远远超出

---

　　①　陈度编：《中国近代币制问题汇编·币制》，第24—29页，张家骧主编：《中国货币思想史》（下），湖北人民出版社2001年版，第907页。

　　②　《筹建上海造币厂始末档案选》，《档案与史学》2003年第1期。

预算。银团方面一再集商，表示事关金融大局，在基金有着的情况下，愿意"维续借款，以观厥成"。但政府当局"狃于恶习，徒事纷扰，于是机械到沪，无款可提，栈租利息，月需二万余金，耗费不资"①。1924年8月，财政部以新借款既未成立，原欠款又无从清还，令将造币厂行政部分自监督以下一律裁撤，原有厂基厂房机器等项，即交上海银行公会保管②。至此，上海造币厂筹建工作陷于停顿，江浙财团统一币制愿望也成泡影。

学术界一直以来认为：在北洋政府时期废除改元、统一币制问题上，上海钱业界持反对态度。但仔细研读有关史料后，就会觉得此说过于笼统，失之全面。上海造币厂之设，"为统一币制及改两为元起见"③。银行公会会长盛竹书也明确指出："统一币制，在吾国经济界当视为最重要问题，但欲统一币制，必先废两，欲废两必自实行自由铸造始。"④ 所以，钱业既参加借款银团，说明钱业并非如以前所说绝对反对废两改元。有关档案资料也支持这一说法。1923年11月22日的银行公会会员大会记录载有21日上海银钱业两会长盛竹书与秦润卿的谈话，秦氏说"改两为元，钱业亦极赞成，不然当时沪币厂之拟设，钱业何必符和投资，惟实行极难"；至银洋并交欲速行也难，盖现在不独银荒，亦患洋荒，最好在洋元充足时实行⑤。

二　江浙财团与北洋政府的内债

（一）江浙财团与北洋政府内债发行概况

北洋政府时期的财政是"破落户"财政，完全靠借内外债度日。在不

---

① 《盛竹书辩护上海造币厂借款》，《申报》1924年1月19日。
② 《筹建上海造币厂始末档案选》，《档案与史学》2003年第1期。
③ 《万目睽睽之造币厂借款》，《民国日报》1924年1月29日。
④ 《盛竹书辩护上海造币厂借款》，《申报》1924年1月19日。
⑤ 上海市档案馆藏银行公会档，S173-1-6。

惜以主权换取巨额外债的同时，通过发行债券、银行借款等形式举借了大量内债（见表1）。

表1		1912—1926年公债库券发行金额		单位：百万元
年份	公债发行额	库券发行额		合计
1912	6.2	—		6.2
1913	6.8	2.2		9.0
1914	25.0	10.1		35.1
1915	25.8	0.4		26.2
1916	8.8	1.8		10.6
1917	10.5	0.2		10.7
1918	139.4	7.0		146.4
1919	28.4	5.3		33.7
1920	122.0	24.7		146.7
1921	115.4	29.0		144.4
1922	83.2	2.2		85.4
1923	5.0	3.5		8.5
1924	5.2	0.1		5.3
1925	23.3	—		23.0
1926	15.4	17.0		32.4
总计	620.1	103.5		723.6

资料来源：《中国之内国公债》，上海长城书局1933年版，第20—26页，表5、表7。

结合潘国琪的研究[1]及表1可以看出：大体而言，1912—1913年，北洋政府解决财政困难途径主要是外债，内债发行并不大，除了续发清政府

---

① 北洋政府时期发行国内债券种类及额度等详情见潘国琪《国民政府1927—1949年国内公债研究》第44—49页，表1-1、表1-2，经济科学出版社2003年版。

所发的爱国公债和南京临时政府的军需公债外，仅发行民元六厘公债，两年的发行额度各为 600 余万元。第一次世界大战爆发后，外债渠道受到很大影响，内债逐渐受到重视，北洋政府因此设立了内国公债局，内债发行额逐渐增大。从 1914 年 8 月到 1916 年袁世凯统治崩溃共发行民三内国公债、民四内国公债和民五六厘公债三种，发行额达 6000 万元，为前两年的四倍。袁世凯去世后，地方割据势力逐渐发展，北洋政府日渐失去对全国的控制权力，各种应解中央的财政款项为地方截留的情况日益严重，中央财政日益困难，于是靠大量发行内债度日，滥发内债一发而不可收拾。1917—1921 年新发行的公债有民七短期公债、民七六厘公债、民八七厘公债和整理金融短期公债、民九赈灾公债、1921 年整理债票。总计这期间发行公债 4.157 亿元，占北洋时期公债发行额的 67%。其中 1918 年发行额高达 1.39 亿元，1920 年、1921 年也都在 1.1 亿元以上。滥发的结果导致偿债基金不敷，债信濒于破产，不仅抽签还本常有延期，甚至连应付利息也时常没有着落。"每逢发息之期，即发生一度恐慌"，"随时挪借，困难万分"①。因此不得不接受全国银行公会联合会的建议进行公债整理，1921 年的发行额虽也有 1.15 亿元，但其中 8000 万元系收回民国元年和民国八年两种公债而发行的整理债票，并非新发内债。经过 1921 年的内债整理，直至北洋政府垮台，整理案内各公债一般都能还本付息。但由于前一阶段的滥发，北洋政府的债信已低落，所以本期内公债发行缓慢，共发行 1.3 亿元，不到前时期发行量的 1/3。

除了以公债票形式发行的内债外，北洋政府还发行了不少国库证券。一般而言，国库券是调剂政府财政的季节性、临时性的资金余缺，故其数额不大，期限也短（一般 1 年以内），而北洋政府以滥发国库券为举债门径，一次发行额常在 500 万元以上，期限常在 1 年以上，甚至长达 14 年以

---

① 徐沧水：《内国公债史》，商务印书馆 1923 年版，第 144、142 页。

上，总计北洋政府发行国库券 1.03 亿元。此外，北洋政府还向银行贷借各种借款：一是盐余借款，截至 1925 年底积欠本息 4411 万元；二是一般的银行短期借款，截至 1925 年底积欠本息 3890 万元；三是银行垫款，截至 1925 年底也达 3033 万元。

北洋政府发行和举借的各种内债，大多由银行界承担，经营政府公债是各银行最主要的业务。中国银行、交通银行是政府公债的最大债主。从中国银行 1918 年到 1926 年营业报告可以看出，对中央政府财政部和地方政府财政厅的放款虽然各年有比较大的变化，但始终是占重要地位，1920年对政府的放款总额达 68.61%，1918 年也达 47%（见表 2）。

表 2　　　　　　　　　中国银行 1918—1926 年放款

年份	项目	定期		活期		放款总额		备注
		数额（元）	百分比（%）	数额（元）	百分比（%）	数额（元）	百分比（%）	
1918	财政部	2520205	8.52	44702065	40.61	47222270	33.81	本年有贴现放款 3763939 元
	财政厅	14069095	47.55	4420608	4.02	18489703	13.24	
	同业往来	—	—	—	—	—	—	
	其他	12999006	43.93	60954138	55.37	73953144	52.95	
	合计	29588306	100	110076811	100	139665117	100	
1920	财政部	3557166	7.68	37426372	28.32	40983438	44.72	—
	财政厅	13987664	30.21	7922905	6.00	21910569	23.91	
	同业往来	—	—	—	—	—	—	
	其他	28759272	62.11	86775882	65.68	28759272	31.37	
	合计	46304102	100	132125159	100	91653279	99.98	
1922	财政部	9142852	16.21	30084182	23.63	39227034	21.35	—
	财政厅	13304969	23.59	7431965	5.84	20736934	11.29	
	同业往来	1647465	2.92	16657343	13.08	18304808	9.96	
	其他	32306983	57.28	73156457	57.45	105463440	57.40	
	合计	56402269	100.00	127329947	100.00	183732216	100.00	

续表

年份	项目	定期		活期		放款总额		备注
		数额（元）	百分比（%）	数额（元）	百分比（%）	数额（元）	百分比（%）	
1924	财政部	11226568	20.33	51703005	35.27	62929573	31.18	—
	财政厅	9385809	17.00	7055398	4.81	16441207	8.15	
	同业往来	386671	0.70	22590483	15.41	22977154	11.39	
	其他	34225156	61.97	65234958	44.50	99460114	49.28	
	合计	55224204	100.00	146583844	100.00	201808048	100.00	
1926	财政部	21476961	28.56	35278306	14.94	56755267	18.23	—
	财政厅	14953696	19.88	12569256	5.32	27522952	8.84	
	同业往来	927186	0.12	32109902	13.60	33037088	10.61	
	其他	37854743	51.44	156174645	66.14	194029388	62.32	
	合计	75212586	100.00	236130109	100.00	311344695	100.00	

资料来源：中国银行等：《中国银行行史资料汇编》上编，第3册，1918年、1920年营业报告及毛知砺《张嘉璈与中国银行的经营与发展》，第240—141页，中国银行放款统计表。

但以上并没有全面反映中国银行与政府内债的关系，因为在中行的历年营业报告中都还有"有价证券"一览。有价证券一般包括政府债券、产业债券和公司股票，然而在北洋政府时期产业债券的发行在上海只有1921年的通泰盐垦五公司债券。至于公司股票，国内"虽也有一二信用较佳者，然皆有行无市"；洋商发行者也为数稀少①。所以，有价证券在北洋政府时期基本上就是政府公债。"民国以来，各银行之有价证券，多为北京政府所发行之内国债券。"② 马寅初说的"我国证券交易，无股票与公司债票买卖，不过罗列开价而已，全部交易都以公债为上乘"③，也反映了这种情

① 《中国银行1930年营业报告》，转引姜良芹《南京国民政府内债问题研究（1927—1937）》，第216页。

② 毛知砺：《张嘉璈与中国银行的经营与发展》，第244页。

③ 马寅初：《整理案内各种公债涨落之原因》，上海《总商会月报》第4卷第6号，1924年6月。

况。根据《银行周报》刊载调查资料，1921 年国内主要银行的资产与公债的关系为：（1）银行资产与有价证券之比值为 9%；（2）各行拥有之内债，占内债总额的 50%；（3）各行之有价证券属内国债券者，占有价证券总额的 70%—80%；（4）各行多以公债为抵押或资产。[①]

这是就全国银行与公债一般而论。因北京作为政府所在地，是中国的财政中心，所以当时北京是政府公债主要承销地。1925 年全国有华商银行141 家，开设在北京、直隶的银行达 37 家，占 26% 以上，这些银行都以承销公债、从事公债投机为主要业务。当然，江浙财团核心地上海也是政府公债主要承销地，有史料说"国家公债以北京为发源之区，上海为集散之处，两地买卖最为繁［盛］"[②]。就中行来说，有史料说"中行之命脉实系于沪行"[③]。中行上海分行作为中行最重要的分行，承担着中行主要的业务，对政府的放款，沪分行也承担着主要的责任。

浙江实业银行被认为是江浙财团的骨干银行，该行虽然鉴于以往银行业对政府放款、借款的教训，曾在 1923 年的董事会上通过了严格控制各分行对政府放款的决议，但 1925 年持有的各类政府内债（包括中央政府、省政府及交通部、省财政厅等）面额 2024455 元，占以银元计价有价证券的81.3%。另有美金善后债票、日金九六公债折合成规元面额仍达 128.75 万两，占以规元计价有价证券面额的 93.66%。[④]

江浙财团究竟承销了多少北洋政府时期的政府公债，至今还缺乏深入研究，难以得出比较精确可信的数字。不过我们从以上银行与公债的一般调查及浙江实业银行的个案中，应该大致可以得出比较接近事实的结论，江浙财团是北洋政府公债的主要承担者。此外，1929 年春上海总商会与商

---

①　沧水：《银行资产与所有公债之推想》，《银行周报》第 6 卷第 19 号，1922 年 5 月 23 日。

②　中国银行上海分行金融研究室：《金成银行史料》，上海人民出版社 1983 年版，第 127 页。

③　徐寄庼：《最近中国金融史》，1926 年版，第 3—4 页。

④　根据汪敬虞主编《中国近代经济史 1895—1927》下册第 2277 页表计算。

民协会为商会存废问题发生了激烈争执，总商会表功说：南京国民政府历次发行的公债、库券几近万万，而以商会会员承担居多；而商民协会则以北京反革命政府所发公债也尽为商会会员承担相诘。这也说明：以上海总商会为核心的江浙财团是北洋政府公债的主要承销者。

（二）江浙财团对北洋政府公债政策的牵制、抵制和反对

大量承购政府公债使银行的命运与政府紧密联系在一起。而北洋政府时期军阀连年混战，政局动荡不已，政府更替频繁，而且后任政府往往不承认前任政府债务，因此经营公债有很大的冒险性。北洋政府时期，因政府更替，导致对政府放款不能收回，不少银行因此倒闭。如 1919 年设立于上海的大中商业银行，1921 年底因"财政部军政各费，异常支绌，曾为垫借巨款，救济急需，并代部出立存单 210 万元，渡过难关"，大中银行和财政部的合同规定，政府将在 1922 年 1 月份的盐余项下如数拨还借款，但 1922 年爆发直奉大战，"债权旋入政潮，不但到期借款，财部未予照约拨还，且代书存单，一时纷纷核对，致将大中总分行 11 处，一律牵连停业"①。

为了维护自身利益，江浙财团要求政府切实保障公债基金、整理财政、裁兵歇争，并极力反对滥发公债。

首先，他们极力要求政府切实保障公债基金，保证已发公债按期还本付息，对无担保内债进行整理。

因江浙财团持有大量政府公债，公债基金、政府债信直接关系其利益，因此给予高度关注，极力要求保障公债基金、维护债信。中国公债基金始于 1921 年。该年 4 月 1 日规定：每年拨出 2400 万元作为公债基金，由常关、海关、烟酒税、盐余项下筹拨，常关收入以及海关关余除一部分担保

---

① 《银行周报》第 9 卷第 33 号。

民国三、四年公债及七年短期公债外，其余悉数拨充此项基金，倘再不足数，则由盐余内拨充1400万元，烟酒税内拨充1000万元；在烟酒税未经整理，不能按期拨付基金时，由交通部盐余项下每年拨充600万元；此项基金统由总税务司安格联保管。① 后因烟酒税一直未拨，交通余利及盐余项下也先后停拨，遂采纳财政讨论会的决议，1922年8月变通办法"改为由关余随时指拨"。但驻华外交使团早已觊觎不断增加的关余，便以外债本息偿付经常延期为由向北京政府交涉，要求中国政府使用内债基金抵付外债。此事在报上披露后，立即遭到江浙财团及全国金融工商界的反对。1922年2月16日，上海总商会、银行公会、钱业公会、股票公会联合致电北京公使团，严正指出"关余已指拨整理内债基金，债权所关，中国政府不能任意提用或指抵"②。5月11日，上海银行公会、钱业公会联合致电总税务司安格联：关于内债基金请根据条理办理。6月6日，上海证券商业75家同业及执有公债债权人全体函请上海银行公会转请国务院财政部，指出近来公债因基金问题致价格一落千丈，查公债整理基金内有烟酒税与关余、盐余一并为基金的款，而仅上海纸烟税局本年收入即达四百余万元，直接解公府充大总统之用，因此要求将上海市纸烟税全部拨归公债基金。③ 7月17日，银行公会电北京银行公会转财政部财政讨论会，指出"公债要业即在基金，基金动摇将安取信？今请切实规定所有关盐指款，应请按期照拨并交由公会银行共同保管，再由政府明令实行，俾众周知，庶于原有公债基金得有保障，并于将来新公债之发行亦尚可预留余地"④。

此外，早在1922年3月，财政部就呈总统批准，以切实值百抽五后增

---

① 马寅初：《中国公债问题》，上海《总商会月报》第2卷第7号。注：该项内债基金应始于1921年3月的公债整理案。

② 上海市档案馆藏上海银行公会档，S173-1-41。

③ 上海市档案馆藏上海银行公会档，S173-1-40。

④ 同上。

收之关税，先拨整理内债基金，次及九六公债基金。但该年 12 月 30 日，英、法、美、日四国公使向北京政府联合提出"以增加关税为整理外债"的主张。江浙财团对此立即做出了反应。1923 年 1 月 6 日，上海总商会邀请上海银行公会召开紧急会议，专门讨论外债可能牵动内国公债整理基金问题。与会代表对此深表愤懑和不安。银行公会会长盛竹书指出："内债动摇，非但危及银行，于社会生计亦有关系。"总商会会董叶惠钧认为内债基金一旦动摇，持券人将遭受巨大的经济损失，表示工商界决不会再听任政府摆布，甘心受愚，应采取相应的抗争行动。① 会后第三天，上海总商会、银行公会、钱业公会联名给北洋政府、总税务司安格联、领袖公使及外交部发出四份电报。致政府电要求切实履行诺言，"内债基金应照十年三月整理原案及九六公债条例，切实履行。其余无担保之内外各债，亦应统筹全局，确定一整理办法，则使外人之责言自息，而内债之基金自固"②。致安格联电对其"必竭力维持其（指关余）已成立之优先权"的声明表示"至为欣慰"，指出"十年三月整理案，本以关余为第一基金，无论何方，不容擅提，至切实抽五后增收之款……已有财政部呈奉大总统批准，此项增收之关余，先尽整理基金，次及九六公债基金，并九六公债条例第五条内亦有同样规定，如欲擅行提用，阁下以受托人资格，当然有抗争之责"③。致外交部电竭力晓以利害，指出政府先后发行的各项内债票面"数共三万余万，非但散布全国商场，抑且中人之家势为恒产。［内债］基金一有动摇，无异制全国之死命。洋商在华商业，亦将牵连俱仆，殊非利己利人之义"，要求通过外交途径，"切向四使开诚商阻"④。致领袖公使转英美法日公使

---

① 《上海总商会议案录》，1923 年 1 月 6 日。

② 《致国务院请切实履行整理内外各债电》（1923 年 1 月 8 日），上海《总商会月报》第 3 卷第 2 号。

③ 《又致总税务司电》（1923 年 1 月 8 日），上海《总商会月报》第 3 卷第 2 号。

④ 《致外交部请阻四使移用指抵内债关余电》（1923 年 1 月 8 日），上海《总商会月报》第 3 卷第 2 号。

电则力图从内债基金动摇同样损害部分外商利益来争取同情，指出切实值百抽五后增收的关税早已指定用途，请切实履行；"至此项九六公债，实为内外商民所共同持有，而持在洋商手中者为数亦属不少。基金一有动摇，内外商民均有巨大影响"，要求"对于内外共同债权人早已确定之担保，加以尊重"①。

在江浙财团及全国商民的抗争下，北洋政府曾发表声明表示新增关税已指明用途，即以五厘增加关余充内债之担保，并扩充而为1922年九六公债之担保。这引起四国公使的不满。1923年10月12日，英、美、法、日四国公使联合向北京政府发出通牒，对中国政府关于新增关余充内债基金的声明表示"抗议"。通过贿选刚宣誓就任"总统"的曹锟不惜迎合使团的要求以换取他们的支持，竟主张停止内债还本付息一年，挪出2400万元，以1400万元整理外债，以1000万元补充政费。这激起江浙财团的愤慨，上海银钱业两公会22日电北京财政整理会指出，"恶信传来，人心汹惧，内国债票，散在全国，大而关系全国金融，小而关系个人生计。基金倘有动摇，不但扰乱市面，抑且社会安宁亦将受破坏之影响。况现时债票市场流通无虑数千万，散在外人手中者亦不在少数。债票设成废纸，彼时必又有意外之交涉发生"，要求一方面对无担保之外债紧急筹措整理方法，务"使外债基金有着"；另一方面为"安人心而维国信"，"万不能任意攘夺、牵动内债已定之基金"②。上海总商会于10月27日召开第22次常会，一致认为：此项通牒妨碍内债合法之优先权，本会应当抗争，遂拟就致全国金融及持券人之通电。该电严正指出："此项关余，我国有完全运用之自由，断无受人干涉之余地"；"内债取得［关余］优先之担保权已有一两年

---

① 《致领袖公使声明增加关税早经指定用途电》（1923年1月23日），上海《总商会月报》第3卷第2号。

② 《银钱业两公会电争内债基金》，《申报》1923年10月23日。

之久，物各有主，岂能强同"。至于外债之如何改换担保，"债务人应有选择之自由"。最后重申"总之，内债之担保品，其优先权早已确定，不能由任何人轻易推翻，以致危及金融，扰乱市面"，要求全国金融界群起抗争，维持内债前途①。

因内债基金掌管权操诸总税务司安格联之手，所以安氏态度如何对于内债基金关系重大。11 月 2 日，上海总商会、银行公会、钱业公会特地为返美度假后回华复任途经上海的安格联举行欢迎会。总商会副会长方椒伯在讲话中对安氏声明维持公债优先权根本原则，"以不偏不倚之观念，作公平正直之言论"表示赞赏和感荷②，希望在他继续掌握海关行政权力期间，坚持既有声明。银行公会会长盛竹书代表上海银钱两业团体希望安格联"仍旧贯彻昔日主张"，解释四国公使的误解。安格联在答词中重申他维持公债优先权的原则，表示只要他"与闻整理公债一日，必不使此种办法之破坏"；认为舍此方法，不仅无从入手，"抑且足以引纠纷，故无论如何决不牺牲此种方法"③。江浙财团策略地争取安格联并取得成效，对于阻止四国公使挪动内债基金起了重要作用。

鉴于安格联自 1921 年整理内债时受命经管内债基金后"颇能维持，克尽厥职，极为全国商民所信任"，江浙财团主张设法保障安氏的地位和职权。在 1923 年的第三届银行公会联合会上，上海银行公会提出"总税务司安格联君经管整理公债基金责任重大应共同保障其职责，以免贻误案"，提议共同维护安格联整理内债基金经管人的地位。④

其次，他们反对滥发公债，吁请全国商民在政府对财政有切实整理之

---

①　《总商会反对动摇基金致全国金融界电》，《申报》1923 年 10 月 28 日。

②　1923 年 1 月 3 日，安格联发表声明，称"关于公债整理事务，一旦操诸鄙人之手，无论以后有何开支，当竭力维持原定之优先权"。

③　《商业团体欢迎安格联》，《申报》1923 年 11 月 3 日。

④　上海市档案馆藏：上海市银行公会档，S173-1-23。

前，拒绝一切内债库券。

　　1921 年 3 月，北洋政府在江浙财团等全国商界尤其是金融界的支持下进行了第一次公债整理，然旧债整理刚就绪，政府又发布十年公债条例拟发新公债，上海各法定工商团体纷纷电请政府停止发行。上海总商会即发出《请停发十年公债电》，电文说："政府年来为补充政费，滥发内债至二亿数千万之巨，贬价求售，充斥市场，直接妨及金融，间接增加国民负担，今春采银行公会之建议，将盐余忍痛牺牲，方始整理就绪。覆撤未远，讵宜再蹈。乃时未数月，忽有十年公债条理之发布。以言用途，则债券尚未发行，而各省已索领一空；以言担保，则印花崇文门税津浦货捐，早有他项债务指作担保，且印花多由各省截留，崇文门税历充公府经费，即担保中比较确实之邮政盈余，亦经交通部呈准半充航业奖金，半充该部用费有案，均非确实可靠的财源。是此项债务之发行，实足扰乱市场，应请明令即日停止。"[①] 上海银行公会也致电国务院、财政部，"旧债整理方始就绪，人民痛苦尚未回复，基础甫经筹定，忽有十年公债之发行，担保既不确实，用途亦未宣布，经公众承认与银行公会历次建议相背，兹经公决凡公会从前议决方针必须贯彻，对于十年公债绝端不能承认，请明令停止发行，以维债信而保大局"[②]。银行公会同时电北京银行公会建议以全国银行公会联合会名义宣布十年公债概不与闻，并请北京银行公会通知各地会员银行不买卖该公债、不以该公债做押款。因全国商民、特别是江浙财团的反对，北洋政府最终放弃发行十年公债。

　　但北洋政府为济财政之急，在来年继续我行我素发行新公债，使 1922 年发行公债达四种、计 8319 万余元，成为 1921 年内债整理后发行公债最

---

　　① 上海《总商会月报》第 1 卷第 2 号，1921 年 8 月。

　　② 《本会为制止新公债致总统、财部、总税务司电（1921—1922 年）》，上海市档案馆藏银行公会档，S173-1-39。

多的一年，江浙财团反对发行公债的呼声也更高。该年9月发行八厘短期公债消息披露后，9月27日，上海银行公会连续发出"致大总统及国务院电""致财政部电""致各埠电"及"上海银行公会通告"。致总统、国务院电指出："公债失信，流毒社会，人民怨嗟，遍及全国"，此次政府发行新债各报宣传后，"沪上全市骚动，人民异常愤激，群筹抵制之法"，"务恳迅饬财部停发新债，速筹巩固已发公债信用，以□（拟为安字）人心而固邦基"①。致财政部电恳请财部"尊重民意速筹巩固已发公债信用，保障未经偿还各债，然后再谋续发计划"②。致各埠电及上海银行公会通告说：政府对于新公债仍积极进行，业已颁布条理，"是政府既不爱我人民，我人民亦惟急谋自卫，兹经鄙会公同议决，次后政府如有新公债发行，凡我银行界概不收受抵押，并警告各地证券交易所勿再代为买卖，庶发行无效，民困得苏，不特金融不致扰乱，商业亦得安宁，务请各发天良，一致行动，以培民脉挽危局"③。同日的致总税务司电说："报载政府发行十一年千万元新公债，已得阁下同意。深为惊异。兹经全体开会，皆以已发行各项债券付息还本延期不发，上海金融界断不能再代政府买卖此项新公债或做抵押。阁下众望所归，谅表同意，务乞向政府阻发新公债，以维金融之安宁。"④ 上海华商证券交易所也于9月30日电财政部说"公债失信，人民受累，鄙所营业大受影响。此次政府发行新公债，无论担保如何确实，前车可鉴，何能取信于民，鄙所为证券流通唯一机关，必须政府将已发行之公债按期发息还本不再失信，庶使续发债票得以畅销，否则鄙所市场难碍流通"⑤。同年10月，银行公会发出通告，指出："公债失信，流毒社会"，

---

① 《致大总统及国务院电稿》，上海市档案馆藏银行公会档，S173-1-39。
② 《致财部电稿》，上海市档案馆藏银行公会档，S173-1-39。
③ 《上海银行公会通告》，《致各埠通电稿》，上海市档案馆藏银行公会档，S173-1-39。
④ 《上海银行公会致税务司电》，上海市档案馆藏上海银行公会档，S173-1-39。
⑤ 上海华商证券交易所：《致财部代电稿》，上海市档案馆藏银行公会档，S173-1-38。

要求北京政府停止发行新公债，并呼吁全国银行界采取一致行动，坚决予以抵制。

　　1923 年 2 月 10 日，上海总商会、上海银行公会、钱业公会联合发出《致全国各金融机关请一致拒绝政府承募一切债券通电》，电文说："自民国成立，内乱频仍，政纲解纽，军阀恣□，各省截税款以养兵，中央恃借债以度日，罗雀掘鼠既穷，剜肉医疮亦何惜，于是优其回扣，啖以重利，我各金融机关，或迫于爱国之热忱，或动于当局之劝诱，坠其谷中，贷款维持，徒因一时之失察，遂受无穷损害，容或手续未加审慎，利害忽于考虑，启舞弊之嫌疑，受法律之制裁，即使用途正当，条件平凡，而以国家库藏支绌，到期本利无偿，不得已化零为整，改旧为新，实际上则如水益深热，终至无可超拔，金融因而阻滞，营业感受影响，凡此情形，已有数见。……求苟全于一时，而苟全终不可得。今日贷款于甲，明日乙起援例，甲乙之变化无穷，金融之供给有限，贪心既起，诛求何厌，何如主持正义，婉词拒绝强暴之来付之公论。……本会讨论再四，以为裁兵救国中外同声，而国民之呼号，纵使声嘶力竭当局终乏采纳诚意。故非予以深刻之苦痛，不能启其彻底之觉悟。用敢昭告全国金融机关曰：自本日起，我金融机界同人，对于中央政府或各省军民官厅，无论用何种名义承募一切借款债券，概予拒绝"。要求通过各地银行公会、钱业公会、总商会，号召各金融机关"切实履行，视为信誓"①。但北京政府却一意孤行，当 1923 年 3 月报载北洋政府准备发行十二年公债 1200 万元后，上海总商会、银行公会、钱业公会即致电国务院、财政部，指出频年政府因军费无度，滥行借款，以致担负骤增巨万，国民久已深恶痛绝。本会曾通电中外，在政府未实行裁兵及整理财政以前，勿再承受借款。现政府拟发行新公债，本会誓不承认。同

---

　　①　《致全国各金融机关请一致拒绝政府承募一切债券通电》，上海《总商会月报》第 3 卷第 2号，1923 年 2 月。

时电北京参众两院及北京银行公会，要求两院勿再"为政府甘言所诱"，"依然拒绝"；希望京银行公会"通告各行，勿于承募"①。

北洋政府和地方军阀滥发公债库券的主要用途是筹措军费，进行内战。滥发公债库券使还本付息无着，内战又使工商业发展受到重大影响。所以，江浙财团在呼吁停发公债、吁请全国金融工商界在政府对财政未有切实整理前勿再承募一切公债的同时，极力吁请政府裁兵息战，而且常与理财、制宪相提并论，希望由此使中国出现和平、秩序、法治局面。1922 年 12月，上海总商会常会讨论裁兵、理财、制宪问题，一致决议设立专门委员会专案办理，由袁履登、闻兰亭、冯少山、朱吟江、田时霖、穆藕初、方椒伯等 20 人任委员。总商会随即发出《致北京政府电》《致北京参众议院请规定裁兵、整理财政办法并速制宪电》和《致各商会请一致主张裁兵、整理财政、制宪三义通电》。致政府电要求政府将自民国元年至十一年所有逐年收支款项数目、用途及内外债确数合同全文造册公布，听候稽核。倘逾期不能履行，或空言以为搪塞，国民唯有行使约法赋予之权，起而自决，"特电警告，即候裁复"②。前电指出："十稔以来，兵祸相仍，国无宁日，握军符者，以部曲之多寡分强弱，以军储之丰啬判胜负。于是竭全国之力以养兵，即挟其莫大之兵力以敛饷，因果相生，如环无端。失业满野，萑苻四起，部曲之抒轴已空，行省之债台高筑，任其日复一日，非驯至鱼烂瓦解而忘，即趋入国际共管之域。"救亡图存要义凡三：（1）"将现有之军队竭力裁减，以足敷维持治安为度"。（2）"整理财政，收支公开，公共之财源，应专用于维持公共事业，绝对不许供一系一派之私用"。（3）"迅速制定适合国情之宪法，并于宪法中列入专条，凡设置类似督军之军职，以

---

① 《致国务院财政部反对发行十二年公债》《又致参众议院银行公会电》，（3 月 7 日），上海《总商会月报》第 3 卷第 3 号，1923 年 3 月。

② 参见穆家修等《穆藕初年谱》，上海古籍出版社 2006 年版，第 295—296 页。

及军人干涉政治，均为厉禁"。同日发出的致全国总商会、商会电重申了上述主张，并号召"全国商人一致主张，成为国论，各以百折不回之精神，挽此旷古未有之危险局"①。1924 年北京政变后，直系垮台，江浙财团代表人物虞洽卿等力促段祺瑞出山主持大政，废督裁兵②。段氏执政后，虞又电段提出四项"要务"，即废督裁兵、整理财政、振兴实业、改良选政。他认为："方今要务，莫大于废督裁兵，早裁一日，即早脱一日人民于水火"；整理财政"宜严定量入为出之常经，破各省把持截留之积习。再与各国商加二五关税。然后举全国之岁入先以整理债务，次以支配政费，再次以支配军费，至于商加关税，应专为整理无担保之内外债、补助实业、安插裁兵、移民屯垦之用"③。

江浙财团关于废督裁兵等主张很快得到全国工商界的响应，北京政府和地方军阀也迫于压力，纷纷通电"响应"，使 20 世纪 20 年代前期的中国出现"废督裁兵"热。但结果是"政府日日言裁兵，而事实适得其反"④。军不但没有裁，大小军阀还"只管日日扩张军队"，军费随之不断增加。1922 年时北京政府每月军费为 1050400 元，1925 年 9 月时每月军费增至 3068143 元，1925 年 10 月更增至 5735143 元⑤。在军阀当政、内战频仍的年代，要军阀废督裁兵，无疑是与虎谋皮。但江浙财团吁请整理财政，特别是昭告拒绝承募一切公债不能说没有一点效果。因江浙财团等的反对，北京政府放弃了拟发的十年公债、十二年公债，从 1922 年后，北京政府发行公债确也相对减少，尤其是 1923 年仅发行了使领库券 500 万元。

---

① 均见上海《总商会月报》第 3 卷第 1 号。

② 虞和德：《致段芝泉君敦劝出山电》（11 月 11 日），《致冯张卢三帅请劝合肥出山电》（11 月 11 日）、《致段芝泉君速就执政摆黜贪枉废督裁兵电》，上海《总商会月报》第 4 卷第 12 号，1924 年 12 月。

③ 《致段执政条陈废督裁兵四事电》，上海《总商会月报》第 4 卷第 12 号，1924 年 12 月。

④ 《历届银行公会联合会会议汇记》，上海银行周报社编《经济类钞》第二辑，第 6 页。

⑤ 陈震异：《中国财政与目下治标办法》，上海《总商会月报》第 6 卷第 2 号，1926 年 2 月。

三　江浙财团与关税特别会议

1925 年召开的关税特别会议虽然无疾而终，但在中国近代海关史、对外关系史上仍有一定地位和影响。以上海总商会、银钱业公会为主体的江浙财团虽然没有直接参加关税会议，但因会议与商界关系至重，因而对会议高度关注，并通过多种方式对会议施加影响，力图使会议结果有利于商界经营和中国经济的发展。

（一）会前的筹商研究

关税特别会议是根据华盛顿会议《九国间关于中国关税税则之条约》而召开的。该条约规定："各国允于本条约实行 3 个月内，在中国会集，举行关税特别会议，其日期与地点由中国政府决定之。"会议目的在于议决中国对于应税进口货征收二五附加税的开征日期、用途和条件问题。北京政府为缓解财政困难急于召开此次会议①，但各国对此并不积极，法国借口"金法郎案"迟迟不批准该约，直到 1925 年 4 月北洋政府做出让步使该案解决后才表示同意召开。8 月 5 日，九国公约国在华盛顿互换批准公文，条约正式生效。北京政府随即设立关税特别会议委员会加紧会议筹备工作，关会于是成为全国注目的问题。江浙财团也积极研究关会相关问题、征询关于关税问题的意见，进行相关准备工作。

早在"金法郎案"解决后不久，上海《总商会月报》就发表了《未来关税特别会议中之问题》，列出会议应讨论的问题，并提出了看法。文章认为：依据华盛顿会议行将召开的关税特别会议是中国摆脱不平等条约关于关税问题束缚的良机，但会议前途荆棘乃多，会议"结果如何，要视国民之努力"。

---

① 《政府急欲召集关税会议》，《申报》215—169（2）。

文章指出：关税特别会议的任务是要议决征收海关附加税的日期、用途及条件，奢侈品的范围及税率，裁撤厘金及增征关税至值百抽 12.5% 的办法，议定修改进口货海关税章程及陆路进出口货物征收关税办法等。这些问题看似简单，其实都异常复杂。"或系目前一时利益，或开将来永远主权，非有缜密之考究，妥当之办法，决难折冲樽俎，收于议席之上，万一应付偶疏，必致主权国脉，永受其害，而贻国家百世之忧。"所以，文章号召经世之士，迅速起来研究，以为关税特别会议之预备。① 该文在促使上海商界重视关税会议、动员上海商界研究关税会议诸重要问题方面具有重要作用。

北洋政府正式决定于 1926 年 10 月召开关税特别会议后，上海总商会于 8 月 29 日举行常会，就行将召开的关税特别会议提案问题进行讨论。会议议决以关税自由为一致主张，并分函总商会会员征求意见，还推定会董劳敬修、王晓籁、顾子盘、沈鳌臣、何积璠设立关税委员会，专门研究关税事务。② 不久，总商会增推宋汉章、吴蕴斋、王介安、赵晋卿、冯少山、叶惠钧、闻兰亭、马寅初、徐沧水等为总商会关税委员会委员。③ 鉴于关税会议"不独国际关系重大，而与商民利益亦多切肤"，总商会唯恐设立委员会专门研究仍有疏漏，又通告各界，广征关税问题意见。④ 总商会关税委员会顾问潘忠甲随即在《总商会月报》发表达 2 万字的《解决关税十大问题》长篇意见，包括撤废协定税则之办法、最惠国条款之解释、二五附税抵补裁厘之主张、税款存放旧章之恢复、船钞协定之废除、华洋不平等待遇之矫正、修改税则之自主及参加、出厂税华洋一律待遇、产销税不宜举办之理由、宣告免税及禁品之自由等。⑤ 9 月 12 日，总商会常会通过《筹

① 《未来关税特别会议中之问题》，上海《总商会月报》第 5 卷第 5 号，1925 年 5 月。
② 《会务纪要》，上海《总商会月报》第 5 卷第 9 号，1925 年 9 月。
③ 《总商会添聘关税会议委员》，《申报》1925 年 9 月 8 日。
④ 《总商会广征关税问题意见》，《申报》1925 年 9 月 15 日。
⑤ 潘忠甲：《解决关税十大问题》，上海《总商会月报》第 5 卷第 9 号。

备关税会议案》，议决以潘所提出的十大问题意见作为拟向关税会议提出意见的蓝本。①

上海银行公会等其他重要同业团体除派代表参加总商会有关会议和总商会关税委员会外，也纷纷召开会议、成立专门组织进行研究，提出意见。

银行公会鉴于关税会议及增收二五附加税用途等问题与银行界关系密切，在9月4日的公会董事会上议决成立关税会议研究委员会，以详加研究，提出意见，公推公会正副会长倪远甫、孙景西及盛竹书、李馥荪、徐新六、冯仲卿、徐沧水为研究委员。② 上海机制面粉公会也因关税会议召开在即于9月中旬召开上海各厂代表会，议决组织面粉业税约研究委员会，推举顾馨一、荣宗敬、方燮尹等为委员，共同研究。委员会很快提出了"意见书"，指出："洋粉进口，照约免税，年来源源输入，成为营业大宗；华粉输往各国，税率极重……现在关税会议开幕伊尔，粉业同人为国权计，为自卫计，不得不贡献其刍荛，以备采择。""意见书"提出：应"规定洋粉进口免税额数，列入议程，如进口洋粉超过定额，则须征税，既符约章，又裕税收"；同时，"应于会议席上，提出华粉运往各国，援洋粉进口免税之例，商定免税额数，逾额不妨征收，但税率亦须减轻，以昭公允"③。华商纱厂联合会董事会也认为关税会议关系棉纺业甚巨，于9月间致电政府希望允许推派代表出席，并于10月1日议决以关税委员会委员王正廷兼作为该会的关税会议正式代表，同时请上海各厂主及该会书记随时赴京接洽。④ 但关税会议委员会复电，仅允纱厂业推顾问1人，纱联会即于10月15日推该会副会长荣宗敬为关税会议顾问。

---

① 《会务纪要》，上海《总商会月报》第5卷第10号，1925年10月。

② 上海市档案馆藏银行公会档案，S173-1-55上海市银行商业同业公会关于段政府根据九国公约召开关税特别会议上段祺瑞、外交部、财政部及关税委员会书。

③ 《粉业公会之关会意见书》，《申报》1925年9月20日。

④ 《上海市棉纺织工业同业公会董事会议记录（四）》，上海市档案馆藏，S30-1-39。

　　总商会对于关税会议以关税自主为根本主张，而关税主权又与不平等条约联系在一起。所以，总商会关税委员会主任、江浙财团领袖之一的王晓籁在9月中旬致书总商会，提出应该把废除不平等条约与关税自主并进。他说：关税会议的目的"在争回关税自主权，变协定而为国定，而中国［关税］自主权之被侵损，其症结在历来之不平等条约，故欲仅仅于关税会议中争回关税自主权，恐藉口多而把握少，鄙意宜更进一步，一面于关税会议中当力争税权之自主，同时并应积极从事于修改不平等条约"，如废约事成，则"关税自主，自亦迎刃而解"。他认为，废约虽有难度，但德意志、澳大利亚、苏俄等国的不平等条约已废除，大势所趋，非少数国家之强权所能遏止，"而关会与改约两者同时并进，一可以表示我国外交之决心，二可以互为声援，壮折冲之气"①。

　　总商会还利用各国关会代表途经上海的机会，积极与之联络、沟通，阐明协定关税对于中国经济及中外贸易的影响，声明坚持关税自主的立场，争取各国的同情和支持。10月20日，总商会公宴赴京出席关税会议途经上海的英、法、意、比、葡五国特派出席关税会议代表，总商会正副会长虞洽卿、方椒伯及总商会会董王晓籁、沈联芳、赵晋卿、姚紫若、劳敬修、祝兰舫、孙梅堂、沈爕臣等出席招待会。虞洽卿在欢迎词中说："此次关税会议，足开中外邦交之新纪元，促进彼此相互之谅解及同情。数月以来，敝国人士对于关会问题，异常注意，业经悉心讨论，因其关系中外商业与邦交至重且巨。吾国为世界重要市场，对于国际贸易，实有莫大之方便，则各国对于关会，当也视为极端重要。固不仅我华人为然也。"我国现有的关税制度，有损于我国的经济发展，同时直接间接减弱人民的购买力，"吾国人民虽极愿振兴中外贸易，终因力有未逮，而不能有大规模之进展"，所以全国国民"深盼关税问题之解决"，解除协定关税之束缚，使中外间商业

---

　　①　《总商会关税委员会主任王晓籁之关会谈》，《申报》1925年9月20日。

有宏大的发展，使中外商人皆蒙其利。上海卷烟业领袖陈良玉代表全国商业联合会在欢迎词中说"敝国商民一致主张关税自主"，希望诸位代表赴京参与会议，主张公道。①

关税会议召开前夕出版的《总商会月报》发表了《关税会议与关税自主》的专论。文章论述了关税会议召开的背景，指出关税会议根据华盛顿会议九国公约而来，而华府条约与从前中国与各国订定税则的条约精神是一贯的，中国丝毫不得自主。所以关税会议的意义就是承认协定税则的继续，同意受八国的共同处分。文章分析了英日美法等主要国家对关会的态度，认为关会终难实现关税自主。文章提出，人民对于关税会议必须坚持关税自主，因为"关税自主之能否达到，关系本国工商业之盛衰，立国大计也。而商工团体对之尤有切近之利害，亟应注意于此，集会研究，详考利害所在，洞彻发表，作一种有力之主张运动，一面使国人共知共晓，一面督促政府当局不为近利所惑，一面向列强力争"②。

关税特别会议前江浙财团对关税问题的研究和关税自主的宣传，加深了包括商界在内的国人对关税问题的了解和对关税会议重要性、实行关税自主必要性的认识，也为政府筹备关税会议，准备相关提案提供了决策参考，对营造关税自主的舆论氛围也具有重要作用。

（二）会间的建言献策

1925年10月26日关税特别会议在京开幕后，江浙财团十分关注会议的动态，并针对会议进展情况不时提出意见和建议，发表评论，对会议施加积极影响。

关税会议初期的磋商重点是关税自主问题。中国代表王正廷在开幕式

---

① 《总商会昨晚欢宴各国关会代表》，《申报》1925年10月21日。
② 《关税会议与关税自主》，上海《总商会月报》第5卷第10号，1925年10月。

上即提出了关税自主提案，关税特别会议第一委员会即关税自主委员会于10月30日、11月3日举行二次会议，讨论关税自主、裁厘加税问题。在第二次会议上，日、美两国分别发表了宣言并提出提案，均表示原则同意关税自主。于是，政府当局与国人对关税自主有盲目乐观之势，也有人士抱悲观态度。为此，《总商会月报》于11月出版了关税会议专号，刊出马寅初《关税会议日美提案之比较》、诸青来《关税会议之名义与实际——日美两案及其互惠协定得失之研究》、梁龙《关税会议美日政策之异同》等文章。这些文章虽各有侧重，但主旨都在评析美日提案对我的得失利弊，而重点又在分析美日赞同关税自主的条件，提请政府当局引起足够重视。如梁氏指出：美案条件在裁厘，而裁厘素为我国主张，为何美仅以此为条件愿把国定关税权拱手相让？因为美案所提厘金范围甚广，"深知吾国在今日政治现状之下，三年之内必无裁厘之能力也"。所以他提出的补救办法是发表一宣言，不以裁厘为恢复关税自主之条件，或声明厘金范围以各地通过税及限于全国2/3以上大商埠实行。① 至于日案提出的互惠协定，论者均指出其名为互惠，实则不然。日案的用意在以单独协定代替现行的一般协定，而在不平等条约规定"利益均沾"的情况下，单独协定最终必然是一般协定，中国名义上收国定税率之权，实际上仍受新协定税率之束缚。针对这种情况，梁氏提出政府应速定五项原则作为进一步交涉之方针，即①关税自主权应是完全的，不受任何限制；②不能以单独协定为交换条件；③取消商约上最惠国待遇之条款；④可以作自动裁厘之宣言，但不得以裁厘为条件；⑤不得以吾国之基本工业为协定之货物。②

　　《总商会月报》关税会议专号同时刊出了总商会关税委员会主任王晓籁的《关税自主与自动的裁厘》、刘大钧的《关税会议与裁厘》、马寅初的

---

① 梁龙：《关税会议美日政策之异同》，上海《总商会月报》第5卷第11号，1925年11月。
② 同上。

《关税自主与出厂税问题》、叶景华的《实行税则自主的日期问题》等文章。王晓籁的文章是王氏等代表上海总商会出席北京全国商会联合会关税特别会议临时会的演说，也是总商会向大会提出的提案，反映的是总商会的意见。王氏指出：马凯条约20余年后，裁厘加税成一连缀名词，"一若非裁厘不能加税，欲加税则必裁厘者"；但"敝会素来主张裁厘与加税不能混为一谈，即不加税仍当自动的裁厘"①。

同期关税会议专号还刊出了总商会出席北京全国商会联合会关税特别会议临时大会代表王晓籁、闻兰亭、劳敬修、陆伯鸿提出的关于关税问题的提案《吾国于关税特别会议中应力持关税自主意见书》《反对举办产销两税案》《土货子口税华洋一律案》等。前案是总商会关于关税会议的根本主张，它指出"如果此次会议中国民不以关税自主为惟一之目标力求贯彻〔彻〕，则工商业所受不平等条约之束缚依然，内地土货所受厘金之障碍依然"；如果此次会议不力持关税自主，"再苟且偷安冀以二·五附加或办到加税十二有半为足，纾目前之急，是不啻举巴黎和会和华府会议两次力争关税自主之提案自行宣告放弃，各国益有词可藉，而以后更无提出之机会，八十年余来所受之束缚与苦痛将永成为附骨之疽矣，此我全国国民不可不深切注意者也"②。《反对举办产销两税案》说：首先，中央商约提出的裁厘之后举办销场税、中美中日商约提出裁厘之后新设出厂税，其主旨都是为加税后恐不足抵补裁厘而起，而事实上加税后增加税收抵补厘金有1600余万元，所以"毋庸另设新税抵补"；其次，此项产销税照约由常关稽征，由海关监察，如有不合例之留难需索由英官员会审，此即产销税实行之日，即我国财政主权降为英国从属之日，为主权计产销税自不应举办；再次，厘捐税率虽有不同，然至多不过5%，而据财政当局所议产销税达

---

① 梁龙：《关税会议美日政策之异同》，上海《总商会月报》第5卷第11号，1925年11月。
② 见上海《总商会月报》第5卷第11号（关税会议号），1925年11月。

7.5%，反较厘捐为重，为维护国产计，产销税也不应创设。①

关税会议后期日本公使芳泽谦吉遵日本政府训令于 1926 年 1 月 20 日照会中国外交部正式提出商订关税互惠协定要求。声称"为使中日两国之特种经济关系更加紧密，并使两国之亲善友谊益臻敦睦起见……由中日两国开始商订实施中国国定税则时应适用之关于税率之互惠协定"②。

日本提出所谓互惠协定，是出于"损人利己"的目的。因为中国是日本最大的贸易"伙伴"之一，20 世纪前五年平均每年对华输出额占其全部外贸输出额的 30%左右，而且日本输华商品主要是棉纱等棉制品，这些产品受到一次大战期间发展起来的中国棉纺品的竞争；另外中国输日商品主要是棉花、铁矿石等原料品。所以日本提出的互惠协定主要商品是日本输往中国的棉纱及中国输日的棉花、大豆、铁矿等，其用意昭然。但中国外交部不久即复照芳泽，竟对日方"互惠"要求声言"本国政府为使贵我两国经济互相通惠起见，对于贵公使前项之提议，可予赞同及早由双方酌定各该因之特种商品，俾贵我两国共同享受互惠之利益"③；外交部并转照关税特别会议委员会，请即核办见复。日本随即派佐分利为全权委员，催请迅即派定委员，并指定会议地点、日期。中日双方还很快拟定了中日互惠协定五原则，包括：①限于特殊货物数种；②务期从速缔结；③双方须含互惠之性质；④互惠协定与国定税率同时实行；⑤最惠国约款，不是用于互惠条约。④

江浙财团获悉后，即向政府部门陈述日方所提"互惠"协定对中国的

① 见上海《总商会月报》第 5 卷第 11 号，1925 年 11 月。

② 《日本使馆致外交部照会》（1 月 20 日），《中华民国史档案资料汇编》第三辑"外交"，第 688—689 页。

③ 《外交部致日本公使芳泽谦吉复照》（1 月 27 日），《中华民国史档案资料汇编》，第三辑"外交"，第 689—690 页；《中国已允诺日本要求缔结中日互惠条约》，《申报》1926 年 1 月 30 日。

④ 《中日互惠条约之原则》，《申报》1926 年 1 月 31 日。

危害，并就协定商品种类、期限等提出意见和建议。3 月 1 日，总商会电外交部、财政部和关税委员会，要求将夏布、绸缎等货物列入中日互惠协定减税货物之列。"报载中日互惠协定，已决定办法八项，日允许协定之华货，只限于棉、豆、铁块、生麻等，彼可利用之原料，名为互惠，乃系片面，且年限太长，应请将夏布、绸缎、陶瓷等，凡可以销韩之大宗熟货，要求列入协定，并将期限改为三年至五年，否则宁愿罢议。"① 华商纱厂联合会也电请将绸缎、夏布列入中日互惠协定。② 上海总商会致函横滨、大阪、长崎、神户、仁川、朝鲜等地中华总商会，要求各地商会根据当地华货销售情形，提出应列入互惠协定的商品。"中日互惠关税协定一事，日本已派定专员与我国将次开议，并据报载已事先商定办法八条，将来即据此为蓝本开议之说……此事关系吾华对日贸易甚巨，此时稍欠审慎，即足为将来无穷之累，拟将贵会就在日华货行销情形，各抒所见，何者统宜加入互惠协定之内，详于查明，径行分电外财两部及关税委员会，俾资采择。"③

3 月 14 日，总商会关税委员会主任王晓籁提出《对于中日关税互惠协定的意见》。他首先指出：中国向以农业立国，工商业方始萌芽，进口均为制造品，出口多原料品，如"徒慕互惠协定之名，则外人利用我国原料，加以制造，又输入我国，吸我金钱，名为互惠，实则惠而不互"，这是当局最应注意的。接着他就日方提出的互惠协定品目，结合 1924 年的中日贸易情况，分析了所谓的"互惠"协定对中国财政经济的影响。"日本输入中国商品，照十三年度，棉织物棉纱砂糖水产物纸类五项之进口数值，总计约一万三千六百万两，今日本声明协定税率为七·五……若援去年美国提

---

① 《上海总商会电陈中日互惠协定意见》，《申报》1926 年 3 月 2 日。
② 《纱厂联合会电请将绸缎夏布列入中日互惠协定》，《申报》1926 年 3 月 17 日。
③ 《总商会致函横滨等处华商会函》，《申报》1926 年 3 月 4 日。

案所谓普通商品在关税自主过渡时期按一二·五税率征税，则吾国此项对日协定之损失为百分之五，将来关税自主，国定税率实行，其平均税率应较一二·五为高，则此项对日协定之损失更不止百分之五。"从经济上说，日方发互惠协定，"尤有详细考虑之必要，日本输入中国之棉纱本色棉布及砂糖等纯为国货竞争之劲敌"，我政府对于此类商品协定税率，应以勿使外货侵入国货市场为唯一方针。最后，王氏提出了应对日方所提"互惠"协定的建议：中国应依据关税定率关于互惠协定相关条款减免输出商品税，另外即使不变更日方提出的协定品目，中方也"宜速声明协定品目，不采货品数目等同，而采货价等同。同时须将我国之工艺品如夏布、茧绸、纸、伞、木器、地毯、景泰蓝等以及原料品并半制品之生牛皮、野蚕缫丝、丝茧、菜子等一并列入为特殊互惠货品"，还应根据互惠协定国际先例"声明于相当期间或特别情形，有声请改正之权"[①]。总商会对王氏意见非常重视，即于3月17日电财政、外交两部并将王氏意见全文转呈[②]。

关税会议进行到1926年4月中旬便逐渐瘫痪，到7月各国正式声明自行停止关税会议，关会便无疾而终。关税特别会议委员会的声明说关会停顿的"责任应由各国负之，中国方面不负何等中辍之责"。但真实原因确如当时舆论所说，是"中国时局影响为多"。北方的无政府和南方革命势力的发展，使英美等国"南倾"，"与北方乃成绝不相容之势"[③]。江浙财团对关税会议的态度自4月后，也热情锐减。内中原因除了会议本身的变化外，更重要的也是因为中国时局的变化，而倾向于南方政府，江浙财团代表人物王晓籁、虞洽卿尤为明显。虞氏派女婿盛冠中与王晓籁应广东政府的邀请于4月赴粤"参观"，虞本人也与同月得到日本商会联合会和外务省关于

---

① 上海《总商会月报》第6卷第3号，1926年3月。

② 《致外交财政部转陈王晓籁对于中日互惠协定意见电》，上海《总商会月报》第6卷第3号，1926年3月。

③ 《关税会议自行结束》，《申报》1926年12月16日。

赴日大阪参观电器博览会的邀请函，并于 5 月 20 日率 58 人的以上海商界为主的中国商界代表团赴日①。虞洽卿访日期间曾说："中国政府完全系过渡的，不能代表人民"，这道出了江浙财团主体对关税会议态度变化的原因。

（三）江浙财团关于关款存放问题之主张

在关税会议期间，江浙财团最为关切、讨论最为热烈的是关税税款的存放问题。中国关税主权因鸦片战争后被迫签订《南京条约》而丧失，此后关税收入又大抵被作为偿还外债之担保，但关税税款的保管权在清末仍操诸我，交上海道经营，遇银根紧缩、市面紧张之时，可以动用已收未偿之税款调剂市面。但辛亥革命爆发后，总税务司安格联乘各省纷纷起义、清朝统治趋于瓦解之机，以确保如期偿付指抵外债、赔款为由，要求将关税收支两项权力归总税务司管理，英国公使朱尔典更是坚决要求将全国各关关税统归总税务司管理，清政府不甘心让税款落入革命党，更迫于英国公使压力，只好应允。② 清政府税务处在札行总税务司文中虽声明此为"权宜之计"，但中国关税税款保管权从此丧失。随后上海各外国银行总董开会讨论并报公使团修改，拟订《总税务司代收关税代付债款办法八条》③，规定："应请总税司承认允将海关所有净存税项，开单交与所派之委员会，届中国政府复能偿还洋债赔款之时为止"；"应请总税司筹备由各收税处所，将净存税项每星期汇交上海一次之办法"；"关系尤重之各银行即汇丰、德华、道胜三家，应作为上海存管海关税项之处理"。后因第一次

---

① 访日代表团 58 人，上海总商会成员就有 22 人，作为会长，虞洽卿的态度某种程度上可以说就是总商会的态度。

② 见《总税务司通令》第二辑，海关总税务司署统计科印行，第 179 页。

③ 王铁崖编《中外旧约章汇编》称《管理税收联合委员会办法》，见该书第 2 册，第 795 页，生活·读书·新知三联书店 1957 年版；陈诗启《中国近代海关史》附录三称《税款归还债赔各款办法八条》，人民出版社 2002 年版，第 891 页。

世界大战时德华一度倒闭，道胜因十月革命的影响，汇丰成了中国关税唯一存放银行，使中国每年 9000 万元的关税收入为汇丰银行处置，使中国"凡百商业因之失其维持，受重大损失于无形中①。此外，欧战以后汇丰独家经手中国偿还外债的结价业务，每届中国交款，其挂牌行市都较真正行市为高，使中国再受重大损失②。总税务司还利用掌握关款进而垄断中国财政。总之，海关税款保管权的丧失，"与中国主权、经济以及国计民生关系至巨"③。

所以，关税会议时期江浙财团纷纷发表函电、谈话，一致要求收回海关税款保管权。早在会议召开前的 8 月 14 日，总商会会董赵晋卿就关税存放问题发表意见：我国"各商埠所收关税向由官银号收存，转解户部及度支部，指定用途。自民国造基后，即被外人藉口债务关系，由外国银行截收以抵赔款之用。……鄙人曾在上海总商会提议，所收关税，除抵补赔款及偿还由关税作抵之外债外，新增之数，应存吾国之银行，且现在关税会议即将召开，增税为期不远，除偿还债款外，余款尚多，应与全国商会、银行公会一致主张，所余关税，提存吾国人之银行，以利金融而发展商业"④。赵氏这一主张对上海以至全国商界有很大影响。

10 月 20 日，陈光甫致函关税会议委员会，这份长达万言的《致关税会议委员会书》详叙了关税存放问题之由来，历陈关款存汇丰银行对中国

---

① 陈光甫：《致关税会议委员会书》，陈光甫编：《关税存放问题意见》，第 8 页，出版时间和地点不详。陈光甫此处的年海关税 9000 万元说可能不确，据陈诗启《中国近代海关史》附录一《民国元年至二十三年海关各常关税收总数收支表》载：1924、1925 年的海关收入分别为 6674 万两、6708 万两，见该书第 876—877 页。

② 我国偿还外债因货币不同统须以规元折合，汇丰操纵的结价行市均较真正行市为高，据陈光甫统计，从 1921—1925 年按汇丰平均结价行市，中国每偿还 1 两规元要损失 0.46875 便士，而此 5 年中国共付外债计 15641079 英镑，中国损失规元 1128714 两。见陈光甫《关税存放问题意见》，第 14—19 页。

③ 《上海银行公会致京电》，陈光甫编：《关税存放问题意见》，第 23 页。

④ 《赵晋卿再申关税问题意见》，《申报》1925 年 8 月 15 日。

利权之损害，提出在上海设立关税保管库的主张。他说：汇丰银行虽在华营业多年，但迄今未向中国政府注册，依法律论根本不论在中国营业，更无论收存公家存款；且汇丰收存之关款，皆系备付外债之用，万一遇有特别变故，存款不能付现，持有债票者仍须向政府取偿；税款存放汇丰不但丧失主权，而且使全国市面失去维持之本，使我百业受重大之损害。所以，陈氏主张在中央银行设立前，应在上海海关内专设"中国关税保管库"，由上海关监督和税务司会同保管，"所有各关税款统解该库保存，俟届偿债或付息时，再行照数提解，所有国内公债本息款项，亦按期划拨经理机关发给，妥订保管专章，除指定用途外，不得丝毫移用，惟遇上海银根紧急，银拆高至四钱以上时，准由上海总商会、银行公会、钱业公会斟酌情形，负责领出若干，或借或押，以资维持……俟风潮平靖，即行收回，设有疏虞，由总商会等共同负责，如此一转移间，银根自松，银拆自平，各业莫不咸受其赐"①。他在就该意见给银行公会会长正副会长倪运甫、孙景西函中说："此次政府召集关税会议，议事日程所列议案众多，而关税收回自行存放，关系国计民生尤重"，所以对于此项单草具意见送关税会议委员会。②

陈氏主张随即被江浙财团普遍接受，成为一致主张。11月23日，上海总商会、县商会致电北京执政府及外交、财政、农商等部及关税会议委员会，指出总税务司把持我国关税存放十数年，使"财政经济咸受影响，故此次召集关税特别会议，全国上下咸主张恢复前清税款存解旧章，或主悉数提存本国自办之银行，以固主权而裕金融。惟是过渡之际，应定折中办法，本会等悉心研究，窃以当此吾国中央银行制度未备以前，拟先设立保

---

① 上海档案馆藏银行公会档，S173-1-55；陈光甫：《致关税会议委员会书》，见陈光甫编《关税存放问题意见》，第12页。

② 上海档案馆藏银行公会档，S173-1-55。

管专库于上海，由政府委托上海海关监督及税务司会同保管，所有各关税款统解该库保存，俟届该项债款偿还或付息时照数提解，并妥订保管专章，除一定用途外，不得丝毫挪用，惟遇国内金融紧急时，得由本会等同银钱两公会斟酌情况借领若干，藉以维持市面，俟中央银行制度确立之时再行移交保管，以期根本改正"①。

11 月 27 日，上海银行公会发出致外交、财政、农商部及关税会议委员会电，电文主张与陈光甫的《致关税会议委员会书》如出一辙，说敞会迭经讨论，"主张于上海关内设立关税保管库，专以存储各关税款，由政府委任上海关监督及总税务司共同保管，届偿还付息之期提出照解，所有国内公债之以关税及关余担保者，亦按照同样办法办理，如此既免去专存一家银行之危险，复可邀中外人民之信仰，务请提出议案，以挽主权而裕民生"②。12 月 5 日，上海机器面粉公会致电北京执政府、财政部和关税会议委员会等，指出"本会一再讨论，极端赞成"银行公会、上海总商会、县商会的主张，请求将是项主张提交关会议决施行。12 月 9 日，华商纱厂联合会也电执政府、外交部、财政部、农商部及关税特别会议委员会，"吾国关税款项存放汇丰银行，并由该行自定行市结价偿债，于吾国主权、经济两受侵损。上海银行公会及总商会等主张设立关款保管专库，又结价一层应按照真正行市结算，与国计民生关系极巨。本会极端赞成，应请饬提关会采择实行"③。

对于上海总商会设立关税公库保管税款的主张，总税务司安格联获悉后先是有所怀疑，电询总商会"是否出自贵会本意"，请总商会迅予查明电复。总商会即于 5 日致电安格联，"关税自主，全国一致，而本会尤以欲实

① 《上海总商会县商会致京电》，陈光甫编：《关税存放问题意见》，第 21 页。
② 《上海银行公会致京电》，陈光甫编：《关税存放问题意见》，第 23 页。
③ 《上海机器面粉公司公会致京电》、《华商纱厂联合会致京电》，见陈光甫编《关税存放问题意见》，第 24、25 页。

行自主，应设立中央银行，未设中央银行前，在上海设立关税公库，由海关监督、总商会、银行公会、钱业公会，共为保管，迭经建议在案"①。安氏明了总商会等的明确态度后，电总商会说：设立公库保管基金"与总税务司保管整理案内基金有无影响，尚需慎重考虑。一挨总税务司特行到沪，与贵会及银行公会钱业公会磋商，方能知鄙人以后愿否负保管整理案内基金之责"。

2月17日，75岁的安格联为保管公债基金等问题抵达上海。安氏于关税会议期间总商会等主张设立公库收回公债基金保管权声中翩然莅沪，颇引人注意。上海总商会、银行公会积极奔走呼吁，力图对安氏施加影响，进一步营造舆论，力争公库设立。安氏抵沪后，上海总商会与银钱两公会即推素识安氏的宋汉章前往接洽，但安氏称病未能往见。2月18日，原银行公会会长盛竹书邀总商会会长虞洽卿、银行公会会长倪远甫及多数重要银行家在银行俱乐部商榷公库制度问题，就设立公库问题取得一致意见。②但同日，中国代表竟在关会过渡办法委员会第六次会议上自动提出关税税款"应存于保管银行，由中国海关总税务司负责管理，而照本会议议决之用途与条件使用之"。法国代表也提议"此项附加税增收之税款，应加保管，不受任何一方面干涉，应由海关负责，照本会议议定办法存放于今所指定之各保管银行"③。虞洽卿、盛竹书即于19日分别发表谈话，坚持设立公库主张并阐述设立公库对于维护国权、维持金融、发展实业、保障劳工生计的意义。曾数度晤面安格联的盛竹书在谈话中特别提到，"公库之发起，乃为国权及金融工商业前途计，对于安格联个人则绝无成见。安氏前此为我政府保管关税，办理公债，劳绩可观，我人当予以相当之感谢，且

---

① 《总商会对保管关税之主张》，《申报》1926年2月6日。
② 《安格联抵沪后之关税公库问题》，《申报》1926年2月19日
③ 陈诗启：《中国近代海关史》，人民出版社2002年版，第579页。

安氏本人为政府任命官员之一，此后组织公库保管基金等等，仍当请其相助为理"①。

为进一步统一意见，拟订应对方案，上海总商会、县商会又于 2 月 20 日召开各业代表会议，讨论关税存放、设立公库保管问题。江浙财团代表人物总商会正副会长虞洽卿、方椒伯，县商会正副会长姚紫若、顾馨一、朱吟江，银行公会正副会长倪远甫、孙景西，钱业公会会长秦润卿，广肇公所冯少山，卷烟业陈良玉，杂粮豆米业公会范和笙，振华堂余葆三，报关公所石芝坤，铜锡业公会冯咏梅、朱葆元，轮船业谢仲笙，敦仁公所忻文尧，及总商会会董祝兰舫、项如松、傅筱庵、沈联芳、徐乾麟、张延钟、劳敬修、戴耕莘、李泳裳、吴蕴斋、孙梅堂、徐庆云、沈燮臣、何积璠等 60 余人与会。虞洽卿在致辞中再次陈述了总商会设立公库保管税款的主张，傅筱庵、秦润卿、吴蕴斋、陈良玉等先后发表意见，会议经表决一致通过设立"关税公库促成委员会"，公推两商会及银钱两公会各选七人组织委员会，厘定进行计划，遇必要时再征求各业意见。② 银行公会除派代表出席当日各业代表会议外又开董事会议，对于设立公库问题，详加讨论，一致赞成。③ 2 月 23 日，总商会电财政部关税会，说"近日送与银钱两公会及各业筹议，皆以公库之设，对外在保全债权信用，对内在周转金融维持主权。年来银拆高昂，影响实业，及至市面发生恐慌，公家又苦乏大宗资金救济，社会已成贫血现状。转瞬关会结束，税收增加，再任少数垄断，恐关税益增，商业生计日蹙，非依前速设公库，万难救济，业于效日开联席会议，一致表决应请先提院议批准设立，其详细办法容后会同妥拟续呈"④。

---

① 《华商主张之保管关税公库意见》，《申报》1926 年 2 月 20 日。
② 《二月廿一日申报载总商会开各业代表会议》，《关税存放问题意见》，第 28—30 页。
③ 《银行公会昨开董事会设公库一致赞成》，《申报》1926 年 2 月 21 日。
④ 《总商会积极促成公库》，《申报》1926 年 2 月 24 日。

安格联本为公库和保管基金问题赴沪，但抵沪后，深居外滩大英总会，"托病不出拜客"，只是与汇丰、太古、怡和等英商领袖有所协商。外间报道说：安氏以总商会主张设立关税保管公库坚决，不愿与之接洽①，而总商会、银行公会也没有正式约请安氏筹商。安氏离沪前夕，2月22日，中交两行宋汉章、盛竹书以私人名义宴请安格联于中国银行，总商会、银行公会、钱业公会的虞洽卿、方椒伯、倪远甫、孙景西、陈光甫、李馥荪、吴蕴斋、叶扶霄、秦润卿、田祈原等作陪。新闻报道说：经席间讨论，内外债整理基金仍由安总税务司办理，至于公库，安氏意也相同，唯须妥筹办法，与政府接洽。虞洽卿于席间表示，设立公库系政府之事，与安氏无关②。次日的《申报》在刊出宋、盛宴请安氏的同时，刊发了记者晤上海商界"要人"的谈话，表示对公库及安氏本人的态度。"当安格联由京动身之前，曾以总税务司的名义致电总商会及银行公会，表示南来协商之任务。迨其到沪，深居大英总会之大厦中，静待各方往谒求商……而总商会、银行公会等，则根据主权上之信仰，以为总税务司不过我政府所聘用保管现在税款之执行人，职权以外之事，非彼权所能过问，与之协商，实属多事。关于设立公库之事，决联合全国一致向京主管机关实力促其实现外，对于现在沪上的安氏，认为其为英友，彼不来访，我不答候而已，安氏处此颇感不安，前日乃以个人名义分访中交两行当局，因此宋汉章与盛竹书为之设宴款待，以尽地主之谊。"③明白人阅后自然清楚，此"要人"即总商会会长虞洽卿。

根据2月22日各业会议决案，银行公会很快推出倪远甫、孙景西、陈光甫、李馥荪、徐新六、黄民道、林康侯为公库促成委员会委员。④总商会

---

① 《申报》1926年2月22日。
② 《中交两行宴请安格联》，《申报》1926年2月23日。
③ 《申报》1926年2月23日。
④ 上海市档案馆藏上海银行公会档，S173-1-55。

不久也推举正副会长虞洽卿、方椒伯及傅筱庵、王晓籁、吴蕴斋、顾子盘、沈燮臣为关库促成委员会委员①。

针对3月初北京有人提出关税分存于少数中外银行以保外债信用之说，总商会会长虞洽卿再电执政府及外交、财政两长、关税委员会及王正廷，坚持设立公库保管主张。华商纱厂联合会也电外交、财政、农商部，指出"外债信用系乎关款之盈绌，公库保管信用有增无减，况关国家主权，金融命脉，兹事尤不容缓，请力屏浮议，立于断行"②。

江浙财团在设立公库保管税款问题上能步调一致，除了民族主义的驱动，如他们在一些电文中所说的事关国家主权外，主要还是出诸共同的经济利益，这除了他们在函电中屡有陈述的维持金融市面外，更重要的是试图直接掌握内债基金，保障债权利益。

内债本与海关无直接关系，但1914年袁世凯为准备帝制，在大借外债的同时发行民三公债，为此设立了内国公债局，聘请华洋人员组织董事会，从中推选总理1人，协理4人，海关总税务司安格联任会计协理，专事出纳债款，一切公债款项出纳，除总理签字外，均需安格联副署才有效。民三、民四公债以常关税担保，因税款时有被截留，"为巩固信用，并以保存税课起见"，1918年1月起将常关税款委托总税务司保管。1920年的《内国公债局章程》规定：公债局董事会的第一董事为总税务司，总税务司成了内债局的首要人物。1921年公布的《整理金融短期公债条例》又规定发行的6000万公债在关税项下尽先提拨，即以关余为担保。据姜良芹研究，北洋政府时期发行国内公债27笔，其担保品因变更较多，先后共有45种之多，其中关税余款和关税附征被担保11次，占24.44%③。

---

① 《总商会推定公库委员》，《申报》1926年3月15日。

② 《纱厂联合会致京电》（1926年3月9日），《关税存放问题意见》，第37页。

③ 姜良芹：《南京国民政府内债问题研究（1927—1937）——以内债政策及运作绩效为中心》，南京大学出版社2003年版，第35页。

另外，1921 年内债整理时，指定以盐税、烟酒税费、交通事业余利、关余、常关收入等整理案内各项债券还本付息基金，由各机关商定拨款手续，拨交总税务司安格联保管，内国公债局和银行业代表会同办理。但是整理案内指定的各项基金中，烟酒税项下一直分文未拨，交通余利项下自 1921 年 11 月后也停拨，而盐余一项，因受各省当局任意截留的影响，也时拨时停，自 1922 年 8 月后也完全停拨，因而拨充内债基金的，事实上只有关余一项了①。

所以关税税款存放问题对于内债影响至重。关税税款存放汇丰银行由税务司任意处置，易危及关税和关余担保的内债的还本付息，所以，无论是陈光甫的意见书还是银行公会的通电，在主张设立由上海关监督和税务司会同保管的专库经理债赔款项同时，都特别提出所有以关税及关余担保的内债都按同样办法办理。原银行公会会长盛竹书在 2 月 19 日的谈话中更明确指出："公库成立而后，公债基金之保管权可随之转移，自属不生问题。"②

另外，偌大一笔关税现款，对于稳定金融、调剂市面确有极大的作用，而一个稳定的金融秩序是江浙财团的利益所在。2 月 20 日发表于《申报》的总商会会长虞洽卿的谈话就说得很明白："况公库成立之后，所有基金在必要时经公众之决定，得于稳妥之方法，调剂金融，如银拆限制之程度，均可因以降低，惠益实业，至非浅鲜，否则实业家因重利盘剥而受影响，金融市面、劳工生计均蒙其害，此于维护实业方面言，颇多关系。"③ 盛竹书在谈话中也说"组织公库，保管关税，非特拥护国权，实即维持金融……公库组织而后，此项关税即可由公库保管，严订条例，凡中外工商

① 戴一峰：《近代中国海关与中国财政》，厦门大学出版社 1993 年版，第 237 页。
② 《又载交通银行经理盛竹书君谈话》，《关税存放问题意见》，第 27 页。
③ 《二月廿日申报载总商会会长虞洽卿君谈话》，《关税存放问题意见》，第 26—27 页。

界于缓急之机，可按照条例向之借用，周转资材，使金融得益形巩固，工商业遂可日渐发展"①。

总之，江浙财团虽没有直接参加关税特别会议，但因会议与商界关系至关重要，所以对关会极度关注。上海总商会、银行公会、钱业公会、华商纱厂联合会、面粉公会等都成立了各种专门机构，研究中国关税问题，发表关于关税问题的主张，并通过多种途径积极向政府建言献策，对会议施加影响，力图使会议结果有利于工商金融各业经营和中国经济的发展。虽然关税会议因时局影响及各列强间的矛盾无结果而散，但他们的不少建设性意见，曾对会议产生一定影响，对南京国民政府初期的外交和财经政策也有积极的影响。

---

① 《又载交通银行经理盛竹书君谈话》，《关税存放问题意见》，第27页。

江浙财团与南京国民政府的财政

潘国旗　雷　莉

提及江浙财团，人们总会把南京国民政府与之联系在一起。的确，以金融业为主体的江浙财团为南京政府的建立和巩固发挥了极其重要的作用。这种重要作用很大程度上体现在江浙财团对南京国民政府的财政支持上。南京国民政府建立初期，不仅要进行所谓"围剿"红军和苏区的战争，而且还要进行排除异己的军阀混战。长期的混乱与内战，消耗了无数人力、物力和财力，加上庞大的债务支付，使得政府财政常年入不敷出，巨额的赤字需要靠借债来弥补。但由于 20 世纪 30 年代资本主义世界经济危机的影响和中国政府本身的债务信用问题，加上帝国主义之间的互相牵制，南京国民政府举借外债困难重重。因此，南京国民政府在这一时期不得不大举内债（国内公债）以资补苴。在 1927 年 4 月到 1937 年 7 月的十年中，南京国民政府所发行的总额为法币 255900 万元、英镑 420 万镑、美元 200 万元的内债[①]，主要是靠江浙财团来承购的。尽管江浙财团对国民政府大量举借内债的政策颇有微词，也曾企图抵制南京国民政府的两次公债整理，但总体来说还是抱一种合作的态度，或者说是采取一种既支持又加以制衡

---

① 潘国琪：《国民政府 1927—1937 年的国内公债研究》，经济科学出版社 2003 年版，第83 页。

的立场①，这正是江浙财团与国民政府之间的复杂关系在财政、金融上的反映。

一　江浙财团与国民政府建立前国民党的财政经济关系

如前所述，在北洋政府时期，江浙财团出于自身利益考虑，与北京政府虽然也有尖锐的矛盾，但仍维持比较密切的财政关系。随着1923年孙中山在广州重建革命政权后革命势力的发展，特别是随着北伐的推进，江浙财团逐渐把注意力转向南方，在财政上支持南方革命政权，支持蒋介石集团。

江浙财团一些人士与孙中山、国民党早已有联系。辛亥革命时期，虞洽卿、朱葆三、王一亭、沈缦云、叶惠钧、沈仲礼、李平书、李云书、张嘉璈、李征五、傅筱庵、方椒苓、陆维镛等著名江浙籍商人，就或直接参加光复上海之役；或设立组织开展筹饷募捐，支援民军；或直接任职沪军都督府；或成立组织赞成民主共和。②朱葆三还出任都督府金融机关中华银行的总董。荣宗敬、穆藕初、顾馨一、陆伯鸿等也是出钱出力，协助沪军

①　吴景平主编：《上海金融业与国民政府关系研究（1927—1937年）》，上海财经大学出版社2002年版，第16页。

②　在光复上海和江浙联军进取南京中，朱葆三、王一亭亲自前往对清军警策反，王还督师攻打制造局；李平书与虞洽卿等创立的商团、李征五组织的沪军光复军，都直接参与战斗；方椒苓组织军事募捐团，虞洽卿发起成立节费助饷会，朱五楼、谢蘅窗等组织国民自助会（劝募粮饷组织）；李云书成立中华民军协济会，并出任都督府兵站总监，筹划粮饷军械接济民军；张嘉璈等组织国民协会，杨信之、沈仲礼等发起组织共和建设会，朱葆三、吴金瀛、陆维镛、吕耀庭等发起组织商界共和团，均以襄助共和、扶持民军为主旨。上海光复后，虞洽卿出任都督府首席顾问官兼任闸北民政长；王一亭出任都督府交通部长（后改任农商部部长），李平书任民政部长，叶惠钧、俞凤韶任都督府参谋；沈缦云、朱葆三先后出任财政部长，张静江任财政部次长，傅筱庵、钱达三任财政部参议。孙中山就任大总统后，赵家蕃出任全国造币厂厂长。

都督府。他们中的不少人因此与陈其美、蒋介石建立了联系。1915 年 6 月，陈光甫在上海创办上海商业储蓄银行，孙中山嘱孔祥熙代表他投入股份 1 万元，表示支持。1916 年，宋子文的母亲也在该行投资 5000 元。[①] 同年 12 月，孙中山为筹集革命经费接受日本友人的建议开始在上海筹办交易所。1917 年 1 月 22 日，由孙中山领衔，虞洽卿、张静江、赵家蕃、赵家艺、盛丕华、洪承祁等人附议，向北京政府农商部呈请设立上海证券物品交易所。当年夏，发生了张勋复辟事件，上海市面因此萧条，交易所的筹备工作暂时耽搁。孙中山随即南下广州发动护法运动，因此受北洋政府通缉，并被取消了上海交易所发起人资格。孙中山发起筹建上海证券物品交易所搁浅后一年半载，张静江、戴季陶、蒋介石等又利用前案继续进行筹办交易所的工作，他们通过虞洽卿又拉拢上海工商界闻兰亭、李云书、张澹如、吴耀庭等为发起人。[②] 1920 年 7 月 1 日，上海证券物品交易所正式开业，其首任理事长虞洽卿，常务理事闻兰亭、赵士林、周佩箴等，理事张乐君、李柏葆、李云书、张澹如等 17 人中，除邹静斋 1 人外均为浙江、江苏籍著名商人[③]，他们大多与国民党联系密切，有的如赵士林、周佩箴、李云书、张澹如等曾加入同盟会、国民党。上海证券物品交易所开业前夕，蒋介石、陈果夫、朱孔扬、赵士林等组织名为"茂新"的第 54 号经纪人代客买卖证券棉花。蒋介石（蒋伟记）、张静江（张静记）、陈果夫（陈明记）等还集资成立恒泰号经纪人营业所，从事相关经营活动。江浙工商金融界著名人士与孙中山、蒋介石、国民党的上述关系，对江浙财团 20 世纪 20 年代中

---

① 《上海商业储蓄银行史料》，第 29、44 页。

② 魏伯桢：《上海证券交易所与蒋介石》，《文史资料选辑》第 49 辑，转引自吴景平《上海金融业与国民政府关系研究》，第 26 页。

③ 虞洽卿任理事长，闻兰亭、赵士林、郭外峰、沈润挹、盛丕华、邹静斋、周佩箴任常务理事，张乐君、李柏葆、李云书、张澹如、薛文泰、魏伯桢、吴漱圖、洪承祁、冯友笙任理事，其中除邹静斋（旅沪商帮协会会长）为赣籍外，余均为江浙籍，其中浙商 12 人。上海市档案馆编：《旧上海的证券交易所》，上海古籍出版社 1991 年版，第 63—65 页。

期的政治倾向有重要影响。

1923 年 2 月，孙中山重开革命政府于广州，但广州政府面临严峻的财政经济困难。孙中山曾向各国驻华外交团提出将粤海关关余 13% 拨归广东政府①。各国舆论对此虽予以同情，但迟迟未见行动。8 月，孙中山又要求公使团分拨关余，但公使团置之不理。同年 10 月曹锟贿选"当选"大总统后，以承认"二十一条"为条件与日本磋商借款，引起全国反对。孙中山准备督师北伐，但军饷甚是困难，于是他采取坚决措施包围粤海关，并发表扣留海关税款宣言，扣留粤海关税款。对此，总税务司安格联曾态度强硬地表示，如北洋政府不能阻止广东海关事件，他将不负由海关担保的内债基金之责，并煽动工商金融界反对广州截留粤海关税款。因为关余在 1921 年的公债整理案中被指定为公债基金担保之一，事关江浙财团的切身利益。所以，江浙财团对孙中山截留海关税款始初表示强烈反对。12 月 1 日，上海总商会、银行公会、钱业公会致电孙中山，要求维护内债基金，切勿动用关余。上海银行公会还以全国银行公会联合会名义发表宣言说："关余为内国公债基金已为全国人皆知，无论何方，如论何人，不得攘夺……如有人攘夺关余即攘夺我国民财产，倘国民财产军阀可以攘夺，国将何以立？"②粤海关事件发生后，各列强竟派军舰驶入珠江口进行恐吓，以上海总商会、银行公会、钱业公会为代表的江浙财团的态度受到国内多数舆论的指责，上海全国各界联合会 12 月 16 日发出的电文中指责总商会、银行公会、钱业公会致孙中山电是受北庭指使，助纣为虐，并声明内债基金，未经合法国会议决，国民誓不承认③。明了了国内主流民意，又鉴于列

---

①　1919 年广州护法军政府曾要求粤海关税务司摊拨关余，表示"如分拨之议不成，则该政府不问公使团是否同意，将执总税务司以负此项失败之责"。在军政府的强烈要求下，经北洋政府和公使团同意，按关余 13.7% 分拨给军政府。见陈诗启《中国近代海关史》，人民出版社 2002 年版，第 551 页。

②　上海市档案馆藏上海银行公会档，S173-1-42。

③　《广州民国日报》1923 年 12 月 25 日。

强的飞扬跋扈、曹锟政府的倒行逆施，江浙财团对广州政府截留粤海关税款采取了明智态度。1924 年 1 月 3 日，上海总商会会长宋汉章、钱业公会会长秦润卿函张嘉璈说：反对广东关税一事，再由沪上三团体（指总商会、银行公会、钱业公会——引者）联合通过决议案，而不要银行公会单独行动；并告戒张氏"前此所发通电，已有人评为帮助北政府，表示反对，如再继续集会，诚恐另生枝节，钱业中亦以对于中令不再表示之必要"①。

江浙财团始初对粤海关事件反应强烈，确是因利益所系，并非对北洋政府怀有好感。事实上，因北洋政府滥发公债，特别是 1921 年整理公债后即破坏公债基金信用，挪用盐余与交通余利收入，引起江浙财团的强烈不满，而收回海关税款保管权及关税自主也为江浙财团向所主张。所以，在江浙财团对广州政府截留关税税款逐渐持明智态度后，一些代表人物开始更多关注南方革命力量的发展。1924 年 10 月，张嘉璈在其随笔中写道："全年满地战争，交通阻滞。上海分行一面维持沪市，一面需接济内地各分行。而内地各分行多存现金，则虑兵匪抢劫，少存则恐挤兑，同时又不能兼顾当地市面，使其安定。至于政局纷扰与金融有密切关系之公债，其基金又时有动摇。银行当局责任所在，尝有穷于应付之苦。……虽然，否极泰来，照此趋势，北方几无政府，南方似有成立统一政府之望，姑坐以待。"② 因此他对北洋政府的再行借款采取拒绝态度③，而对广东革命政府的财政请求给予适当支持。1924 年 8 月，广东革命政府成立了中央银行，宋子文出任该行行长。次年夏天，由于右派向革命政权进攻，广州政治经济激烈动荡，中央银行遇到挤兑风潮。为应付这一局面，宋子文派员前往香港，向中国银行香港分行经理贝祖贻商借 200 万元现金。贝祖贻向北京

---

① 上海市档案馆藏上海银行公会档，S173-1-42。
② 姚崧龄：《张公权先生年谱初稿》，台湾传记文学出版社 1982 年版，第 67 页。
③ 参见姚崧龄《张公权先生年谱初稿》，第 69 页。

的中国银行总行请示后，张嘉璈感到有必要同南方的国民党势力拉上关系，于是便以总行名义，密嘱贝祖贻亲赴广州与宋子文当面接洽。经过双方协商，中国银行允诺承借中央银行所需款项的1/4，即50万元。宋子文对此极为感激，后来国民革命军出师北伐时，他曾电令出发各军，谓"我军到达各地，当加意维持中国银行"①。这样，中国银行就与南方国民党政权建立起友好关系。

1926年6月，广州国民政府北伐前夕，张嘉璈为因应新时局，率秘书南下驻守上海，直接管理中行南方行务。行前他与中行各董事相商决定：中行将以全力赞助国民革命军北伐。② 随着北伐的推进，江浙财团对国民政府北伐的欢迎与支持态度逐渐明朗，因此在暗地里给予国民革命军以经济援助。北伐军抵达赣州后，需用现银迫切。于是蒋介石致电时在天津正待南下的黄郛，要黄转告张嘉璈在上海设法汇济。当时孙传芳正调兵遣将，准备与北伐军作殊死之战，因此对金融业举动监督甚严，而且赣州僻处内地，调汇不易。但张嘉璈仍在绝对保密的情况下，汇济30万元。蒋介石于1926年11月初进驻南昌后，又通过黄郛转嘱张嘉璈由上海拨汇南昌现款20万元以济时艰，张嘉璈也密电南昌中国银行照办。③

1927年初，蒋介石率其嫡系部队开始进军浙江、江苏（上海）地区，军饷极度困难，几乎面临断饷危险，他屡屡要求财政部长宋子文速发军饷，否则与其难堪。④ 蒋氏在责难宋子文电文中甚至说：军事成败胥在于此。军事饷需对于蒋介石是如此重要，对于对手孙传芳等又何尝不是如此。1927年2月，孙传芳联合张作霖和张宗昌成立"安国军"，决定在上海地区与北

---

① 中国银行总行等：《中国银行行史资料汇编》第1册，档案出版社1991年版，第370页。

② 毛知砺：《张嘉璈与中国银行的经营与发展》，第264页。

③ 吴景平主编：《上海金融业与国民政府关系研究（1927—1937年）》，上海财经大学出版社2002年版，第39页。

④ 台湾"国史馆"藏"蒋中正总统档案"，转引自卓遵宏《从台湾典藏档案管窥上海金融》，载吴景平等主编《上海金融的现代化与国际化》，上海古籍出版社2003年版，第23页。

伐军决一死战，饷需同样成为其成败关键。3月2日，孙传芳、张宗昌以讨伐共产党为名，向上海银行公会、钱业公会筹措饷粮，准备以江海关二五附税作担保发行库券1000万元，由上海各银行、钱业和各行号摊认。① 江浙财团的天平倾向何方，对于中国军事和政治局势有着巨大的影响。

面对这样的形势，江浙财团中人除上海总商会会长傅筱庵等绝少数人外，大都在客观分析形势后，对南方革命势力采取暗地里支持的态度，而对孙传芳等军阀的筹饷要求则采取拖延甚至反对态度。几乎在上述张嘉璈支持蒋介石的同时，江浙财团另两位领袖人物陈光甫与钱永铭也对蒋介石的借款要求伸出援助之手。蒋介石率军攻克南昌后，为稳固地盘，决定用重金收买敌方军官，急需大笔现金，于是派亲信黄郛和徐桴赴沪秘密联络上海商业储蓄银行总经理陈光甫和四行储蓄会副主任钱永铭洽借，陈、钱在了解到蒋的军事实力后，允诺"革命军饷银，当尽力而为"，于1927年2月初秘密借给蒋50万元。

1927年3月12日，傅筱庵召开总商会常董会议，讨论摊认孙传芳等1000万元二五附税办法，接着召开总商会、县商会、闸北商会会长与会董联席会议和上海银钱业联席会议，要求当场确认摊认该项巨额库券数额。尽管傅氏在几次会议上为劝诱摊认库券说得舌敝唇焦，而各业、各商代表竟无一应者。这充分说明江浙财团人士大部分已认清时局，倾向于南方革命势力。

事实上，江浙财团代表人物在北伐军抵达江浙地区时，都已明确倾向于北伐军、倾向于蒋介石集团。张嘉璈的态度已如上述。虞洽卿早在1926年4月广州革命政府出师北伐前就派女婿盛冠中陪同闸北商会会长王晓籁到广东"考察"。8月王晓籁等回沪，虞听了汇报后，得出蒋介石对浙东乡

---

① 《孙传芳张宗昌致上海银行公会训令》（3月2日），《一九二七年的上海商业联合会》，上海人民出版社1983年版，第43页。

谊和"交情"看得很重的结论。1926 年 11 月，蒋介石率北伐军攻取南昌后，虞洽卿即赴南昌晤蒋。而钱新之、陈光甫则是"上海银行界与宁孙（传芳）反对最有力者"，"孙乃欲通缉之"①。1927 年 1 月 24 日，陈其采在建议蒋介石迅速组织临时财政机关应付财政问题时，指出"平素倾向革命主义"的陈光甫是担任临时财政机关负责人的最合适人选②。

但当时把持总商会的傅筱庵执意支持孙传芳等军阀势力。他在召集几次联席会议摊认孙传芳拟发的 1000 万元库券毫无结果后，竟利用职权从他控制的中国通商银行准备金中拨出 200 万元，作为对孙传芳"安国军"的捐赠。傅氏所为，为江浙财团中大多数人士所唾弃。为了与傅筱庵廓清界限，也为了向蒋介石表明支持北伐的态度，虞洽卿、王一亭、吴蕴斋等联络上海银行公会、钱业公会、交易所联合会、面粉公会、纱厂联合会、纱业公所、上海县商会、闸北商会等 19 个团体于 3 月 22 日发起成立上海商业联合会，发起团体代表包括虞洽卿、王一亭、王晓籁、宋汉章、钱新之、吴蕴斋、荣宗敬、穆藕初、秦润卿、胡孟嘉、徐新六、谢韬甫、孙景西、徐静仁、徐庆云、吴麟书、顾馨一、陆伯鸿、朱吟江、闻兰亭、叶惠钧、冯少山、劳敬修、姚紫若、石芝坤、徐补荪、沈田莘、余葆三、李咏裳、陆伯鸿等一批上海金融、工商、航运界领袖人物，虞洽卿、王一亭、吴蕴斋被推为商业联合会主席。随后又有中国棉业联合会、上海机器碾米公会、上海染织布厂公会、中华水泥厂联合会、新药业公会、电机丝织公会、华商码头公会、上海银楼公会、江苏火柴同业公会、上海出口各业公会、上海煤业公会、上海五金业同业公会等 45 个团体加入，其代表包括刘鸿生、黄楚九、蔡声白、范和笙、薛文泰、朱子谦、姚慕莲、黄振东、陆维镛、

---

① 台湾"国史馆"藏"蒋中正总统档案"（1927 年 1 月 16 日），转引自卓遵宏《从台湾典藏档案管窥上海金融》，载吴景平等主编《上海金融的现代化与国际化》，第 23—24 页。

② 台湾"国史馆"藏"蒋中正总统档案"（1927 年 1 月 24 日），转引自卓遵宏《从台湾典藏档案管窥上海金融》，载吴景平等主编《上海金融的现代化与国际化》，第 24 页。

项如松、方椒伯等工商各业著名人物①。上海商业联合会集中了一批江浙财团的上层人士，成了江浙财团新的组织形式。上海商业联合会的成立，使傅筱庵控制的上海总商会名存实亡：从入会团体看，由上可知，原加入总商会的主要工商团体都已加入了商业联合会；从人员看，上列各团体代表人物大都是总商会历届会董或骨干。

上海商业联合会的成立宗旨是"对外应时势之需要，对内谋自身之保障"②，是上海工商金融界面对时局的应变之举。它的成立表明：江浙财团的主体在客观分析全国政治军事局势后，在南北军事对立中已公开倒向国民革命军一边，也表明江浙财团把寻找新靠山以便保护工商金融业发展的"宝"押在了蒋介石身上。江浙财团主体的这一理性抉择，对于促进北伐具有十分重要的意义。

上海商业联合会成立后，江浙财团便积极为蒋介石筹款。3月26日蒋介石到达上海当日，虞洽卿等就拜访蒋，商议设立为蒋筹措军饷的江苏兼上海财政委员会并首先筹款1000万元问题。次日，商业联合会召开专门会议，听取虞洽卿拜见蒋介石情况报告，会议推定吴蕴斋、谢韬甫、荣宗敬、陆伯鸿、吴麟书、劳敬修、闻兰亭、叶扶霄、顾馨一为代表，往见蒋介石"接洽一切"。28日，上海银行公会、钱业公会、总商会、县商会、闸北商会召开联席会议，讨论白崇禧两度给银行公会来函要求筹饷问题，会议商定由五团体派代表与国民革命军军需处处长徐圣禅（浙江镇海人）联系。29日，上海商业联合会代表往见蒋介石，蒋表示："此次革命成功，商界暗中助力，大非浅鲜，此后乃以协助为期。至劳资问题，在南昌时已拟有办法。所有保商惠工各种条例，不日当可颁布，决不使上海方面有武汉态

---

① 参见上海市档案馆编《一九二七年的上海商业联合会》，上海人民出版社1983年版，第7—13页。

② 《一九二七年的上海商业联合会》，第30页。

度。"① 3月30日，蒋介石以国民革命军总司令部的名义公布了江苏兼上海财政委员会名单。该名单以江浙财团人士为核心，15名成员中包括银钱业界的陈光甫（上海商业储蓄银行）、钱新之（四行储蓄会、四行准备库）、秦润卿（钱业公会会长）、吴震修（中国银行）、汤钜（交通银行）及工商界的虞洽卿（上海商业联合会）、王晓籁（闸北商会）、顾馨一（县商会）、徐静仁（纱厂联合会）等，陈光甫任主任②。蒋介石同时致电上海商业联合会、银行公会和钱业公会："现在财政委员业已派定，所有关于财政问题，应统由该委员会通盘筹画。惟是军事未已，庶政待理，需款孔急，亟应设法筹垫。兹特派该委员会陈主任，亲赴贵会商议办法，尚希概予接洽，鼎力协助。"③ 几乎没有经过什么交涉，财委会就于4月1日与上海银钱业谈妥筹借300万元。4月4日，陈光甫以财委会主席名义与银行公会代表胡孟嘉、叶扶霄及钱业公会代表谢韬甫、楼恂如正式签署了垫款合同。④

相对于对蒋介石集团的财政支持，江浙财团在向武汉国民政府提供财政援助方面所持态度较为谨慎。1926年12月，广东革命政府迁都武汉。在此之前，已由国民革命军数度向汉口金融业直接借款，国民革命军总司令部政务主任邓演达、财务主任陈公博以国民政府将在汉口设立湖北银行的名义，以湖北官钱局财产作抵向汉口各银行钱庄筹借500万元，汉口浙江实业银行便被摊认20万元，在上海的浙江实业银行总行经理李馥荪就电示汉行予以婉拒⑤。1926年12月中下旬，武汉国民政府决定发行整理湖北财政公债1500万元，整理湖北金融公债2000万元；宣布财政公债用于整理

---

① 《一九二七年的上海商业联合会》，第48页。
② 《江苏省兼上海财政委员已发表》，《申报》1927年3月31日；《财委会主席已指定》，《申报》1927年4月1日。
③ 《一九二七年的上海商业联合会》，第49页。
④ 同上书，第57—58页。
⑤ 《一九二六年汉口浙江实业银行致上海总行函件选辑》（1926年11月6日、16日），《档案与史学》1999年第1期。

湖北财政，及救济商民因军阀勒借债款所受之财政困难；金融公债将用于收回湖北官钱局旧票、归还国民政府新债、拨充中央银行分行预备金以及抵借现金①。这一次，上海金融业采取了比较积极的态度。1926 年 12 月 25 日，由张嘉璈出面在上海沧州旅馆约集李馥荪、陈光甫、蒋抑卮（浙江兴业银行办事董事）、王子鸿（中行汉行经理）、沈季宣（大陆银行汉行经理）等密商，支持武汉革命政府发行新公债。同时，他们提出六项要求，如：公债基金应由基金委员会在中央银行开立专户存放，随时有权移动；或在中央银行库中另放一处，与该行款项不相混合；基金委员会每月须将款项收支情形登报声明，以昭大信；要求把长期公债（即整理湖北财政公债）的利息率由四厘增至六厘②。张嘉璈、陈光甫等把上述意见书托王子鸿带至汉口，再由上海商业储蓄银行汉口分行经理唐寿民转请孔祥熙交与财政部长宋子文。以后，汉口金融业对于武汉国民政府所发行的金融公债给予了一定的支持，江浙财团各主要银行的汉口分支机构参与其间。③

　　3 月 29 日，代表武汉国民政府前来接受江浙财政的宋子文抵达上海，次日便与蒋介石协商统一江浙财政事宜。宋考虑在财政部驻沪办事处之下筹设江苏财政处和浙江财政处，以实现江浙财政统一。蒋介石于 4 月 8 日发表总司令部布告，对宋子文的统一江浙财政表示"支持"，称"所有江浙财政事宜，应即交财政部接受整理，以期统一"④。4 月 12 日，上海银钱业两公会举行欢迎宋子文宴会，银钱业表示"国民政府政治旨在对外取消不平等条约，对内发展民众事业，本埠金融业在数年前精神上早已默契，今愿为国民政府之后盾……倘国民政府因需用款项，募集担保

---

　　①　千家驹：《旧中国公债史资料》，中华书局 1984 年版，第 138—140 页。
　　②　中国人民银行上海市分行金融研究所：《上海商业储蓄银行史料》，上海人民出版社 1990 年版，第 291—292 页。
　　③　千家驹：《旧中国公债史资料》，中华书局 1984 年版，第 146 页。
　　④　《国民革命军总司令部布告》，《申报》1927 年 4 月 9 日。

确实之公债，金融业之当竭诚承受"①。同一天，宋子文直接向上海银钱两业提出再垫款 300 万元的要求，银钱业则向宋提出包括请国民政府发表保持工商并维护金融业方针、借款用途限于江苏、借款分批交纳、借款担保品应由银团组织基金保管委员会保管等五项条件。② 上海银钱业欢迎宋子文时的表态及提出的借款条件表明：当时银钱业尚承认武汉政府的合法性和权威性。

但随着宁汉矛盾的公开化，江浙财团逐渐偏离了武汉国民政府、支持蒋介石集团。就在银钱业宴请宋子文的当天，蒋凭借江浙财团前次 300 万元垫款发动了"四一二"政变。江浙财团对此明确给予支持。4 月 16 日，上海商业联合会致电蒋介石并请转南京国民党中央执、监委员会，称"窃维革命告成，建设随之。不图共产党只知破坏，阴谋暴露，事实俱在。幸当局未雨绸缪，俾免赤祸蔓延，此商民所感慰者也。顷读吴稚晖先生呈请清党电文，益见有扫荡反动之决心。诸公次此列席会议，解决国是，在此一举，可否之间，关系甚大。敝会愿以三民主义为始终，对于当局清党主张，一致表决，愿为后盾"③，上海钱业公会也于当天致南京国民党中央执、监委员会说"三民主义为救国救民之惟一政策，是以旌旗所至，靡不箪壶欢迎。乃不幸有捣乱分子，假党之名，窃党之权，欲试其倒行逆施之手段，为此反革命行为，全国人民视为公敌。伏乞诸公此次列席，毅力解决，扫除毒氛，锄暴安良，在此一举。凡我人民愿作后盾"。次日，银行公会也致电蒋介石并请转南京国民党中央执、监委员会，支持蒋"清党"："自革命军奠定淞沪，商贾方期安居乐业。不图少数爆裂分子遽施破坏，扰乱大局，其叛党祸国，人民共愤。闻诸公此次列席会议，具有驱赤毅力，

① 《上海银钱两业欢迎宋子文》，《申报》1927 年 4 月 14 日。
② 《宋部长向金融业商借款》，《申报》1927 年 4 月 16 日。
③ 《一九二七年的上海商业联合会》，第 61 页。

清党决心。树立国本，端在斯举，商业金融，实利赖之。"①

　　必须指出的是，商业联合会、银行公会、钱业公会上述电文中所说的中央执、监委员是指在南京出席所谓的国民党中央执、监委员会议和国民党中央二届四中全会的各委员，仅有蒋介石、胡汉民、吴稚晖、张静江、李石曾、蔡元培、邓泽如等策划并实施反共清党的分子十余人。

　　4月17日，武汉国民党中央发布免去蒋介石本兼各职、开除党籍并"按反革命罪条例惩治"的命令②；武汉国民政府于同日发布《集中现金条例》，下令禁止各华商银行兑付钞票，禁止现银出口③；武汉掀起了声势浩大的讨蒋怒潮。而江浙财团在宁汉公开对立后更坚决地倒向蒋介石集团。4月18日，上海银行公会紧急通告各会员："自即日起与汉口各行暂行停止往来"。同日，银行公会致电蒋介石，告以银行公会各行已与武汉隔绝，请求蒋出面维护金融稳定。江浙财团同时加快了向蒋再次垫款的步伐。4月25日，江苏兼上海财政委员会陈光甫（陈其采代）、王晓籁、钱永铭（新之）与上海银钱业两公会代表倪思宏（远甫）、孙元方（景西）、谢韬甫、楼恂如签署了续垫借款300万元合同。合同规定垫款月息7厘，以江海关二五附税作抵，由银钱业派员监收，直至两次垫款一并还清，但如二五库券已销售得款，应尽先归还。④

　　"四一二"政变前后，中国政治局势风云多变，蒋介石处于既要与军阀势力征战，又要与武汉国民政府对峙，还要建立完备蒋氏国民政府的关键时期，需款确是孔亟，江浙财团的支持、特别是两次垫款对他来说是至关紧要的。为什么江浙财团在1927年春夏南（国民党）北（北洋军阀）、宁（蒋介石）汉（武汉国民政府）之间纷争之际，最终选择了蒋介石呢？内

---

① 《一九二七年的上海商业联合会》，第62页。
② 《国闻周报》第4卷第17期，"大事述评"。
③ 《武汉禁止各银行兑现》《汉口金融潮中之沪财政声》，《申报》1927年4月19日。
④ 《一九二七年的上海商业联合会》，第58—59页。

中原因，我们不能简单地归咎于某些代表人物的"投机""背信弃义"，而应更多地从阶级属性和阶级利益上去分析。"黄金时期"形成的江浙财团属于中国民族资产阶级的上层，他们为着自身企业的发展，具有一定的反帝反封建的积极性，其中一些代表人物早年就参加或支持辛亥革命。北洋时期，政局动荡，军阀连年混战，加以政府腐败，出卖利权，使以江浙财团为代表的民族资产阶级极度失望，他们希望能有一个强力人物建立一个稳定的政府，维护国家主权和社会的安定，保护中国实业家、银行家和商人的发展。所以在南方革命势力兴起并探得南方的实力后，江浙财团把视线转移到南方，对北伐总体上持积极、赞助的态度，掌握着军事大权、与江浙财团的基础宁波帮有地缘情节、与江浙财团一些代表人物早有密切联系的国民革命军总司令蒋介石成为江浙财团所看重的人物。随着北伐的节节胜利，工人运动空前高涨，危及了江浙财团的利益，使他们感到害怕和恐惧。他们"恐共"，攻击共产党"名曰公产，实则破坏"[1]；他们唯恐"劳工势力支配"后废除资本主义制度。江浙财团代表人物之一的王晓籁曾说"吾人最怕之事，即共产"[2]。他们主张镇压工人运动。江浙财团实业界代表人物荣宗敬说："工潮不决，纷扰无已"，"工人手内一有枪械，闻者寒心，务需收回枪械，以维治安"[3]。在这样的情况下，江浙财团背弃实行联俄、联共、扶助农工三大政策的武汉国民政府，支持主张反共清党的蒋介石集团是必然的。虞洽卿就说："蒋总司令极力主张铲除共产党，我商人虽破产亦当设法捐助。"[4]

---

① 《上海商业联合会宣言》，《一九二七年的上海商业联合会》，第 14 页。
② 《上海商业联合会 4 月 29 日会议录》，《一九二七年的上海商业联合会》，第 69—70 页。
③ 《荣家企业史料》上册，第 192 页。
④ 严谔声：《上海总商会和商界各联合会的若干活动》，转引自黄逸峰等《旧中国的民族资产阶级》，江苏古籍出版社 1990 年版，第 348 页。

二　江浙财团与国民政府 1927—1931 年的公债

1927 年 4 月 18 日，江浙财团支持蒋介石在南京建立了国民政府。但当时新生的国民政府面临巨大的财政压力：继续北伐，进行统一战争，建立健全各级机构，营建"首都"等，在在需巨款，而南京政府能够控制范围内的税收很有限，且缓不济急，于是只得发行大量公债、库券度日。

5 月 1 日，南京政府以江海关二五附税为担保，发行"江海关二五附税国库券"3000 万元，月息 7 厘，本利从 1927 年 6 月起在 30 个月内还清，"充国民政府临时军需之用"①。这是南京国民政府成立后向国内首次公开举债。为了推销这 3000 万元的二五库券，苏沪财委会采取派募的办法，即由认募的团体先向财委会缴款，采用这种方法，苏沪财委会可以较快筹得现款。其具体派募数字为：上海银钱业 500 万元、以上海商业联合会为代表的工商团体 500 万元、上海绅商 1000 万元、江浙两省共 1000 万元。上海商联会虽同意认募库券 400 万元，可是分派甚为不易，至 5 月 9 日，商联会所属交易所联合会、纱厂联合会等 32 个会员团体，认定库券总额才190.7 万元，实际缴款仅 80 万元。在财委会的催促之下，商业联合会另向交通银行及上海商业储蓄银行共借款 70 万元，缴至财委会。② 5 月 14 日苏沪财委会又致函商联会，以蒋介石电令名义，向江浙财团以下公司商号分派二五库券认购额：闸北水电公司 25 万元，华商保险公会 50 万元，内地自来水公司 25 万元，南市电气公司 30 万元，南洋烟草公司 50 万元，粤侨联合会 30 万元，华成烟公司 10 万元，先施公司 25 万元，商务印书馆 20 万

---

① 千家驹：《旧中国公债史资料》，中华书局 1984 年版，第 147—148 页。
② 上海市档案馆：《一九二七年的上海商业联合会》，上海人民出版社 1983 年版，第 85 页。

元，永安公司 25 万元，新新公司 25 万元，丝业总公所 10 万元。① 其中的闸北水电公司以"经济竭蹶"无力照购派销之 25 万元，商请财委会同意"酌量购认"，但苏沪财委会决议维持原派额。以后，苏沪财委会为催缴库券款额，数度向上海商业联合会交涉。最终商联会的二五库券认募额为 300 万元，缺口的 200 万元由江苏加派。为了加快二五库券的推销，5 月上旬起，苏沪财委会发起了"劝募救国库券大运动"，组织库券劝募委员会，确定常务委员、委员、总干事、副总干事人选。苏沪财委会还致函海外各团体、银行和报馆，推销二五库券。5 月下旬南京国民政府财政部和江苏省财政厅均成立运作后，苏沪财委会不再办理国、地财政征收事宜，其财政行政机构性质不复存在，专门从事江海关二五附税国库券的发行及相关事项。至 6 月上旬，二五库券在国内已认募 2000 余万元，至 8 月 18 日认募足额，② 苏沪财委会即日撤销。从 5 月底直到 8 月中旬，苏沪财委会存在的时间虽然很短，但却是以蒋介石为代表的南京国民政府与江浙财团之间最初和最主要的中介环节，它通过筹集垫款和发行江海关二五附税国库券，为南京国民政府的巩固提供了最主要的财政基础。

继发行 3000 万元二五库券后，1927 年 10 月 1 日，南京国民政府又发行"续发江海关二五附税国库券" 2400 万元，月息 7 厘。但续发二五库券的售卖进行缓慢，由此造成的财政困难使得当时新桂系把持的、由孙科任财政部部长的南京国民政府下台。蒋介石在 1928 年 1 月 7 日复职，宋子文继任财政部部长。以蒋为军事委员会委员长的南京国民政府重新开始北伐。北伐的重新开始，使军事开支直线上升。财政部部长在没有预算的情况下，必须每五天筹 160 万元的军费。这笔巨大的开支也只能靠发行出售公债取

① ［美］小科布尔：《上海资本家与国民政府（1927—1937）》，杨希孟译，中国社会科学出版社 1988 年版，第 39 页。

② 吴景平主编：《上海金融业与国民政府关系研究（1927—1937 年）》，上海财经大学出版社 2002 年版，第 68 页。

得。宋子文于1928年1月向政府提议续发二五库券，并修改条例，月息由7厘增至8厘，总额由2400万元增为4000万元。当然，加募1600万元的续发二五库券，并不足以应付蒋介石的"北伐军需"。于是，1928年4月1日，国民政府以卷烟税为担保，发行了1600万元的"卷烟税国库券"。5月1日和6月1日宋子文以印花税为担保分两期发行了1000万元的"军需公债"，接着在6月30日以煤油特税收入担保，发行"善后短期公债"4000万元（实发3800万元），供北伐结束后善后之用。这些债券发行的时候，与江海关二五库券相似，不乏使用强制推销的办法。合计从1927年5月1日到1928年6月30日的14个月中，国民政府发行了13400万元的内债。这些内债的发行，为南京政府挤垮武汉的对手、取得北伐的胜利以及对南京政府的生存和巩固，发挥了重要作用。

但是，北伐后的"善后"仍需要大笔经费，编遣会议上所酝酿的新的内战使开支不可能降下来，南京政府还得准备大笔的军费。早在1928年7月1日，财政部以天津海关二五附税为担保，发行了"充国民政府本年底预算不足，及筹付临时需要之用"① 的"津海关二五附税国库券"900万元，月息8厘。紧接着在10月发行"民国十七年金融短期公债"3000万元，九二折扣，年息8厘，以关税内德国退还赔款之余款为担保。此项公债中的2000万元拨作创立中央银行的资本。1928年11月发行"民国十七年金融长期公债"4500万元，以整理汉口中央银行钞票。1929年1月发行"民国十八年赈灾公债"1000万元。与编遣会议相呼应，1929年2月1日发行"民国十八年裁兵公债"5000万元。编遣会议刚降下帷幕，"蒋桂战争"爆发，南京政府于1929年3月发行"续发卷烟税国库券"2400万元，充南京对桂系的战争费用。被蒋桂战争打断的编遣工作在战争以南京胜利告终后再行提出，并为此而于1929年8月发行"民国十八年编遣库券"

① 千家驹：《旧中国公债史资料》，中华书局1984年版，第164页。

7000 万元。但内战并未因编遣而避免，"蒋唐战争""蒋冯战争"、中原大战和对共产党根据地的"围剿"等接踵而至。所有这些战争所需的大量经费，便靠源源不断发行内债来补充。滚滚而来的债券收入不但使南京政府在对各派的战争中立于不败之地，而且使得政府能够创办中央银行、赈济水灾和进行疏浚海河的工程。

计从 1927 年 5 月 1 日到 1931 年度的五年之中，国民政府财政部、铁道部和资源委员会共发行 30 种计 104500 万元的内债债券①，平均每年发行约 20900 万元，以 1931 年发行 42100 万元为最高数额。上述各类数字尚不包括省市地方政府所发行的内债。

南京政府为推行这些内债煞费苦心，采用了"非常手段"。北伐结束后，国民政府开始采取与江浙财团的合作态度，以便创造一个真正的公债市场而可以不采取强制手段发行公债，从而取得江浙财团的自觉和可靠的支持。于是，南京政府采取高利息、大折扣的方法来吸引江浙财团和一般购券者，并且，政府还往往在债券正式发行前抵押给银行，由银行预付政府所急需的现金。现金所得往往只及债券票面的一半左右。例如，上海钱业公会所属钱庄进行公债交易中，以 1562.5 万元的预付金押借② 3060 万元的债券，预付金仅值票面值的 51.06%（见表 1）。

债券正式发行后，或者直接投放上海证券交易所和上海物品证券交易所，或者存在银行，由这些银行根据市场价格议定最后出售价格，然后根据出售所得结算，而债券的偿还仍须按票面价值计算。这样，虽然财政部

---

① 详见潘国琪《国民政府 1927—1937 年的国内公债》，经济科学出版社 2003 年版，第89 页。

② 吴景平认为："直接发售（购买）债券与作为抵押品的债券之间是有区别的。作为抵押品的债券所有权尚在国民政府，政府方面按实际获得的押款支付利息，其利息率与作为抵押品的债券并不完全相同。如果国民政府清偿押款本息，债券即需归还政府。通常押款届期或逾期而又无法以现款偿付本息，国民政府便会委托银行钱庄在市面上出售债券以抵付借款本息，或以债券按市价折抵。"见《中国社会科学》2001 年第 5 期。笔者从此说，以"押借"来代替"购得（买）"一词。

从 1927—1931 年发行的债券平均利息为 8.6％，但因债券是以大折扣出售的，所以实际上的收益率高得多。按证券交易每月平均牌价来看，这些公债的年收益是：1928 年 1 月，22.51％；1929 年 1 月，12.44％；1930 年 1 月，18.66％；1931 年 1 月，15.88％，1931 年 9 月，20.90％。[①] 与其他投资相比，这种收益对投资者具有相当大的吸引力。当时，上海纺织厂的银行贷款，年利一般为 6％—10％，商业贷款年利为 10％—20％，银行本身所付定期存款利息为 6％— 9％。即使 1929 年 1 月 12.44％的公债利息是最低的，也优于工商业的银行贷款，而其他时期更高。债券收益不仅高于其他投资的利息，而且高于当时最有名的几家企业所得的红利。当时，中国银行红利为 7％，商务印书馆为 7.5％，南洋兄弟烟草公司为 5％。[②] 投资政府债券的高额收益和利润还可以从同一时期中国银行业的发展看出来。银行从高利息大折扣的公债投资中增加了它们的投资、贷款和票据的流通，28 家重要银行的资产从 14 亿元猛增到 1931 年的 26 亿元。银行业蓬勃发展，1928 年新开设银行 13 家，1929 年新开设 6 家，1930 年新开设 14 家，1931 年新开设 11 家。[③] 银行利润也成倍增长，仅以总行在上海的华商银行为例，它们的总利润 1927 年为 331.9 万元，1928 年为 458.8 万元，1929 年为 887.6 万元，1930 年为 1136.4 万元，1931 年则达到 1319.5 万元。[④] 如以 1927 年的指数为 100，则 1928 年为 138.23，1929 年为 267.43，1930 年为 342.39，1931 年为 397.56。1931 年比 1927 年差不多翻了两番。

———————————

① 金普森、王国华：《南京国民政府 1927—1931 年之内债》，《中国社会经济史研究》1991 年第 4 期。据杨格计算，1931 年以前为 14.8％—19.3％，1932 年为 24.4％，1936 年为 11.6％；参见杨格《1927—1937 年中国财政经济情况》，中国社会科学出版社 1981 年版，第 107 页。

② 金普森、王国华：《南京国民政府 1927—1931 年之内债》，《中国社会经济史研究》1991 年第 4 期。

③ 千家驹：《中国的内债》，北平社会调查所，1933 年，第 67 页。

④ 同上书，第 68 页。

表1　　　　　　　　上海银钱业公会押借政府债券明细表　　　　单位：万元

交易日期	债券名称	预付金额	债券票面值
1928 年 3 月 23 日	江海关二五附税库券	100	200
1928 年 5 月 5 日	卷烟税国库券	30	45
1928 年 5 月 5 日	直鲁赈灾押款（卷烟税库券）	20	40
1929 年 3 月 3 日	裁兵公债	100	150
1929 年 6 月 26 日	关税库券	100	200
1929 年 9 月 20 日	编遣库券	200	400
1929 年 9 月 26 日	善后公债	50	100
1930 年 9 月 23 日	民国十九年关税短期库券	150	300
1931 年 2 月 2 日	民国二十年卷烟税库券	200	400
1931 年 4 月 16 日	民国二十年关税短期库券	200	400
1931 年 6 月 6 日	民国二十年统税短期库券	200	400
1931 年 8 月 2 日	民国二十年盐税库券	200	400
1931 年 11 月 28 日	民国二十年金融短期公债	12. 5	25
合计		1562. 5	3060

资料来源：中国人民银行上海市分行编：《上海钱庄史料》，上海人民出版社 1960 年版，第 207—209 页。

　　政府发行的公债不仅利息高、折扣大，而且为吸引购买者，使购买者相信政府公债的可靠安全，每次发行公债都有新的税源作担保，或为江海关二五附加税，或为新增关税，或为卷烟税、印花税。其中关税最为重要，担保了财政部从 1927 年到 1930 年发行公债额的 87.5%。[①] 公债的偿还由国库券基金保管委员会负责，该委员会前身是 1927 年 5 月 13 成立的 "江海关二五附税国库券基金保管委员会"。这一机构是江浙财团为偿还二五库券还本付息与南京政府多次协商后设立的。根据《二五库券基金会条例》第

───────────────

　　① 潘国琪：《国民政府 1927—1937 年的国内公债研究》，经济科学出版社 2003 年版，第 76—79 页。

三条规定，委员会由各团体自行推出的代表 14 人组成，具体为：南京国民政府特派代表邓泽如、张人杰、林焕庭，江苏兼上海财政委员会代表徐静仁、虞洽卿，上海银行公会代表李馥荪、叶扶霄，上海钱业公会代表谢韬甫、王伯埙，上海商业联合会代表吴蕴斋、吴麟书，上海总商会代表林康侯，上海县商会代表朱吟江，闸北商会代表王晓籁。① 其中李馥荪、谢韬甫、林康侯、徐静仁、吴麟书 5 人为常务委员，李馥荪为主任委员。显然，在二五库券基金会委员中，江浙财团的代表占大多数，而常务委员均为江浙财团要人。二五库券基金会的成立，是江浙财团支持蒋介石所得到的回报，他们由此实现了北洋时期曾竭力促成但没能如愿的保管内债基金的愿望。

  证券市场上公债价格的高低，直接反映了政府债信状况。1928 年 3 月 21 日，上海华商证券交易所开拍二五库券，市价较低，"迨人民知保管基金情形，市价骤涨"。6 月中旬，"每票面百元，除已付还本款 11 期，约合三十六元七角外，市价在五十七元以上，核计九折而见强"。续发二五库券市价也在 81 元左右。二五库券基金会成立后运作一年有余，保管了三项库券的基金。舆论对其评价是"成绩甚优"、债券"市价逐涨"，因为基金会各成员"声誉卓著、众望所孚"，"热心任事，亦实克尽厥职，民众信仰之深切，库券价值增长，自为应有之结果也"②。显然，由江浙财团为主组成的基金保管机构，增强了公众对公债基金的认可，进而对南京国民政府债务信用的确立起了至关重要的作用。为此，全国财政会议将该委员会的管辖范围扩大到其他公债、库券的保管事宜。至 1931 年底，国民政府财政部所发行的债券中，除 1928 年 5 月发行的"军需公债"、1928 年 7 月发行的

---

  ① 上海市档案馆：《一九二七年的上海商业联合会》，上海人民出版社 1983 年版，第 75 页。
  ② 转引自吴景平主编《上海金融业与国民政府关系研究（1927—1937 年）》，上海财经大学出版社 2002 年版，第 92 页。

"津海关二五附税国库券"、1929 年 4 月发行的"疏浚河北省海河工程短期公债"、1931 年 4 月发行的"江浙丝业公债"少数公债外，所有其他公债、库券基金均由二五库券基金会保管。1932 年 2 月 29 日，国民政府公布了公债整理案，其中规定将二五库券基金会改组为"国债基金管理委员会"，所有各项库券基金，除海河公债仍由海河公债基金保管委员会保管，江浙丝业公债由国债基金管理委员会拨交该公债基金保管委员会保管外，其余基金概归国债基金管理委员会保管，权限也随之扩大到外债，江浙财团基本上掌握了内外债基金保管大权。

　　由于国民政府财政部在发行债券时所给予的优厚条件和二五库券基金保管委员会所提供的保证，在上海创造了一个名副其实的公债市场。政府公债债券成为江浙财团重要的投资财源。在这期间，公债投资对银行贷款的比例不断增大。据当时的经济学家吴承禧估计，银行有价证券中有 2/3 是政府债券，他据此推断银行拥有 41800 万元的债券，按票面价值而不是按市价计算，略少于当时政府债券总额的半数。[①] 不少的研究者倾向于肯定吴承禧的这一估计。如千家驹也认为上海各银行持有政府发行的公债将近一半。但是也有经济学家所作的估计更高。例如，经济学家章乃器认为，以 1933 财政年度而论，上海主要银行中大约有 6 亿元的政府公债，或者说他们持有政府实际售出的各种债券的 2/3。章的数字之所以比吴的估计数要高，是因为章估计银行所持有的全部证券中 80% 是政府公债。此外，在银行的抵押放款中，有政府为取得垫款作抵的债券，也有私人用公债作抵押的贷款。综合上述两项可以得出结论，上海银行在 1931 年末拥有 1/2—2/3 的南京政府的公债和库券。[②]

　　这些债券集中在属于江浙财团的几家主要商业银行手中。虽没有确切

①　吴承禧：《中国的银行》，商务印书馆 1934 年版，第 72 页。
②　李紫翔：《中国的银行之特质》，《东方杂志》第 30 卷第 21 号，第 35—36 页。

的统计，但据吴承禧考察所得，在 52 家银行的 32100 万元的证券中，有 85%集中在 12 家上海大银行手中。而庞大的中国银行和交通银行就据有这个总数的 40%左右。吴承禧的这个统计数字是根据 52 家银行的报告而来的。这 52 家银行持有用于投资的证券 24712 万元，还有 7360 万元的证券作为银行通货储备金。这些数字多是以其在公债市场上的价值基础而统计的，并不是以票面价值来估算的。12 家最大的证券持票人（不包括政府控制的中央银行）的持有债券数见表 2。

表 2 　　　　　　　　　　**1932 年 12 家银行持有证券数**　　　　单位：万元

银行名称	数额	银行名称	数额
中国银行	9000	大陆银行	1320
交通银行	4137	中南银行	1242
四行储备基金联合储蓄会	3190	浙江实业银行	1091
金城银行	1480	浙江兴业银行	1053
盐业银行	1440	四明商业储蓄银行	1052
中国实业银行	1430	上海商业储蓄银行	650

资料来源：吴承禧：《中国的银行》，商务印书馆 1934 年版，第 69、71 页。

这 12 家银行除大陆银行外，总行都设在上海（大陆银行总行设在天津）。并且除四行储备基金联合储蓄会是金城、大陆、中南和盐业等四银行的一个联合企业。这四家银行通常称为"北四行"。除四行储备基金联合储蓄会外其余这 11 家银行都是上海银行公会银行。而四行储备基金联合储蓄会正副主任是浙籍的吴鼎昌、钱新之，其业务重点在上海，"与浙系财界结着密切关系"[①]。由于在这些主要银行中有连锁董事会的存在，所以这些具有领导地位的大银行家在对政府的财政上起着极端重要的作用。相反，

---

① 《中国资产阶级的分析》，《时事月报》第 7 卷第 1—2 期，1932 年，转引自陈真主编《中国近代工业史资料》第 1 辑，第 323 页。

1928 年成立的、由国民政府直接控制的中央银行只持有 760 万元的证券,[①]所以相对而言,中央银行在公债市场上还不能发挥重要作用。

南京国民政府在上海发行大量债券的成功,彻底改变了政府与江浙财团的关系。因为上海资本家吸收了 1/2—2/3 的政府公债,因此,他们就把自己的命运与南京政府联系在一起,必须支持南京政府。而南京政府通过发行内债不仅解决了财政困难,弥补了财政亏空,而且把资本家拉到自己的船上"同舟共济",获得了维持统治的社会经济基础。公债就是这样把江浙财团"拖着"向南京政府更加靠拢。正如有位研究者写道:资本家与政府的合作"不仅解决了这个政权财政上的困难,而且加强了政府对商业界的控制力量。当各个银行的保险柜里塞满了政府的债券时,也就是它们在政治上积极参与了这个政权的表现"[②]。事实也正是如此,1930 年和 1931 年度有价证券占银行总资产的 15%以上,[③] 银行的收益资产至少有 1/3 是和政府相关联的(这是 1934 年的比例,考虑到银行资产的扩大与债券发行的正相关关系,1931 年也不会低于这个比例)。这使江浙财团的银行家及其他资本家除了跟着南京政府走之外,没有其他的选择。

三 江浙财团与 1932 年的公债风潮和公债整理

1927—1931 年国民政府发行的 30 种、十多亿元公债 80%以上用于军政费[④],这类"财政公债"债务自身无法担负还本付息的资金,致使大量的

---

① 吴承禧:《中国的银行》,商务印书馆 1934 年版,第 69、71 页。

② [美] 小科布尔:《上海资本家与国民政府 1927—1937》,中国社会科学出版社 1988 年版,第 88 页。

③ 李紫翔:《中国的银行之特质》,《东方杂志》第 30 卷第 21 号,第 35—36 页。

④ 潘国琪:《国民政府 1927—1937 年的国内公债研究》,经济科学出版社 2003 年版,第 88—90 页。

中央税收被用于偿还债务，从而使关税、盐税等依次都做了公债的担保。当时，中国的关税几乎占国家总税收的半数，担保着无数的公债。但这项税收在当时国内外经济恐慌的影响下，已逐渐减少。其余各项中央税收，也均有下落之势。这对于公债基金的影响极大。以中央有限的税收为无限发行的公债作担保，南京政府日渐不堪重负。在此前后，国内政治局势又急剧动荡。1931 年 5 月，国民党内胡汉民派、汪精卫派、孙科派、西山会议派和广东陈济棠、广西李宗仁等军事首领实行反蒋大联合，在广州成立国民党中央执、监委员会非常会议和国民政府，9 月初，宁粤战争爆发。正当国民党内部纷争不休之际，日本发动了"九一八"事变，侵占东三省，不仅在政治上和军事上威胁着南京政府，而且使南京政府失去了东北的一大笔税收收入（每年 8000 万元至 1 亿元）。原来由东北税收维持的张学良的几十万军队，这时要由南京政府负担开支。政治军事危机和政府财政捉襟见肘的困难，使公债行情持续下跌。1931 年 12 月 1 日，上海交易所的主要公债行情跌至票面价格的一半，12 月 23 日，公债跌至最低谷，公债市价小于票面值的 40%，只及 9 月 1 日时的一半左右。① 以裁兵公债为例，1930 年 7 月最高市价为 80.6 元，最低为 74 元；1931 年 12 月最高为 57 元，最低为 51 元；1932 年 1 月，最高仅为 51 元，最低竟至 36.6 元。②

国民政府依靠发行内债维持财政的做法，也随着债价的暴跌、债信的动摇而陷入困境。维持债市的稳定、尽快恢复债价成为政府和江浙财团的共同需要。政府对债券进行整理的拟议在此时初露端倪。财政部部长宋子文以维持债信为名，在召集上海金融界商谈对策时，曾计划对各项债券还本付息提前偿还，也曾拟议拨款 2000 万元收买债券现货、化整为零收回各

---

① ［美］小科布尔：《上海资本家与国民政府 1927—1937》，中国社会科学出版社 1988 年版，第 104 页。

② 朱契：《中国财政问题》，上海商务印书馆 1934 年版，第 235—236 页。

项库券，改发一种金融公债。① 但这些计划最终因政局变动而未能实行。江浙财团在表示愿意同政府合作的同时，也对由日本侵略东北、宁粤纷争而带来的国家动荡状态极表担忧。尤其是 1931 年 10 月 27 日宁粤双方"和平统一"会议在上海举行之后，进展缓慢，对此金融界非常不满。11 月 5 日，上海银行公会召开了执行委员会议，通过了宣言稿和财政方针建议案各一件，当日即推由张公权、陈光甫、李馥荪、吴鼎昌、胡孟嘉五人，分别面谒宁粤代表，陈述相应主张。宣言对南京国民政府成立以来的政绩予以负面评价，直言不讳地指出："自民国十六年国民政府成立，全国人民无不认为破坏之日告终，建设之期开始。举凡党国措施，罔不竭诚拥护，以期政治之稳固，借谋经济之发展。不意五年来，兵祸不能息，匪患不能止，天灾不能防，甚至党国自身亦复不能保持完整。卒为外患所乘，占领辽吉，震撼世界，国无以自存，民无以聊生。凡为国民，自问对党国之信仰，已五年如一日，而其成绩乃至如斯，实不能不感觉无穷之悲愤。尤为我金融界同人，此五年中，追随国民之后，不断地在社会上提倡尽力协助党国政府，至此更不能不抱万分之惭疚。"敦促宁粤会议双方尽快达成一致，息争御侮："窃以为在此时局之下，此次代表会商中，无论任何条件，双方皆应立即互让，克期合作。万不得已，则亦宜立由双方推定第三者，本互让精神，迅予调处。双方尤皆应承受其调处，以期统一于必成。"宣言最后对和平会议破裂的后果，提出警告："诸公须知训政之权在诸公，而授训政之权于诸公者犹是国民。……国民迫于今日党国统一最后之机会，已不能听任诸公之自行破裂。……现在政治军事外交危险之状况，当为诸公所深知，勿待多言。同人等专就国民经济一点而论，认为此次和议若不成，统一再绝望，则嗣后社会之经济能力，决不能应政府之政治需要，实属无疑，无

---

① 《现代上海大事记》，上海辞书出版社 1996 年版，第 487 页。

论任何人当局，想均无以善其后也。"①

自1927年起，以银行公会为代表的江浙财团，便对以蒋介石为代表的南京国民党政权的成立，给予极大支持，也曾寄予极大的希望。另一方面，从1927年宁汉合流到1930年的中原大战，时局的动荡使上海金融市场风浪迭起，但毕竟蒋介石控制中央政权的局面还是稳固的，这一政权对上海金融界的权威也没有大的动摇。然而，自1931年2月的拘扣胡汉民事件起，蒋介石集团的权威性乃至施政合法性，都遇到了前所未有的持续的挑战。"九一八"事变后，国难日趋严重，蒋介石集团无法以原来的方式维持其统治，而宁粤政争旷日持久，这些对社会经济特别是金融市场的破坏是灾难性的。上海银行公会的上述宣言表明了江浙财团对蒋介石集团的不满与失望，对于长时期地承受政治分裂所带来的不利影响，则已经失去了耐心，明确表示将凭借所掌握的金融力量和经济影响力，向现存及将来的当政者施加压力，以捍卫其自身的利益。②

1931年12月15日，宁粤对峙的局面被打破，国民政府主席兼行政院院长蒋介石提出辞呈，五天后宋子文呈请辞去行政院副院长兼财政部部长职务。12月22日，国民党四届一中全会选任林森为国民政府主席，孙科任行政院院长，负实际责任。但孙科政权面临着严重的财政危机，当时国库空空如也，而军政费开支却每月需要2200万元，孙科每月能筹集到的款项只有700万元。③ 而且江浙财团对孙科很不信任，因为同年5月，当汪精卫、孙科等人在广州建立另一个国民政府时，曾通电全国各银行公会及公债基金保管委员会，表示对南京国民政府于5月28日以后所发出的法令概不承认；并曾因截留粤海关税问题，直接影响到债券市场的稳定而引起江

① 《银行同业会重要会议》，《银行周报》第15卷第43号，1931年11月10日。
② 吴景平主编：《上海金融业与国民政府关系研究（1927—1937年）》，上海财经大学出版社2002年版，第96页。
③ 《国闻周报》第9卷第5期，1932年1月25日。

浙财团等的各方不满。再就地缘而言，孙科基本为粤派方面的代表，与以上海金融业为核心的江浙财团之间没有确立起共信。为解决财政困难，孙科任命黄汉梁为财政部长与上海金融界进行磋商。黄曾任和丰银行上海市分行的经理。该行虽也是上海银行业同业公会的成员，但黄与江浙财团核心人员缺乏联系，在江浙银行界也无甚影响，不足以进行有效的交涉。虽然黄在上海积极活动，却"终仅得三百万"，不足以维持中央政权的运作。迫不得已，孙科于 1 月 12 日采取了极端的做法——停止偿还政府公债本息 6 个月。至 1932 年国民政府应付各种内债本息共计 2.1 亿余元，每月平均偿还数约 1700 万元，1 月应还本息共计达 1600 余万元。[①] 孙科之所以考虑动用这笔基金，一方面是对江浙财团施加压力，另一方面可以大体上弥补当月支出不敷之数。

停付公债本息立即激起以上海金融界为核心、以江浙财团为主的全国性反抗风潮。1 月 12 日下午，上海银行界获此消息后，便派代表就此事向孙科质询。1 月 13 日，李馥荪主持的二五库券基金会召开会议，决议致电国民政府、行政院，请求大小挪用基金提议，并函请总税务司保留备抵债券基金之税款。二五库券基金会并于当天发表宣言，称"近闻中央有挪用基金之提议，市面发生动摇，此议若成事实，债券何如废纸，影响所及遍于全国，人民之生死存亡均系于此。本会职责所在，于必要时惟有尽力之所及，采取种种办法。总期国民政府之条例继续有效，更希群策群力，以匡不逮"[②]。上海银钱两业于 13 日下午召开紧急会议，决议推胡笔江起草致国民政府电稿，由银钱两业联名致函二五库券基金会表示誓为其后盾，推李馥荪即与上海各界接洽，告以银钱两业态度。上海市商会、全国商会联合会等沪上工商金融等团体纷纷致电国民政府、财政部，坚决反对政府停

---

① 《大公报》1932 年 1 月 19 日。
② 《申报》1932 年 1 月 14 日。

付公债本息。市商会主席、二五库券基金会委员王晓籁坚决表示："头可断，公债基金之用途，绝对不能移动。"外埠各地金融业商业团体积极呼应上海银钱业的函电，纷纷致电孙科政府，表示坚决反对停付公债本息。如杭州市银行业公会、杭州市钱业公会、杭州市商会、浙江全省商会联合会致电南京国民政府、行政院、财政部，公开对政府法令的合理性提出质疑。设在上海的内债持票人会（于1931年12月21日成立）是反对停付的最重要团体，随着公债风潮的发生，其成员迅速扩大。上海银行公会的会员银行纷纷加入持票人会的步伐，国华银行、上海中孚银行、中华商业储蓄银行于13日，上海商业储蓄银行、上海盐业银行、中国通商银行、上海交通银行、上海中国实业银行、大陆银行于14日，上海江苏银行、上海中国农工银行等于15日，先后加入持票人会。而杜月笙、徐寄顾、徐新六、张文焕等知名人士，则以个人身份加入持票人会，此外浙江持票人几百人也联名加入。① 持票人会发展成为以上海金融业为主导的具有广泛代表性的持票人组织，几乎成了江浙财团的组织形式。1月15日，持票人会致函二五库券基金会："顷于本埠一月四日各报诵读贵会宣言及致国府电，上报国信，下顾民生，义正词严，语中言切。窃思自称以救国救民为责任之国民党，其指导下之政府，当能从善如流，打消此种自害害民、自杀杀民之妄举。万一政府背弃国信，蔑视民生，务请贵会同人均抱王委员晓籁头可断、公债基金之用途绝对不能移动之决心，任何暴力必无所施其技。敝会同人誓做后盾，甘同生死。"② 持票人会致函上海银钱业公会称："顷读一月十四日贵会衔致政府当局元电，对于政府停付债券本息之拟议，予以明白反对，通陈利害，详尽无余。……此后一切政治财政得贵会之坚决主张，各公团

---

① 《申报》1932年1月16日。
② 《中华民国内国公债库券持票人会为使公债基金不被挪用愿为后盾函》（1932年1月15日），《中华民国史档案资料汇编》第五辑第一编"财政经济（三）"，第98页。

一致风从……敝会取一致之态度，为保管债券基金委员会之后盾。"这可以
解读为持票人已经明确把上海银钱业公会作为在债券问题上与南京当局交
涉的领袖。上海各路商界总联合会致银钱两会的电文更引人注意，电文说：
"敝会忝为商人集团之一，有会员四十万，绝对追随贵会之后，援助一致态
度为债券基金委员会之后盾。……贵会深知财政与政治绝对相连，则种种
办法之中，请当道还政于民，俾自解救国难亦其法。"这已经超出了公债问
题的经济利益视界，大有奉上海金融业同业组织为整个公共领域的代表之
意。如果南京国民政府未能在短时间里进行新的政治整合，确立起充分的
权威，那么上海银钱业公会很有可能被进一步推向公共事务领域。① 在江浙
财团的直接推动下，一场范围广大的反对停付公债本息的风潮，已在国内
主要城市全面展开。南京当局面临着很大的压力。

由停付公债本息拟议而引发的抗议风潮，其声势之浩大超出了孙科等
人的预料，政府内部一时不知所措。在这种情况下，与蒋介石及江浙财团
都有密切联系的张静江请前任上海市市长张群一同出面斡旋。经过政府与
江浙财团的反复谈判，最终达成协议，孙科政府撤销停付公债本息的决定，
而上海银行界则答应每月贷给政府 800 万元。

公债风潮平息后，孙科政府旋即辞职，蒋介石重新上台，担任军事委
员会委员长，汪精卫为行政院院长，宋子文为行政院副院长兼财政部部长。
孙科政府仅仅维持了三个多星期就垮台，其主要原因之一是没有得到江浙
财团的认可和支持。"孙的努力之所以没有成功是由于他没有取得像上海银
行家和宋子文这样的重要人物的支持。"② 这次公债风潮的发生固然与1931
年的"九一八"事变、宁粤之间的政争新结局直接有关，但从公债史和金

---

① 吴景平主编：《上海金融业与国民政府关系研究（1927—1937 年）》，上海财经大学出版
社 2002 年版，第 146—147 页。

② ［美］小科布尔：《上海资本家与国民政府 1927—1937》，中国社会科学出版社 1988 年版，
第 114 页。

融史的角度来分析有关的资料，所得出的结论是：国民政府的内债政策与江浙财团为主体的国内金融工商界基本利益之间矛盾的长期积蓄演化成了这次风潮，江浙财团所涉及的利害关系最大，故而站在了这场全国性抗议风潮的最前列。

蒋介石和宋子文复职不久就爆发了"一·二八"事变，国民政府再次面临着严重的财政危机。战争使上海的工商业陷于瘫痪，而当时全国半数左右的税收来自上海，这样，中央"财政情形，已陷山穷水尽之境"。再借债是不可能了，而战争又急需款项，政府除了厉行节约外，就只有整理公债一途。为此，削减了当年达21000多万元的内债支付（加上外债的债务支付共约3亿元）。[1]

1932年2月中旬，宋子文在上海召开有银行公会代表张嘉璈、钱业公会代表秦润卿、二五库券保管委员会代表李馥荪、市商会代表王晓籁、上海华商证券交易所代表张慰如等江浙财团头面人物参加的会议，将初步拟订的公债整理方案交与代表讨论，宋氏说明了公债整理的缘由和具体方案。宋氏方案主要内容是：①每月应付公债本息1600余万元减为860万元。②还本付系年限除民国十七年金融公债不变外，其余公债库券一律折半偿付，库券息金减为月息5厘，公债一律改为年息6厘。③设立国债保管基金替代二五库券保管基金，全权管理库券基金。④国民政府明令公布自此减息展本后，无论如何困难不再牵动基金，及变更此次所定办法。⑤政府应彻底整理财政，在收入范围内，确定支出概算[2]。各团体代表表示事关重大，应分别召开各自团体会议，才能表示正式意见。2月18日，上海银钱两业召开紧急联席会议，讨论宋子文提出的公债整理方案。银行公会主席、二五库券保管委员会主任李馥荪首先报告说2月到期本息基金分文未拨至保管委员会。秦润卿随后报告说：钱业对此事讨论后，认为国难当头，对政府的公债整理方案原则上同

① 杨格：《1927—1937年中国财政经济情况》，中国社会科学出版社1981年版，第112页。
② 《国内要闻》，《银行周报》第16卷第8期。

意，但提出应以此后政府不发公债、不再向银钱业借款的前提。贝祖贻、胡孟嘉、徐寄庼、王伯元、王志莘等都发表了意见，会议根据胡笔江的意见，议决"由持票人以国难关系自动建议延本减息，若由政府强制执行，则以后基金随时有动摇之虞"。会议决定向财政部提出包括财政公开、确定预算、不再向银钱界借款并不再发内债等八项条件。① 在国难当头、正常还本付息事实上已不可能的情势下，作为江浙财团核心的上海金融界有条件地同意了政府的公债整理案。1932 年 2 月 24 日，国民政府正式颁发《关于变更债券还本付息令》，该令说："自辽变发生以来，各种债券价格，因之暴跌，国家财政，社会经济，多受其困。政府丁艰屯之会，对于还本付息，从未愆期。迨上海事变继起，债市骤失流通，金融亦陷停滞。政府与民众本是一体，休戚相关，安危与共。际滋国难当前，财政奇绌，与其使债市飘摇，无宁略减利息，稍延偿还日期，俾社会之金融得免枯竭，御侮之财力藉可稍纾。迭饬财政部与各团体从长讨论，就原颁之条例，重拟适当标准，并经决定每月由海关税划出八百六十万元，作为支配各项债务基金，其利息长年六厘，还本期限按照财政部拟定程表办理。仰由行政院饬部转令拨发基金之征收官吏及总税务司，每月按期将各项债券本息台数拨付，至本息还清之日为止，不得稍有延误。此乃政府与民众维持债信调剂金融之最后决定，一经令行，永定为案，以后无论财政如何困难，不得将前项基金稍有动摇，并不得再有变更，以示大信。"② 两天后，持票人会代表上海金融界等各界发表一项声明，表示接受公债整理。

南京国民政府第一次公债整理能够实现，一个很重要的原因是财政当局与以上海金融界为核心的江浙财团达成了妥协，获得了江浙财团的支持。

① 转引吴景平《上海金融业与国民政府关系研究（1927—1937）》，上海财经大学出版社 2002 年版，第 175 页。

② 《中华民国史档案资料汇编》第五辑第一编"财政经济（三）"，第 103—104 页。

当 2 月中旬宋子文首次与上海银钱业商议公债整理案时，就得到上海银钱业的原则同意。并提出了财政公开、设立预算等要求，希望以整理公债为契机得以实现。主要由上海金融和各业资本家组成的上海持票人会，不仅明确宣言要不惜牺牲自己利益，支持政府巩固债信，并号召所有持票人与政府密切合作。这种态度与一个月前对待孙科政府完全不同，内中原因主要有二。一是"一·二八"事变的影响。"九一八"事变固然对上海的社会经济、对江浙财团带来很大影响，但毕竟相距尚远，而"一·二八"事变给上海以直接的、巨大的影响，直接危及国民政府，危及江浙财团的根本利益，"抗日救国"已是包括江浙财团在内的全国各界的共同呼声，保障中央政府正常运作，已是当务之急。对于持有大量政府库券的江浙财团来说，维护国民政府即维护自己的债权。二是宋子文与江浙财团的固有关系和复出后的实行主要财政措施的影响。在南京政府中宋与江浙财团的关系最密切也最融洽。北伐"成功"后，身为财政部部长的宋子文开始筹划建立预算财政，克服北伐战争期间蒋介石的高压手段和财政的混乱状态。另外，他力图在政治上予江浙财团以一定的参政机会，邀其参加一些财政经济会议，并网罗其头面人物出任财政经济方面的官员；在财政上，宋子文改变以前摊派募集垫款和发行内债的做法，以高利率、大折扣方式发行内债，给予江浙财团以十分有利的认购公债条件。这些都密切了与江浙财团的关系。宋子文复出后，于 2 月 7 日电各省军政当局要求各省立即停止截用国税收入；2 月 10 日又如期进行赈灾公债的抽签，并宣布月底还本 150 万元。这些与孙科政府决然不同的举措，又使江浙财团看到了希望。

四　江浙财团与国民政府 1933—1937 年的公债

在 1932 年公债整理案实施时，南京国民政府曾信誓旦旦表示将保证遵守各债券条例，不再有所变更。持票人会在宣言中也明确向国民政府提出不得再向各商业团体举债为内战及政费之用等要求，而宋子文则有"深表赞同"和"自当尊重而履行之"的承诺。但不到一年，宋子文就自食其言。从 1933 年起南京政府又大举借债，不得不依赖发行内债来支撑财政。1933 年 2 月 23 日，国民政府财政部以华北烟酒印花税收入为担保，发行"民国二十二年爱国库券" 2000 万元，年息 6 厘。① 1933 年 10 月、11 月，财政部又发行"民国二十二年关税库券" 1 亿元和"华北救济战区短期公债" 400 万元。1934 年伊始，国民政府即发行"民国二十三年关税库券" 1 亿元，月息 5 厘，以关税为担保；1935 年 3 月，为充实银行资金拨还垫款，发行"二十四年金融公债" 1 亿元；1935 年 6 月，为弥补 1934 年度总预算收支不敷，归还银行借款，发行关税公债 1 亿元。除公开发行债券外，国民政府财政还越来越多地直接向银行借款和透支，其中最主要的有 1934 年 2 月以意大利退还庚款担保向上海各银行借款 4400 万元；1935 年 1 月以俄国退还庚款为担保，发行俄退庚款凭证 12000 万元；1935 年 2 月发行统税国库证 12000 万元；1936 年 1 月发行短期库证 10000 万元。上列所举各债计 38400 万元，大都是用作归还政府向银行的短期借款和透支的。在此时期内，国民政府也进行了一些国防建设，表现在公债政策上，就是有少量公债是直接为筹措铁路、公路、电气、电政建设费用而发行的，如 1933 年 7 月的"续发电气事业公债" 600 万元、1934 年 5 月的"第一期铁路建设公债" 1200 万元、1934 年 6 月发行的"玉萍铁路公债" 1200 万元和"六厘英金庚款公债" 150 万英镑、1935 年 10 月发行的"电政公债" 1000 万元，计 5011 万元（英镑按 1 镑＝6.74 元计），占这一时期公债总额的 5% 弱。另外，还有个别公债是为补助地方金融、善后事宜及救济水灾而发行的，如 1935 年发行的"四川善后公债" 7000 万元和"整理四川金融库券"

① 中国第二历史档案馆编：《中华民国史档案资料汇编》第五辑第一编"财政经济（三）"，江苏古籍出版社 1995 年版，第 126 页。

3000 万元，及 1935 年 11 月发行的"水灾工赈公债"2000 万元。

在 1932 年公债整理后，公债发行利息一般只有 6 厘或月息 5 厘，折扣也基本上取消了，且整理之后一年多时间里公债价格一直低落。那 1933—1937 年的 7 亿多公债是如何发行的呢？主要是 1933 年以后，国内的政治和经济情况发生了很大的变化，特别是白银价格波动的经济后果使江浙财团的银行家们对投资购买公债产生了新的兴趣。在 1932—1934 年这段时间，白银储备开始迅速向上海各银行聚集，上海的存款和存银迅速增加，由 31200 万元，增至 59400 万元；① 加上农村经济萧条，物价低落，工商业生产不景气，上海银行界认为对这些领域投资将无利可图，而从政府公债上找到了资本的出路。从 1933 年起，公债价格有所回升，公债价格在 1932 年只相当于 1931 年 7 月时的 61.3%，1933 年提高到 78.48%，1934 年 7 月起公债价格已超过 1931 年 7 月的水平。这样，江浙财团又把资金投向政府公债。从表 3 可以看出，中国、交通及其他银行公会会员银行，1931 年的有价证券持有额为 23920 万元，1932 年为 23890 万元，1933 年增至 27480 万元，1934 年达 32020 万元。1934 年 12 月，上海主要银行为投资而持有的有价证券创占总资产 12.36% 的纪录，而 1930 年的最高纪录也不过 9.57%。② 到了 1934 年年中，上海各家银行已经前所未有地落入非依附于南京政府不可的境地了。上海各银行大约1/3或多一些的赚取收益可能完全依赖于它们与南京政府的关系。

表3	上海主要银行持有证券额			单位：万元
银行	年份			
	1931	1932	1933	1934
中国银行	7200	6450	3200	2540

---

① 余英杰：《我国内债之观察》，《东方杂志》第 30 卷第 14 号，第 80 页。

② ［美］小科布尔：《上海资本家与国民政府 1927—1937》，中国社会科学出版社 1988 年版，第 198—199 页。

续表

银行	年份			
	1931	1932	1933	1934
交通银行	2140	2600	2990	2930
其他银行公会会员行	14580	14840	21290	26550
合计	23920	23890	27480	32020

注：非江浙财团的中央银行不列。

资料来源：刘大钧：《上海工业化研究》，1940年，第300页。

但上海主要银行持有有价证券增加额主要来自中国银行外的其他银行。上述统计时段内，当时规模最大的中国银行对政府公债并不积极，而且对政府的财政和公债政策多有批评，它曾呼吁其他同业，"处此局势，似亦不可不转移方针，资金不再限制在金融和商业中心，应以集中资金，投诸内地"①。这样的态度对正在扩大推销公债的南京政府来说，无疑是非常刺耳的。在此思想指导下，中国银行从1932年起便着手抛售政府公债，使其持有的以投资为目的的有价证券从1931年的7200万元减少到1934年的2540万元，减少了60%以上（详见表3）。随着上海等城市进入经济萧条，在中国银行的带动下，上海银行界从1934年下半年起，开始有意识地抵制政府公债，减少对公债的投资。银行界对政府公债的抵制，使南京政府的公债发行面临困难，财政政策面临危机。因此，南京政府感到有必要加强对银行界的控制，以便使全部银行界和工商业资本家像中央银行一样积极支持政府的公债政策和财政政策。

其实，早在1928年国民政府就开始着手对中国银行和交通银行进行渗透和控制。所谓"渗透"，就是在中国银行中强行加入官股，改变其股份的成分。中国银行有资本2000万元，1928年南京政府将该行总管理处由北京

---

① 转引自邓宜红《试析1935年以前中国银行对待政府内债态度之演变》，《民国档案》1993年第1期。

迁往上海时即修改其银行条例，将资本额定为 2500 万元。这新增的 500 万元就是强行加入的"官股"。由于中央银行的设立，中国银行在北京政府统治时期曾经享有的代理国库的特权被取消后，南京政府就接受了张嘉璈的建议，将中国银行改为专事国际汇兑的银行，但仍享有发行兑换券之特权，此外并经理国内外汇兑及货物押汇、商业期票及汇票贴现等业务，其组织由总裁制改为总经理制，由临时股东会选张嘉璈为总经理，由国民政府任命李铭为董事长。经过这一改造，南京政府的国家资本就渗透到了中国银行。这时，中国银行虽有 20% 的官股并接受财政部的管理，但并没有完全被政府所控制。在张公权的主持下，除设立国外机构、开展国际汇兑业务外，主要仍是按一般商业银行经营，业务有很大的发展。它的存款逐年增长，由 1917 年的 14871 万元（定、活期存款合计，下同）增加到 1933 年底的 40997 万元。放款也有相当的增长，1933 年底，同业放款、活期放款和定期放款共达 45345 万元①。1930—1932 年，放款总额中机关放款由 50.0% 减为 43.8%，商业放款由 20.1% 增为 22.4%，工业放款由 6.6% 增为 11.5%，其余的为同业放款等。工业放款比重虽然仍很低，但在同业中属数量最大者，尤其是对纱厂放款，1934 年达 3424 万元，占其工业放款的 62.9%②。鉴于农村金融枯竭，经济危机笼罩中国，1932 年张公权在股东会上提出资金下乡的主张，中国银行也成为最早提倡农贷的商业银行。

　　1928 年 10 月南京政府在将中国银行改组为国际汇兑银行的同时，于 11 月颁发交通银行条例，特许该行作为"发展全国实业的银行"，受政府或中央银行委托，可以代理部分国库，可以经募政府公债库券及经理偿还本息事宜、代理公共实业机关发行债票及经理还本付息事宜、代理交通事

---

　　①　国民政府财政部财政年鉴编纂处：《财政年鉴》（下），上海商务印书馆 1935 年版，第 1625 页。

　　②　许涤新、吴承明主编：《新民主主义革命时期的中国资本主义》，人民出版社 1993 年版，第 77 页。

业之公款出入事项等等。① 同时将该行资本扩股为 1000 万元，内有官股 200 万元，总行由北京移于上海。财政部长宋子文指派卢学溥为董事长，总经理一职，原拟由唐寿民充任，以银行界钱新之等人力荐、经蒋介石同意，由董事会选胡祖同担任。因为胡原为上海交通银行经理，曾使该行在政治变革中保持一定的独立性，所以被银行界同人所看重。他任总经理后，使交通银行向商业银行发展。1928—1933 年，交通银行存款由 15000 万元增至 21299 万元；放款也有较大的增长，1933 年达到 17909 万元。②

应该说中交两行经第一次改组后，仍对国民政府的财政给予巨大的支持。当时金融界的心态正如李馥荪所说的"现在革命将要成功，财政最为棘手，政府一方面要办军务，一方面又要谋建设，都是非钱不行的，不得不取于人民，而人民一方面除拥护南京政府拥护总司令（指蒋介石）之外，已无别种生存的方法，所以无论精神上的辅助、物质上的辅助断不敢推诿。一方面又希望政府能切实维护金融界的利益，维护公债的信用"③。因此中交两行与南京国民政府之间既有合作又有矛盾。这一时期，中交两行在帮助国民政府缓解财政困难、协助整理公债、支持废两改元、稳定金融市面等方面，所发挥的作用颇为明显。反观中央银行，当时无论在财政问题还是在金融领域，都不能真正起到央行的作用。在中国银行被改组为国际汇兑银行后，时任总经理的张公权一心致力于建立一个有国际地位的专业银行，反对政府的赤字财政政策，抵制接受更多政府公债库券，不愿把银行当国库。

1934 年下半年，由于市场情况的变化加之张嘉璈反对，使得孔祥熙处

---

① 交通银行总管理处编：《各国银行制度及我国银行之过去与将来》，交通银行总管理处，1943 年，第 424 页。

② 国民政府财政部财政年鉴编纂处：《财政年鉴》（下），上海商务印书馆 1935 年版，第 1629—1630 页。

③ 《银行周报》第 11 卷第 26 期。

在窘境之中。随着城市萧条的恶化，上海资本家购买政府公债的热情又迅速低落下来。整个"江浙财团"都开始支持张嘉璈抵制接受更多的公债的立场。① 所以到 1935 年初，孔祥熙和蒋介石决定把张嘉璈撤换掉，以使南京政府把中国银行抓在手中。对此孔祥熙也直言不讳："政府举措之最重要者，莫如改组中、交两行，增加政府资本，俾于救济改革币制之设施上得与中央银行通力合作，借收事半功倍之效。"② 20 世纪 30 年代的金融恐慌只不过为政府增加中交两行官股提供了借口，1935 年初，由于美国的白银政策，导致中国的银价暴涨，白银外流，经济萧条、金融萎缩，工商业要求银行增加贷款、要求政府救济，同时银行开始向政府求援。南京国民政府乘此机会，以救济金融恐慌、克服经济萧条为名，决定对中国银行和交通银行进行增资改组，取得对中、交两行的控制权。3 月 23 日，孔祥熙宣布，政府要对中交两行实行管制，要求该两行增发股票，而且要把两行的控制权交给政府。与索取控制权相配合，南京政府同时发行了 1 亿元以关税为担保的金融公债，作为购买新股的资金。起初，孔祥熙企图使中国银行的资本股额比例变为官三商二，使官股压倒商股，但遭到中国银行商股势力最大的江浙资本集团的反对。不得不改为官商各半，使资本总额达到 4000 万元③。随即政府就对中国银行进行改组，董事长李铭、总经理张嘉璈辞职，由财政部部长孔祥熙派宋子文为董事长，由宋子文提聘宋汉章为总经理，又改为董事长负责制，总经理秉承董事长之命办事。

至于交通银行，南京政府已于 1933 年 4 月再次对之进行了改组，终于将胡祖同调离交通银行，以唐寿民任总经理，胡笔江任董事长，把总行与上海分行合并，设总行业务部和发行部，由唐兼业务部经理。唐为宋子文

---

① ［美］小科布尔：《上海资本家与国民政府 1927—1937》，中国社会科学出版社 1988 年版，第 211 页。

② 张郁兰：《中国银行业发展史》，上海人民出版社 1957 年版，第 108 页。

③ 秦孝仪主编：《中华民国经济发展史》第 1 册，近代中国出版社 1983 年版，第 404 页。

的亲信，自中央银行建行以来即为该行的董事及经理。1935 年，财政部部长孔祥熙在接管中国银行的同时，接管了交通银行。由 1 亿元金融公债中，拨 1000 万元作为交通银行的政府官股。这样，交通银行资本总额增为 2000 万元，分为 20 万股，其中官股 1200 万元（12 万股），商股 800 万元（8 万股）①。由于已有 1933 年的人事改组，交通银行的接管径直进行，原董事长胡笔江、总经理唐寿民继续留任。

经过第二次改组，中国银行中的官股比例已达 50%，交通银行中官股比例更达 60%，国民政府完全掌握了控股权，这是南京政府攫取中、交两行的关键一步。中、交两行已成为国营银行，南京国民政府要清除不听命的障碍，以便利用中、交两行的财力，弥补政府的财政赤字，实现其金融统制的目的已初步达到。1935 年经最后修订了的中交两行条例与 1928 年的条例相比，其变化集中表现在以下几个方面：官股增加，投票权扩大，中行官股比例达到 50%，交行则达 60%，股东总会会员投票权的修改更使官股有了绝对优势的发言权和投票权。这是国民政府夺取中交两行领导权的关键所在。大大削弱了商股董事的作用，董事会中的商股董事人数，经过斗争，虽然保持 12 人不变，但在董事会中所占比例已由 80% 降为 57%，商股监察人人数在总监察人人数中的比例亦由 80% 降为 57%，商股董事在董事会中已失去绝对优势，董事会议案的通过已不能决定于商股的意愿。总经理的产生由常务董事互选改为由董事长从董事中聘任，总经理或临时代理的总经理都必须由董事长选定。这就决定了总经理一职必须由能与董事长"合作"的人担任，要屈从于董事长的意志。1928 年，中国银行组织大纲规定总管理处由总经理商同董事长、常务董事处理全行事务，总管理处设稽核 4 人，承总经理之命稽核全行

---

① 交通银行总管理处编：《各国银行制度及我国银行之过去与将来》，交通银行总管理处，1943 年，第 422 页。

业务，其任免由总经理提出。1935年改组后，由于总经理要经过董事长聘任，董事长变成综理全行事务的主宰，总经理由直接执行董事会议决事项，变成秉承董事长之命办事。这就为南京政府直接控制中行提供了便利。同年6月，政府又通过类似的办法对四明商业银行、中国通商银行、中国实业银行进行改组，把这三行置于政府的控制之下。所有对这些银行的增资都来自当年发行的1亿元金融公债中。经过这样的改组，到1935年6月，连同政府的中央银行以及早就为政府支配的中国国货银行，政府已取得了对以"大三行"（中央、中国、交通）和"小四行"（四明、中国通商、中国实业、中国国货）为代表的银行界的控制，随后又控制了钱庄业。对银钱业的控制，使政府在推行各项财政金融政策颇感顺畅。1935年11月4日国民政府实行币制改革，以中央、中国、交通（后于1936年1月加进中国农民银行）三大行所发行的钞票为法币，禁止银元和生银的使用，禁止其他银行发行钞票，并由三大行（后也加进农民银行）无限制地买卖外汇，垄断外汇市场。法币改革还利用了白银升值的有利时机，大规模买进外汇，把法币价值通过稳定的对外汇价稳定下来，即1元法币＝1元银元＝0.715规元＝0.295美元＝14.375便士。法币政策实施以后，国民政府通过中央、中国、交通、农民等四行垄断法币发行权的手段，已经牢牢地抓住对中国通商、中国实业、四明、中国国货、农商、广东、新华信托等银行以及北四行和南三行等银行的控制权。

国民政府接管中国的银行业，产生了广泛的反响。银行界在1935年以前所享有的相对自由发展的权利，几乎丧失殆尽。江浙财团已失去作为独立的经济力量和政治力量的地位。

南京国民政府过去历年所发30多种公债库券，多数由关税担保，但此关税并非关税收入全部，而是关余，即关税收入清偿外债、赔款后的剩余部分。故关税收入如有短少，首先受影响者即为内债。自 1931 年以后，由于国内外经济不景气，国际贸易衰落，复因日本侵华加剧，国土被占，关税收入年年减少①。华北事变后，此种现象更为突出，"内债本息基金，平均每月短少约四百万元，悉由政府临时筹垫足额"②。所谓"由政府临时筹垫"，无非向银行短期借款，但银行借垫是不能毫无止境的，否则，会危害银行自身的安全。公债发行日见膨胀，而税收均形减色，以致基金不敷，南京政府不得不再一次进行公债整理。

这次公债整理是以一种特殊的形式出台的。1936 年 1 月，上海证券市场关于减低债息换发新债票以及延长还本期限的种种传说已很甚，在一些大户的带头下，持券人纷纷脱售，债价遂落。上海市商会电询南京行政院和财政部，要求表明态度。财政部的答复含糊其辞，市场更为怀疑，卖风加甚，跌风更烈，有些公债跌到停板。③ 这就是整理案出台前的"公债风潮"。2 月 1 日，国民政府财政部部长孔祥熙与持券人公会代表杜月笙、俞佐庭、林康侯、周作民等座谈④，孔在会上提出了他的内债整理方案。当日深夜，由"持券人会"发表宣言，表示拥护公债整理⑤。财政部于 1936 年 2 月 16 日公布了《民国二十五年统一公债换偿旧有各种债券办法》六条，择要点如下：

（1）国民政府历年所发的三十多种债券及北京政府遗留的少量公债券，按实欠债额，各依原定清偿年限，分为五类，以统一公债甲、乙、丙、丁、戊五种债票，分别换偿。

---

① 详见潘国琪《国民政府 1927—1937 年国内公债研究》，经济科学出版社 2003 年版，第 111 页。

② 千家驹：《旧中国公债史资料》，中华书局 1984 年版，第 251 页。

③ 寿充一：《孔祥熙其人其事》，中国文史出版社 1987 年版，第 50 页。

④ 李茂盛：《孔祥熙传》，中国广播电视出版社 1991 年版，第 77 页。

⑤ 《财政部关于颁发布告、民国二十五年统一公债条例及持票人会宣言的训令》（1936 年 2 月 17 日），《中华民国史档案资料汇编》第 5 辑第 1 编，第 204—210 页。

（2）统一公债发行总额为 146000 万元，其中以 6000 万—7000 万元调换北洋政府遗留的旧债，其余 140000 万元用来调换南京政府前 9 年中所发各种债券。

（3）统一公债本息基金仍照旧有债券规定，由关余支付，由总税务司依照各种债票还本付息表所列应还本息数目，按月平均拨交中央银行，收入国债基金管理委员会账户，专款存储备付。

（4）统一公债每 6 个月还本付息一次，其还本一律改用抽签办法。

（5）统一公债利率一律为年息六厘。

统一公债政策的实施，显然是国民政府为应付财政上的困难，带有很大的被动性和消极性。然而，客观地看，它也使债券化零为整，大大简化了债务结构。同时，此次整理，对旧债利息，虽不减轻，但各债偿付期限平均延长了六年左右，因此，国民政府的负担可减轻不少，使政府获得暂时财政上之平衡。与 1932 年公债整理一样，此次公债整理也使以江浙财团为主的持票人的利益蒙受了一定损失。但在 1932 年的公债整理中，江浙财团在支持政府整理案的同时，提出了如"财政彻底整理，完全公开""政府不再向各商业团体举债为内战及政费之用"等要求，显示了它在经济上、政治上尚有一定的抗衡力量。而到此次整理案发生时，由于此前国民政府已实现了金融垄断，控制了中、交两行和"小四行"等其他银行，江浙财团已无力抗衡，只能乖乖接受政府的整理计划，显示其已丧失政治上的独立性，沦为南京国民政府的附庸。

由于延期偿付旧债腾出了基金，使南京政府有了继续发行新债的可能。几乎与统一公债发行的同时，南京政府立即使用该基金发行了 3.4 亿元的复兴公债，接着相继发行第二期、第三期铁路建设公债，以及 1936 年四川善后公债和整理广东金融公债，等等。总计从 1933 年到 1937 年 7 月，南京政府共发行公债法币 151400 万元、英镑 420 万镑、美金 200 万元（这个数字尚不包括统一公债 146000 万元在内）。另外又向银行短期借款、透支等总计 44500 万元[①]。

从 1927 年到 1937 年 7 月，南京国民政府共发行内债 55 种，总额为法币 255900 万元、英镑 420 万镑、美金 200 万元。1932 年公债整理前的五年发行了 10 亿多元，整理后发行了 15 亿多元，同期借入外债 7960 万美元。[②] 从债务规模上看，1928 年 6 月南京政府推倒北洋政府之时，是 18 亿多元，约合 8.9 亿美元；1937 年 7 月时，总债务是 42 亿元，约合 12.6 亿美元。[③] 国币表示的负债额的巨大增加，一方面固然是南京国民政府在此期间发行了大量的内债，但另一方面也是中国货币兑美元汇率下跌的反映。1928 年 6 月底 1 元（银元）= 0.47805 美元，1937 年 6 月底，1 元法币（等于 1 银元）= 0.29655 美元，因此，美元所表示的债务规模更准确一些。如果当时中国人口以 4 亿多计，人均债务负担约 3 美元，比起欧美等发达国家来说是一个较低的数字（战前美国人均负担国债 275 美元左右），[④] 然就中国当时的情况而论，这巨大的债务无论是对中国政府还是对中国人民来说，都已经是一个沉重的负担。如果以南京国民政府 1934 年度全部的税收收入 6.38 亿元计算的话，即使这些收入全部用来还债，也要六年半才能还清；如果以 1928 年的全部税收 3.3 亿元来计算，则需要 12 年半时间才可偿付完毕。毫无疑问，这些债券的发行在弥补政府赤字、维持财政平衡方面发挥了重要作用，内债与税收一起成为南京政府财政的主要挹注，以 1927—1931 年为例，内债收入占到政府全部债款收入的 80%—90%，与政府总收入（包括债款收入）相比而言，各年平均也占到 23%—24%，而同期军务

---

① 潘国琪：《国民政府 1927—1937 年的国内公债研究》，第 116—117 页。

② 许毅主编：《民国历届政府整理外债资料汇编》第 2 卷，内部印行，1990 年，第 498 页。

③ 杨格：《1927—1937 年中国财政经济情况》，中国社会科学出版社 1981 年版，第 120—121 页。

④ 朱斯煌：《民国经济史》，银行学会，1948 年，第 202 页。

费和债务费在国民政府财政支出中的比例平均每年高达 75% 以上。最高年份达到 40% 以上。①

国民政府这十年内债的债权方，最大者当称上海的银行，在国民政府的"废两改元"和"法币"政策实施之前，上海的钱庄业也是投资政府公债的积极分子，统计自 1927—1937 年的 10 年间，钱庄贷给政府和购买政府所发行的公债共达 2900 余万元②，上海成了南京政府的"财政金融宝库"③，而筑就"宝库"的正是江浙财团。控制着上海金融经济命脉的江浙财团通过内债这一中介与南京国民政府紧紧地联系在一起。以江浙财团为代表的中国金融资产阶级为求得自身的发展，需要有一个稳定的政治环境，而北洋军阀的连年混战和无视经济规则，使得金融资产阶级彻底失望，他们就选择了蒋介石政权作为新的靠山，给这个政权以巨大的财政支持，希望以此换取自由发展的空间。以中国银行为例，从 1930 年到 1934 年的五个年度里，中国银行对政府机关的放款一直是中国银行的放款重点，占放款总额的比例分别是 48.93%、47.19%、42.61%、43.90%、41.91%。④ 这大体上也代表了同时期上海地区金融业放款的基本情况。如果考虑到金融业对公债库券的巨大直接投资，那么完全可以认为，上海金融业对国民政府的财政支持力度大大超出了对工商业的扶植。另一方面，在 1932 年公债整理案实施以前，江浙财团也确实在政府的公债上分享了巨大的利润。但由于国民政府在 1932 年以前所发公债、库券的利率均高于市场的普通投资率，以此吸引投资者购买。这样的债券发行结构及不合理的债券利率，也成为政府日后债务负担的最初原因。加上国民政府所发债券大部分用于非

① 杨荫溥：《民国财政史》，中国财政经济出版社 1985 年版，第 60—61 页。
② 中国人民银行上海市分行编：《上海钱庄史料》，上海人民出版社 1978 年版，序言第 13 页。
③ 王承志：《中国金融资本论》，上海光明书局 1936 年版，第 19 页。
④ 中国银行总行、中国第二历史档案馆合编：《中国银行行史资料汇编》上编（三），档案出版社 1991 年版，第 2036、2063、2100、2175 页。

生产性的军政费支出，导致债务负担日益严重，国民政府的财政状况严重恶化，终于无法维持债信，江浙财团的希望再度落空，与南京政府的关系紧张到极点。1932 年初反对政府停付公债本息风潮正是两者利益冲突激化的集中表现。

其实，早在 1927 年前后，江浙财团就对蒋介石以敲诈勒索来筹款的做法（如蒋介石对中国银行上海分行经理宋汉章、中国通商银行总经理傅宗跃及上海著名实业家荣宗敬等人的行动）有所不满，但他们仍寄希望于全国统一后，随着国家财政经济逐步走上轨道，这种情况会发生改变。但 1928—1931 年间持续不断的内战，使军费支出居高不下，国民政府的财政状况濒临崩溃，直至 1932 年江浙财团不得不面对政府整理内债的要求。由于江浙财团做出重大让步，国民政府的公债整理案得以顺利实施。但通过这一事件，也使江浙财团意识到，要维护金融界在公债库券方面的根本利益，就必须严格限制政府的军费开支，以减少举借新债。为此，上海市商会、全国总联合会、上海银行同业公会和上海钱业公会于 1932 年 5 月，组织了废止内战大同盟会，其宗旨就是制止内战，以限制反共战争经费。同盟的成立也许是江浙财团在南京政府统治的 10 年内规模最大也最有冒险精神的一个政治行动。在国民政府统治的前五年，江浙财团给政府的军事行动资助了经费，而当政府无力支付公债的本息时，他们又承担了损失，同盟就是他们结束这种过程的一个武器。但由于中国民族资产阶级所固有的软弱性和妥协性，废止内战大同盟根本不可能实现它的宗旨。废止内战大同盟的失败说明了江浙财团的政治力量的局限性。他们可以发表一些公开声明，或是虚张声势，但是南京政府绝不会容忍那些会严重地改变它的政策的行动。

上述情况说明，在国民政府统治的前五年，在内债问题上，江浙财团和政府之间并非单纯的合作关系，蒋介石的高压政策与江浙财团的商业原则之间也发生过纠纷乃至冲突。

至于国民政府 1932 年以后所发内债，主要是通过改组银行和币制改革逐步控制金融界，从而以较低的利息和较小的折扣顺利地发行了大批债券，使得债务规模有较大扩展。随着政府公债规模的再度膨胀和经济经济形势的恶化，江浙财团开始抵制接受政府的更多公债，以对南京政权财政进行监督。但这个政权是不会轻易接受来自金融、工商业界的监督的，它自身发展的逻辑必然导致对金融业的统制。这就引发了与试图走独立经营发展道路的江浙财团的矛盾，国民政府对中交两行的两次改组，就是这类矛盾演变的结局之一。当然，在当时的社会条件下，这一结局无论对中交两行还是其他银行的商股而言，都是十分无奈的。通过 1935 年政府对银行业的接管和统制，江浙财团作为独立的经济、政治力量已不复存在，以致在 1936 年发生第二次公债风潮时，上海金融资产阶级无丝毫的反抗就乖乖接受了政府的整理计划，显示其已丧失政治上的独立性，沦为南京国民政府的附庸。

张静江与浙江经济建设

汪晓浩

在张静江主浙之前，由于军阀混战和北伐战争的影响，浙江经济遭受较为严重的破坏，加上人们发展经济的陈旧观念，使全省经济处于徘徊状态。1928 年 11 月，张静江就任浙江省政府主席，在首重经济建设思想的指导下，他有意将浙江省建成一个经济发展、社会稳定的模范省，以为全国各省树立良好示范。基于这种目标，他在基础设施、农林和展览会等建设方面积极进行规划并付诸实施，取得了令人瞩目的成就。

一 社会经济概况与张静江的治浙主张

（一）20 世纪 20 年代末的社会经济状况

1927 年 4 月 18 日，南京国民政府正式宣告成立，当时面临的形势仍然较为严峻。它外受不平等条约的束缚，致使作为主权国家的许多本该可行之事却难以自为。而在国内，北京奉张政权仍做最后的顽抗；国民党内部派系林立，地方实力派和各方政客集团为自身利益，仍进行着激烈的斗争。为了巩固新生政权，南京国民政府把国内的统一和政治的安定放在首要位置，对于经济建设则关注较少。但是，鉴于经济是政治的基础，没有一定的物质基础，军事和政治斗争将难以持续，遑论最后取胜。此外，人们也是迫切希望政府能够把更多的精力放在经济建设上，而不是无休止的互斗，因此，国民政府也开始重视经济建设。

南京国民政府成立初期的经济建设主要围绕财政的整顿和建设展开，以便增加收入，建立物质基础，稳定其统治地位。同年10月，成立财政整理委员会，1928年6月在上海召开第一次全国经济会议，7月又举行第一次全国财政会议。这两次会议，虽然都是咨询性会议，并未形成决议案，但是提出了一系列重要的建议案。而这些议案被同年召开的国民党二届五中全会所接受，并同时通过了《统一财政，确定预算，整理税收，并实行经济政策、财政政策，以植财政基础而利民生决议案》。这一决议案实为国民政府成立初期财政政策的总方针。国民政府通过划分国税和地税、统一度量衡、确立预算制度、裁撤厘金和举办统税等措施以便统一财权，而通过"重订新约运动"，又收回了部分关税自主权，增加了财政收入。与此同时，国民政府对金融、债务进行了整顿并加强了工农业的建设。

南京国民政府进行的这些经济建设，对经济的发展是有所助益的，但是同时国民党内部矛盾也逐步暴露出来，产生了消极影响。掌握中央大权的蒋介石与李宗仁、冯玉祥、阎锡山等军事集团之间，与汪精卫、胡汉民、孙科等政治集团之间，既相互利用又相互斗争，特别是蒋桂战争、蒋冯战争和中原大战等新军阀混战，不仅造成了生命、财产的重大损失，也破坏了市场秩序，阻碍了国家和地方经济的建设和发展。

浙江作为南京国民政府能有效控制的省份之一，为当时全国最小的行省，面积为10.2638万平方公里，人口至1928年为20632701人。[①] 浙江省

---

① 实业部国际贸易局：《中国实业志·浙江省》第一册，实业部国际贸易局，1933年，第4、12页。

地处中国东南部，东滨东海，北邻江苏，南接福建，西连安徽、江西。钱塘江自西向东北流，横断全省为浙东、浙西两部分。就地势而言，仅太湖附近和钱塘江下游三角洲为平原，其余则多为山地，有"七山一水二分田"之说。民国初年，废府改道，全省计有钱塘、会稽、金华和瓯海四道。1927 年南京国民政府成立后，废除了道的设置，实行省、县两级制。同年5 月，浙江省政府析杭县城区置杭州市，作为省会，又析鄞县城区为宁波市（1931 年撤销），全省辖 2 市 75 县，这也奠定了国民党统治时期浙江行政区划的基本格局。

浙江省人口繁盛，物产丰富，交通便利，素以"文物之邦""鱼米之乡"著称，为我国东南沿海富庶之区。滨海产鱼盐，钱塘江流域产丝茶。论矿产有煤、铁、萤石、明矾、石灰等，论农产则有较为丰富的米麦、蚕桑、棉、豆、水果、林木等，论工业则是丝绸、布匹、油、酒、竹、纸等分布各县。因此，就全国经济地位而言，除了江苏，当推浙江。

然而，在张静江主浙之前，由于军阀混战和北伐战争的影响，以致"频年以来，河流淤塞，道路失修，不特交通上极感不便，而一切事业亦苦于无从设施，坐令地失其利，物失其用，民生自亦日就憔悴"①。另外，人们"囿于成规，各种出产，如丝，如茶，如纸，如鱼盐，不知随时改良，以致销路迟滞"②。基础设施的不完善和人们发展经济的陈旧观念导致浙江经济发展和人们收入增长缓慢，正如曾任浙江省民政厅厅长的朱家骅所说："从外边看起来，浙江是很富的，但不晓得内部实在是很穷。"③ 在这种情况下，需要一个重视经济建设的领导者，以便带领广大民众积极投身于经济的发展，从而使浙江摆脱困境和改善民生。

---

① 浙江建设厅月刊编辑处：《浙江建设厅月刊》第 26 号，1929 年 7 月，第 1 页。
② 吴障东：《浙江工业谈》，《浙江建设厅月刊》第 31 号"论坛"，1929 年 12 月，第 2 页。
③ 浙江省建设月刊编辑处：《浙江省建设月刊》第 36 号，1930 年 5 月，第 4 页。

（二）张静江的治浙主张

1928 年 11 月，张静江宣誓就任浙江省政府主席，主要致力于经济的建设和发展。他对革命和建设有自己的理解，认为"革命的目的，是要建设一个理想的新中国，革命是破坏的工作，现在革命成功，该破坏的都破坏了，破坏之后，必须按照理想加紧建设"①。他还引用孙中山的话说："总理说过的，革命就要建设，不建设，革命就要失败。因此，我党政军都可不管，唯有建设，我是一定要干的。""谁不同意，就是有意破坏建设。"② 他之所以如此重视经济建设，是因为他坚信革命的目的在于实现三民主义的中心——民生主义，"民生问题不解决，三民主义就等于空谈，国民革命也就无意义"③。

正是基于对建设和民生问题的重视，他在就任省政府主席后，便提出了将浙江省造就成为一个模范省份，为全省民众谋幸福的施政目标。他号召省民将主要精力放在生产和建设上，明确指出："军政时期而入训政时期，由破坏工作而进为建设工作，当务之急在增进国家之财富，发展社会之经济。凡我农工商界，无分劳资，均宜拼力于生产之一途，力求出产之量增质美，庶可抵抗帝国主义之经济侵略，民生问题得一适当解决，此为本党政府在此时期中所负革命上唯一的使命，亦即为全民众共同之希望，共负之责任也。"④ 而要顺利实现经济建设，必须要动员全社会力量共同努力，他"深信政府与民为有一机体，非吾父老兄弟姊妹之与人杰暨委员诸同志协作，固有善政而弗能举也"⑤。

而在如何推进浙江经济建设的问题上，张静江主张以交通、能源、水

---

① 张素贞：《毁家忧国一奇人——张人杰传》，台北近代中国出版社 1981 年版，第 44 页。
② 何祖培：《张静江事迹片段》，政协全国文史资料研究会编：《文史资料选辑》第 24 辑，中华书局 1981 年版，第 282 页。
③ 《西湖博览会总报告书》上篇"会务报告"，浙江图书馆古籍部藏，1931 年，第 68 页。
④ 浙江建设厅月刊编辑处：《浙江建设厅月刊》第 24 号，1929 年 5 月，第 96 页。
⑤ 《浙江省政府新任主席张静江及各委员宣誓就职》，《申报》1928 年 11 月 18 日。

利等基础设施为建设的中心，以及推动农工商业的发展，发挥经济各层面的积极性，以实现经济的全面和协调发展。其中，又以发展交通为先务，把交通建设摆在了突出位置，以期在交通发展上的突破，能够带动其他经济部门一起发展，从而促进整个社会经济发展。

在此基础上，张静江还指出了在浙江进行经济建设应遵循的原则，这集中体现在他主持制订的浙江省第一期建设计划中，在这个计划里，将浙江建设事业分为交通、农矿、工商和水利四类，具体指出了经济建设的四大原则。一是先其大且急者，而他则从缓，如公路，先办干路，而支路则责成于各县；铁路则先浙赣而后浙皖；航政则先求内河而后及于外海通航。二是有者因之而设法改良，无者创之以开物成务，如农棉林蚕，都是本省有基础者而需整顿扩充；开矿冶金，都是未经开发而需调查试探。三是增加国货之产销，节制外货之输入，如保护商业、调剂劳资、调查商业状况、筹设工业试验室。四是定百年大计，不求一旦之近功，如全省水道分为治本、治标两种方法，培固堤岸为治标，疏浚河道为治本，急则先标后本，缓则先本后标；水文测量，非五年十年不足以知道河道特异之处与其变迁的程度，不能惜小资而阻大计。① 这便为经济建设的内容和目标确定了相应原则，对此后经济建设起了指导性作用。

正是在以上经济建设思想的指导下，张静江积极推动基础设施、农林和展览会等各方面的建设，使浙江经济在现代化的道路上迈出了坚实的一步。

二　改善基础设施

基础设施是经济发展和社会进步的必要条件，没有完善的基础设施必

---

① 浙江省建设厅：《浙江省第一期建设计划（十八年度至二十二年度）》，浙江图书馆古籍部藏，1930年，第1页。

然会影响经济的长远发展，导致发展后劲儿的不足。因此，张静江在主浙时期，将基础设施的建设摆在了核心地位，积极推进交通、能源、水利等基础设施建设。

（一）以发展交通为先务

交通是人类生产和生活的必要条件，它在便利人们往来，物资流通，繁荣经济和文化传播等方面有着不可替代的作用。而在我国领土广阔、人口众多、工商不振、农业衰微、富源未开、风气未辟的情况下，交通的建设更是刻不容缓。有鉴于此，张静江非常重视发展交通，认为"非利交通，不足以资工商之展"[①]，为了促进人员和货物的畅通，推动地方经济的发展，主张以发展交通为先务。他积极推动铁路、公路、电信等一系列建设，完善基础设施，为经济发展奠定基础。

"我国立国之本，当以建筑铁路为第一政策"[②]，张静江对此深有体会，将铁路建设摆在了优先发展的地位。1927 年初，张静江出任政治会议浙江分会主席时，"鉴于国计民生之凋敝，非厉行建设，不足以救济，而建设首要，端赖交通，乃建议兴筑铁路"[③]，同年 6 月，派员踏勘路线，拟有浙赣、浙皖两路线计划，最后因经费无着而暂搁未办，不久，张静江也离浙。1928 年底，张静江再度出任浙江省政府主席，再次提起兴筑铁路之事，认为非办不可。其原因主要基于以下两方面。一是浙省因其天然形势分为浙东、浙西两区域，浙东金衢一带，因山岭重叠、交通不便而形成文化落后，工商业不振，人民生活贫困；而浙西因有沪杭铁路，加上河流交错，使得往来便利，经济较为发达。为实现区域相对平衡发展，有修筑铁路的必要。

---

① 《浙江省政府新任主席张静江及各委员宣誓就职》，《申报》1928 年 11 月 18 日。
② 孙中山：《孙中山文集》，团结出版社 1997 年版，第 642 页。
③ 杭江铁路工程局工务课编：《杭江铁路工程纪略》，中国仿古印书局 1933 年版，第 1 页。

二是浙赣线作为总理实业计划东南铁路的一部分，将来一面可以与东方大港联络，一面伸展至南昌与南浔铁路衔接而达九江，一面与株萍铁路接轨而与粤汉铁路沟通，其地位尤显重要。基于这种考虑，浙江省政府咨商中央建设委员会派土木专家杜镇远来浙复勘，翌年初踏勘完毕，随即组织筹备处，实地测量，同年6月成立杭江铁路工程局，作为兴筑杭江铁路的正式机构。而铁路线路原先采用江左线，由于与钱塘江水道平行，徒增竞争，再加上桐严间山岭重叠，江流宽广，工程艰巨，需费较多，故经省政府委员会最后议决改取江右线，途经萧山、临浦、诸暨、义乌、金华、汤溪、衢县、江山至江西玉山，并采用轻轨，以节资本。1930年3月，杭江铁路正式动工，1932年3月完成江兰段，次年12月全线通车，全长360公里。鉴于杭江铁路效益显著，嗣经铁道部与浙赣两省当局、上海银团集议，改组杭江铁路局为浙赣铁路联合公司，展筑杭江铁路到萍乡与萍株铁路连接而为浙赣铁路，于1937年9月10日全线贯通，以杭州为起点，株洲为终点，全长947公里。

相较于此前国有铁路而言，杭江铁路的建设具有以下一些特点。首先，采用轻轨铺设。轨条每码重量在60磅以上为重轨，适用标准轨距，不及60磅的为轻轨，适用狭轨距。而当时钢轨价格每码重量在36磅以上的，有钢轨托拉斯统制时价，不许竞卖，无法以廉价购得，36磅以下的则各钢铁厂商可以自由竞卖以低价推销。经省政府的研讨后，决定采用标准轨距来铺设35磅轻轨，实开各国建筑铁路先例。其次，一切建筑和设备按轻重缓急先后举办。此前国有铁路，往往先建筑车站、办公处、宿舍及局所房屋，然后着手路基、桥梁、车辆工程，而杭江铁路则提前建造路基、桥梁、轨道、车辆，钉道完成一段，便通车一段。至于车站、办公处、宿舍及局所房屋，凡有可以利用庙宇和租用民房之处，即因陋就简，等到营业发达以后，再筹划建筑。再次，力求组织机构简单。路局方面，由局长自兼总工程师，以下分设四科，科内分股办事，不设秘书，并将车务、机务、警务三股统归运输科管辖。所有员司工警名额，也在可能范围内尽量减少，务使人无冗闲。如站长、副站长以下的员司，在国有铁路分为客票、行李、货物、电报等司事，顾名办事，各有专司，而杭江铁路则一人须兼做两三件事务，故统称为站务司事。最后，迅速采取货物负责运输和客货联运制度。此前国有铁路建成虽久，而办理货物负责运输只在杭江铁路建成几个月前，至于客货联运，甚至有全线通车多年，仍然延未举办。杭江铁路在1931年6月江兰段初通车时，即采用货物负责运输制度，并在1932年10月即与京沪、沪杭甬路办理旅客联运以及次年7月办理货物联运。虽然杭江铁路的建设与国有各铁路存在以上不同特色，但是并非浙江省政府要标新立异，实鉴于省办铁路，经费困难，为节省起见，而灵活采取了一些与国有铁路不同的筑路方式。

杭江铁路江兰段自1930年12月开始钉道以来，随铺轨进展的情形逐段通车，在运输工程材料之外，兼办营业，至次年3月通车至兰溪后开始正式营业。观其营运状况，1932年度（自1932年7月1日至1933年6月30日）载运旅客为97万余人，载运货物除本路材料67000余吨及政府军运7000余吨外，商货实共60000余吨。① 自江兰段通车以来，客货运输的收入，每月平均约12万元，而其营业支出，每月却不过70000元，收支相较，支出仅占收入的65%，② 其效益是显著的。更为重要的是杭江铁路的开通，为浙南山区提供了极大的交通便利，促使深藏山区的货物源源不断运往外地及加速了两地间人员的相互交流往来，对山区的经济流通与发展起到了重要作用。而浙赣铁路的全线贯通，则沟通了长江以南腹地的交通，

① 杭江铁路工程局工务课编：《杭江铁路工程纪略》，中国仿古印书局1933年版，第156—157页。

② 杭江铁路工程局总务课编：《杭江铁路月刊》（全线通车纪念号），弁言，浙江图书馆古籍部藏，1933年12月，第3页。

成为东南交通的大动脉，极大便利了长江以南的交通。原来长江以南腹地的交通，在浙赣铁路未筑以前，极为迂回和不便，要往来杭州南昌间或杭州长沙间，均须绕道长江水运，行程最少须五日或五日以上；倘要从浙赣两省的省会，往来边境的江山或玉山、萍乡等县，则行程尤为迟缓，非用一周或十余日不能到达。自从浙赣铁路逐段通车以后，上述各地间的交通，即渐次缩短为两三日或十数小时不等。① 这不仅节省了人员往来的时间和金钱，减少了旅途跋涉的艰辛，就是国家军队和物资的调遣，也是非常便利。抗日战争全面爆发初期，"后方部队经浙赣开往前线增援者逾十万人，迨日寇侵京沪，所有公私人员物资，亦皆假道浙赣，撤退后方，保全国家资财元气，不可数计"。可见，张静江提倡建筑的杭江铁路在经过展筑，成为浙赣铁路以后，在促进地方经济的发展，便利两地人员的交往和支援战争等方面，充分显示了其作用。

铁路的重要性固然很明显，但是相较于公路，也存在一定的局限性。铁道的铺设受坡度和弯道限制，在山岭区域，建筑不易，而公路的建筑较为简易，且坡度和弯道均可加大，对于行车安全不致有很大影响。此外，建筑公路较铁路迅速，也不像铁路行驶限于轨道，通行范围较广。有鉴于此，张静江在积极推进铁路建设的同时，对公路的建筑也是不遗余力。

自 1916 年至 1927 年为浙江公路建筑的发轫时期，在这 12 年中省筑公路仅有萧绍、嵊新、黄泽三路，计长不过 87 公里，所支经费达 885000 元之巨，平均每公里 1 万余元。在同一时期，商筑公路完成路线有杭余、余临、余武、杭富和等十一路段，计程约 188 公里，各路平均每公里建筑经费 6000 元左右，整体工程质量难以令人满意。② 1928 年 4 月，在原来省道

---

① 杜镇远：《浙赣铁路的完成》，《浙江省建设月刊》第 10 卷第 11 期，报告，1937 年 5 月，第 217 页。

② 沈景初：《十年来之浙江公路》，《浙江省建设月刊》第 10 卷第 11 期，报告，1937 年 5 月，第 1 页。

局基础上正式成立浙江省公路局，执掌全省公路的建筑、修养和行车事宜。同年5月，建设厅内成立公路设计委员会，负责关于公路网的制定，路线里程的调查，分期筑路的计划，路线测设的审核，工程计划及章则的编审，工程经费预算的编审，公路经费筹划等。这些公路行政组织在张静江主浙后充分发挥了其职能作用，加速了浙江公路建设速度。

　　1928年以前公路建设多局限于浙西工商繁盛之处，而浙东则甚少修建公路，为促进地区均衡发展以及统筹路政，以免将来冲突繁复之弊，1929年4月，浙江省建设厅制订了浙江省公路路线网计划，同年5月7日经省政府224次会议议决通过。此项计划准备建造干线十条，其中六条经线，三条纬线，一条沿海线，共长2795公里，通达省内较大城市及邻省，而支线则有四十条，计长3953公里，遍及各县，干线和支线总计长6748公里。[①] 此后，按照此计划，在张静江的主持下建成了以杭州为中心的全省公路网，其中干线主要有四条：一是杭长线，从杭州出发，经余杭，北向武康、吴兴，再折向西北，经长兴父子岭进入江苏境内，计长136.70公里，为京杭国道浙江段，经江苏西南可直通首都南京；二是杭平线，从杭州向东北，经海宁、海盐、平湖向东可至工商业中心上海，计长136.77公里；三是杭徽线，由杭州向西经余杭、临安、于潜、昌化，一直西行至安徽省歙县（徽州），计长150.32公里（不包括余杭支线）；四是鄞奉线，由鄞县至奉化，及溪口入山亭，向南可达宁海，计长49.23公里，由于这条路线是蒋介石回奉化溪口故里必经之途，工程标准较高，如溪口镇一段铺混凝土路面，因此造价较高，平均每公里达1.75万余元。[②]

　　由于省筑公路进展较快，所以改变了原定省县合作由县负责筑路的规

---

① 浙江省建设厅：《浙江省兴筑公路路线网》，档号L086-000-0194，浙江省档案馆藏。
② 浙江省交通厅公路交通史编审委员会编：《浙江公路史》第一册"近代公路"，人民交通出版社1988年版，第268—270、275页。

定，而改为省县分工筑路，于 1929 年 2 月经省府 190 次会议通过颁布了
《浙江省各县修筑道路暂行办法》，规定重要的线路由省修筑，其他路线由
县修筑，包括由各县通往四方的要道，或直接与省公路衔接者为干线（公
路），而各乡镇往来的路线为支线（乡镇道路）。已呈准建设厅备案的路
线，各县县长就分别情形按照公款建筑、募捐建筑、招商建筑、借款建筑、
流芳建筑或农余建筑等方式兴筑公路。同年 6 月，浙江省政府公布了《浙
江省公路招商承筑规则》，劝导商人投资筑路，与此同时，建设厅还印发了
《造路运动宣传纲要及筑路浅说》，普及筑路知识。

在以张静江为首的浙江省政府的努力下，公路建设取得了较好的成效。
1927—1930 年，完成路段有拱三、杭长、杭徽、杭沪、鄞奉等七线，计程
约 278 公里，共需经费约 356 万元，平均每公里 12900 余元。此时的工程
建筑，类取永固方法，因此其质量相对较高。同时商款建筑完成路线，有
杭海、绍曹嵩、常玉等十一路段，计程约 178 公里，但是其建筑情形除地
势优良者外，其余类多因陋就简，建筑经费远不及省筑公路单价，后来此
中收回的各路，均经大加整理。① 两者合计达 456 公里，短短三年间能有此
成绩，实属不易，相较于此前发轫时期 12 年所筑省办、商办公路 275 公
里，其发展可谓是比较迅速的。同时，浙江的公路建设也得到了国际社会
的认可。1930 年 10 月，陈体诚以省公路局局长名义参加在美国华盛顿举行
的第六次国际道路会议，"本省公路成绩，因此次所带印刷品宣传之结果，
是以在国际道路会议中颇为各国代表所赞许"②。这种赞许，不仅是对浙江
省公路建设的肯定，也是对我国科学技术发展的认可。

1876 年，贝尔发明了电话，它加速了人与人之间信息的交流，拉近了

---

① 沈景初：《十年来之浙江公路》，《浙江省建设月刊》第 10 卷第 11 期，报告，1937 年 5
月，第 1—2 页。

② 浙江省交通厅公路交通史编审委员会编：《浙江公路史》第一册"近代公路"，人民交通
出版社 1988 年版，第 59 页。

彼此间的距离，由此开创了人类的通信革命，而这场革命至今仍未终止。1927年国民政府奠都南京，张静江来浙主政后，"以电话为交通要政，与社会经济、地方治安，均有密切之关系"①，便计划兴建本省电话网，既可以传达军情政事，巩固国防，又可以沟通商情市况，便利民众。

在以张静江为首的省政府领导下，浙江省有线电话的建设主要从三个方面展开。在长途电话方面，1928年3月成立浙江省长途电话筹备处，此后在张静江的支持下，完成了全省电话八大干线，分别为：①杭长线，经余杭、武康、吴兴而达长兴，接苏境以通南京；②杭甬线，沿沪杭甬铁路之杭甬段通宁波；③甬温线，由宁波经宁海、临海、黄岩、乐清而达永嘉，以展接闽境；④杭衢线，由钱江上溯，经常山与江西相接；⑤衢温线，由衢县经龙游、遂昌、松阳、丽水、青田而达永嘉；⑥杭处线，由杭州沿浙赣铁路经金华、武义、永康、缙云而达丽水；⑦杭枫线，由杭州沿沪杭铁路线达浙苏毗连之枫泾以通上海；⑧杭昌线，自杭州经余杭、临安、于潜至昌化以达皖境。其电线所用材料都采用铜线，以备将来省际通话之用，而就线路以每年所筑里程而言，1929年完成1014.27公里，1930年1024.70公里，② 两者合计2038.97公里。另外，在电话线路所经区域，视其地理交通及商业情形，分别铺设支线及乡线。又为转接便利起见，将全省划分为七区，以杭州、嘉兴、鄞县、临海、永嘉、丽水、兰溪为区中心局，杭州为转接中心局，全省各县镇大都有直达线集中于区中心。本区内通话，最多转接不过二次，省内各县与任何他县通话，最多转接不过四次，线路效率于是增加，而等候时间也由此大为缩短。并鉴于杭甬、甬温原有干线营业过忙，不敷应用，另装载波设备，以求舒畅。而浙江临近上海，使得杭沪间长途电话业务最为繁忙。先是交通部省际电话应归部办，另筑

---

① 《全省长途电话限本年度赶筑完竣》，《杭州民国日报》1929年7月12日。
② 顾文渊、朱浩涛、徐世治编：《浙江经济统计》，档号L071-000-0174，浙江省档案馆藏。

沪杭话线，通话营业，又由于该区域的营业，在浙江省部分则不免与部线成为并行，在江苏省部分则省际开发营业方面也存在一定困难。后经数度商洽，最终因部方察纳省情，开放浙沪通话，并将全浙电话委由省电话局代办。此项合作方法，有利于全国通信和浙省长途电话业务的发展，也是浙江长途电话发达的关键因素之一。此外，需要指出的一点是在涉及长途电话材料来源问题上，提倡用国货。凡本国可以制造的，无不尽量规定程式，向国内厂家定制，而其必须由国外提供的，也经省长途电话局规定程式，分向各国择其优良而价廉的采购应用。长途电话各线先后建成通话后，其营业收入 1928 年为 579.50 元，1929 年为 27340.93 元，1930 年为 103503.22 元，[①] 相较于 1928 年，1930 年的收入增长了 177 倍多，可见其发展速度是非常迅速的。

就市内电话而言，创始于 1907 年商办铁路公司所经营的杭州电话，为商办性质，当时仅有 100 门磁石交换总机 1 台。该电话除为浙江铁路公司内部使用外，也供省、市各衙署和 30 余家商号用户挂号通话。这就是杭州市内电话的开始。1925 年，杭州市内电话逐步扩充，计有交换机 24 座，容量 2500 门，用户 1600 余家。[②] 而至张静江主浙时，杭州商办电话公司之市内电话，因历年营业亏损，请求官办，商洽数月，给予让渡费 44 万余元，[③] 遂于 1929 年 12 月由长途电话局接管，是为省办城市电话之始。出于名实相副的考虑，浙江省长途电话局也由此更名为浙江省电话局。鉴于市内电话是长途电话的基础，长途电话是市内电话的延伸，又由于旧有机件及线路已陈旧而不堪应用，省电话局决定将市内电话公司原有的机线设备进行

---

① 浙江省情展览会编纂：《浙江省情》第三编 "建设"，杭州正中书局 1935 年版，第 44 页。

② 赵曾珏：《十年来之浙江电信事业》，《浙江省建设月刊》第 10 卷第 11 期，1937 年 5 月，第 24 页。

③ 浙江省通志馆：《重修浙江通志稿》第 98 册 "交通"，浙江图书馆 1983 年誊录本，第 81 页。

彻底更新、改装，由人工交换式改为自动交换式，遂投资 229170 美元，通过中国电气公司向比利时订购 7-A 旋转式 3000 号自动交换机。[1] 以 2700 号装设城区惠兴路总局，300 号装设拱宸桥北支局，而闸口南支局则仍沿用磁石机，装有交换机 400 号，于 1932 年 3 月全部落成通话。[2] 随着机件的革新，用户也逐渐增多，次年便达到 2300 余家，而此项月收入也有 17000 余元，[3] 成效还是比较显著的。

随着长途电话的逐步进展，有感于各处城镇电话的缺乏，或虽有城镇电话的设备，每因机线不良，不堪应用，结果影响长途电话的衔接，省电话局自 1930 年后，除整理市内电话外，即次第筹设兰溪、金华、海门等处城镇电话，接办常山、瑞安等处商办电话，并接收整理衢县、江山等县现有电话。

在张静江主浙时期，以长途电话、市内电话和城镇电话构成的全省电话网逐步形成，它在便利信息交流、活跃商品经济以及及时传达政令方面发挥了积极作用，也为此后浙江省电信事业的不断发展奠定了基础。

（二）重视能源建设

能源就是人类用来维持生存活动的能量来源，随着社会经济的发展，人们对于能源的需求也越来越大。它的发展程度，在一定程度上决定着现代经济的发展水平和人们生活的水准。鉴于能源的基础性作用，张静江加强了以煤矿和电力为主的能源建设。

近代中国煤矿利权丧失，整个行业为外国资本所垄断，为谋中国煤矿

---

① 《杭州历史丛编》编辑委员会编：《民国时期杭州》，浙江人民出版社 1992 年版，第293 页。

② 赵曾珏：《十年来之浙江电信事业》，《浙江省建设月刊》第 10 卷第 11 期，1937 年 5 月，第 24 页。

③ 实业部国际贸易局：《中国实业志·浙江省》第四册，实业部国际贸易局 1933 年版，第177 页。

业之发展，张静江认为"应以开采南部煤矿为先务"，"扶植业经停顿诸矿，始不论商办官办各矿，胥当研究其停顿失败之主因，代筹解决办法，使其恢复工作"，"采用最大新机器，大规模开采"①。以此为指导方针，张静江首先接管整顿了浙江长兴煤矿。该矿原属民营，由于历年办理不善，折损甚巨，不能维持②，于 1924 年停办。然而时逾三年，仍无法恢复。1927 年冬，浙江省政府以该矿停工已久，积欠矿税，便根据矿业条例取消其采矿权。1928 年秋，以张静江为委员长的中华民国建设委员会鉴于长江一带人民需要燃煤的急迫，遂商于浙省府，经省政府委员会第 140 次会议议决将该矿移交建设委员会办理。

　　1928 年 8 月张静江派陆子冬前往接办，并组织长兴煤矿局，积极整理矿厂井坑和铁路，先就四亩墩、大煤山两处整理复采，积极从事工程的改良，具体而言，主要有以下几个方面。一是通风改用双石巷法，以图安全，故工人做工时有一定的安全保障，"除在今年（1929 年）四月间，曾因煤气致伤一人外，绝未发生爆炸等事"③。二是重要风道、运道易坏之处，一律改用砖石或钢筋水泥建筑。三是采煤改用石眼法。四是工作地点和运输井口，均可用入风道。五是井下灯光均用安全手提电灯。六是井下动力改用电力。经过此番改良工作，采煤的安全性和效率都有较大提高。至 1929 年 5 月铁路修竣，三、四号井也先后到达煤层，22 日开始出煤，初步恢复工程，初告成功，而到同年 11 月产量已达 250 吨以上。④ 不过此时的采煤地点大多是前公司所采残余的煤或遗留的保险柱，到了 1930 年春，四号井到达新山煤，三号井也到达留煤较多的地方，每日产额可达 300 余吨，嗣

　　① 国民党中央党史委员会编：《张静江先生文集》，台北"中央"文物供应社 1982 年版，第120 页。
　　② 《建委会办理浙江长兴煤矿节略及有关文件》，档号四六-789，中国第二历史档案馆藏。
　　③ 张静江：《建设委员会过去工作与今后计划》，《浙江省建设月刊》第 32 号，1930 年 1 月，第 12 页。
　　④ 同上。

后产额日增，至 1930 年 10 月以后，每月平均产量达 24000 吨以上，[①] 业务日趋繁荣。

在增进产煤的同时，运输和营业方面都有所改进。以运输而言，由矿山至五里桥的轻便铁道 48 公里自经修理以后，畅通无阻，而后又展筑至广兴分矿，此外，杭州、常锡等地运河，均可通航载重三五十吨的民船。而在营业方面，销煤地点，附近有长兴、湖州、李家巷、宜兴、丁山、嘉兴等处，其他如杭州电厂和无锡戚墅堰电厂也都纷纷去购用，另外还进一步扩大营销范围，向上海推销。

由于张静江的重视和领导，浙江长兴煤矿从原先的经营不善，停工数年到产煤逐年递增，销路日开，不仅加强了煤矿生产的安全性，也提高了整个经济效益，如"该矿在商办时代，日出五百吨，尚不足日常的开支，现在（1929 年底）竭力增加效率，减轻用费，日出二百五十吨，即可维持"[②]。这表明张静江对长兴煤矿的整顿是成功的。

电力作为第二次工业革命的代表性成果，在促进人类生产和改善人们生活方面起到了巨大的作用。张静江在重视发展煤矿的同时，给予了电力工业更大的关注。他曾指出："电气建设系物质文明之枢纽"，"有造于国家民生殊非浅鲜"，"可以解决民生衣、食、住、行四大问题之全部，诚应为建设之中心也"[③]。基于这种认识，张静江就任浙江省主席后，努力构建浙江省电气网，推进电气事业建设。1928 年，浙省共有电厂 57 处，发电总容量为 13552 千瓦，投资总额为 570 万元。[④] 其中以区域而言，钱塘道电气

<hr />

① 朱谦：《张静江先生对煤矿事业之史迹》，国民党中央党史委员会编：《张静江先生文集·附录》，台北"中央"文物供应社 1982 年版，第 389 页。

② 张静江：《建设委员会过去工作与今后计划》，《浙江省建设月刊》第 32 号，1930 年 1 月，第 12 页。

③ 国民党中央党史委员会编：《张静江先生文集》，台北"中央"文物供应社 1982 年版，第 213、56 页。

④ 顾文渊、朱浩涛、徐世治编：《浙江经济统计》，档号 L071-000-0174，浙江省档案馆藏。

事业最为发达，这是因该地域位于太湖、钱塘江之间，为浙省富饶之区，山岭绝少，交通便利所致。而杭州为省会所在，人口众多，商业繁盛，用电量也是全省最多的。全省电厂发电容量在 150 千瓦以上的，只有 9 厂，分布在杭州、宁波、吴兴、嘉兴、南浔、硖石、余杭、绍兴和永嘉 9 个市县，其余电厂规模都较小，发电容量也低，且大都采用柴油式煤气引擎。当时全省人口为 2063 万，每 1320 人方得 1 千瓦的电机，每人每年平均用电不及 2 度，较之美国每 4 人得 1 千瓦、每人每年平均用电 800 度，相差悬殊。① 鉴于此种情况，在张静江的指示下，浙江省电气局于 1929 年成立，统一掌理全省电气的规划和经营事宜并制订了浙省电气建设计划，拟订 20 年发展计划，分四期进行，如表 1 所示。

表 1 　　　　浙江省电气建设计划（1930—1949）　　单位：万千瓦、人

时期	年份	每期应设电机容量	每期完成时的容量	每期完成时每千瓦人数
第一期	1930—1934	5	5	413
第二期	1935—1939	9	14	147
第三期	1940—1944	13	27	76
第四期	1945—1949	28	55	38

资料来源：浙江建设厅：《浙江建设厅月刊》第 27 号"计划"，1929 年 8 月，第 4 页。

由表 1 可知，按照计划，当四期全部完成时，发电容量将增加 55 万千瓦，每 38 人可得 1 千瓦，其规划不可谓不宏大。虽然张静江在 1930 年底便辞去了浙江省政府主席，不可能按其计划完成他的浙江省电气建设宏图，但是该计划为浙江的电气事业建设指明了发展方向，而在他任内，电气事业也是在逐步发展之中。1929 年，电厂增加到 87 处，发电容量达到 15074 千瓦，投资总额为 640 万元，而 1930 年，相应指标则分别增加到 99 处、

① 浙江省电气局：《浙省电气建设计划书》，《浙江建设厅月刊》第 27 号"计划"，1929 年 8 月，第 4 页。

15600 千瓦和 670 万元。① 相较于 1928 年，1930 年各项指标分别增加了近 74%、15% 和 18%。可见，其成效还是比较明显的。

在张静江极力发展的电力事业中，杭州电厂的建设是比较引人注目的。杭州市电力事业始创于清末，光绪三十三年（1907）二月，工程师杨长清和珠宝商金敬秋等人，于次年集资创办了"浙江省杭江大有利电灯股份有限公司"，选址上城区板儿巷口，筹建火力发电厂。宣统元年（1909）改为官督商办，改名"浙江省官商合股商办大有利电灯股份有限公司"，经三年筹备，于宣统二年（1910）正式建成，计资本 3 万元，以后逐步增加至 200 万元，实收 1985900 元，内计官股 435000 元，商股 1550900 元。② 其营业区域，主要在杭州城厢内外、江干、湖墅、拱宸桥等地方。1929 年 4 月 19 日，在浙江省政府会议上，张静江鉴于"杭州市电灯公司售价，每多欺骗，积弊甚深"③，更深信要发展浙江经济，必须要经营一所大型电厂，而提议将大有利电灯公司收归省办，最后议决通过。同年 5 月，由省政府建设厅派员接收，定名为杭州电厂，隶属于省电气局，扩充资本为 300 万元，内分官股、保息股两种，各为 150 万元。官股由建设委员会认 1/4，省政府认 3/4，保息股即为前大有利原有的官股商股。④ 经过积极整理，营业扩充，杭州电厂的电灯户数由 1929 年 5 月的 14227 户增加到 1931 年 4 月的 20679 户。⑤ 可见，杭州电厂经过整顿后，业务发展是比较快的。同时，杭州电厂一经成立便努力服务社会。一是减轻用户负担。在杭州电厂的前身浙省大有利电灯公司时期，用户装灯应缴纳各费包括押表费、接火费和灯

---

① 顾文渊、朱浩涛、徐世治编：《浙江经济统计》，档号 L071-000-0174，浙江省档案馆藏。

② 实业部国际贸易局：《中国实业志·浙江省》第四册，实业部国际贸易局 1933 年版，第 457 页。

③ 王树槐：《张人杰与杭州电厂》，台北《近代史研究所集刊》2004 年第 43 期。

④ 建设委员会调查浙江经济所编：《杭州市经济调查》下编，浙江图书馆古籍部，1932 年，第 139 页。

⑤ 魏颂唐等编：《杭州市经济之一瞥》，浙江财务人员养成所 1932 年版，第 95 页。

头押柜费，以每户装灯 5 盏计，应纳 25 元，加上装工费和电料费，在 45 元以上，此外又有电灯附捐、表租之类，用户负担甚重。而杭州电厂自接收以后，首先将灯头押柜免除，又重新厘定各费。以装 2A 表的五灯用户为例，免收押表费，各费总计最多 20 元，不及大有利时代一半，且电灯附捐和表租也同时废除。而普通用户每月用电约 11.5 度，在大有利时代需缴电费 2.415 元，表租 5 角，共计 2.915 元，而照电厂定章，只需缴纳电费一项，仅 2.3 元，较大有利时代少 21%。① 二是推行电热用具和马达。1929 年冬季，杭州电厂曾有出租电炉之举，并将电热用费减至每度 5 分，一时向电厂装用电热者，达 110 余户。马达用户增加，即工商业发达之现象。杭州电厂在推广马达方面，颇为积极，将马达电费的最低价格减至 4 分，并订立租用马达的免费保证章程及减低月租暨分期付款等办法，于小工业厂家颇多补助。截至 1930 年 5 月，装用马达的用户达到 366 户。② 三是推进其他事业的发展。如电厂积极从事乡村用电、平民用电、电力灌溉等方面的工作。从中可以看出，杭州电厂本着民生主义的原则，努力服务社会，对社会经济的发展和人民生活水准的提升都是颇有助益的。

张静江在浙省政府主席任内，积极推进全省电力建设，对浙江社会经济的发展确实起到了一定的积极作用，但是以当时电力普及程度而言，在发展经济中的作用不能估计过高。浙省电厂除少数供给电力（用于机器）、电热外，大都将电用于电灯，电力的应用并不多见，且应用的地方也以工业方面为多，而农业方面除碾米一项外，用于其他农业机器上，更是少见。

---

① 吴健英：《杭州电厂一年来对于社会之服务》，《浙江省建设月刊》第 36 号"报告"，1930 年 5 月，第 17 页。
② 同上书，第 19—20 页。

（三）促进水利发展

水利是农业的命脉，是农业发展的基础保障。对水利的重要性，张静江深有体会。他一再向中央全会提议将水利作为建设中心之一，曾指出："水利一项，其关系国计民生尤为巨大"，"现在农业中之急需改良者为水利，故水利应为此后建设之中心"。"倘不急起直追积极兴办水利，则食粮日减，民命何堪，瞻念前途，真觉不寒而栗。抑有进者，讲求水利不仅关系农业，并可以便利交通，发展水电，实为工商实业之母，水利之投资，并非消耗，而实为生产，即为建设中最有利之事业，亦无不可。"① 张静江正是鉴于水利建设在国计民生中的这种积极作用，因此在任内积极推动这方面的建设。

首先，统一水利机关，以一事权。在1926年以前，整理钱塘江塘工，有海宁、海盐、绍兴三塘工局，各自为政；测绘钱塘江形势，有浙江海塘测量处，附设于省公署；关于水利行政，则有浙江省水利委员会，经办事项，以局部水利争执，奉命测勘为多，其下又设有测量队，办理各区测务；此外又有浙西水利议事会，专司修竣浙西区域内河道、坝闸和河岸工程。上述各机关，彼此不相统属，水政颇为紊乱。至1927年7月，张静江首次就任浙省主席时，钱塘江工程局成立，统筹办理海塘工程，始有端倪。1928年9月，浙江省水利局成立，将钱塘江工程局并入，标志着浙省统一的水利建设机关正式成立。

其次，加强钱塘江和各河道的测量。对钱塘江的测量主要包括三个方面：一是三角测量，截至1929年底，测量钱塘江岸和西兴附近约40公里并编制相应图表；二是河底测量，测量三郎庙以上、以下各约20公里和11

---

① 国民党中央党史委员会编：《张静江先生文集》，台北"中央"文物供应社1982年版，第56—57页。

公里；三是水准测量，测量钱江两岸西兴和江干两处水准点，计长 30 余公里。① 在对钱塘江进行测量的同时，组织了专门测量队对浙东和浙西的主要河流进行测量。1928 年 12 月，浙东测量队成立，截至 1930 年 5 月，在浦阳江测量三角 70 余公里，精密水准 100 余公里，又在曹娥江埋置永久石标 83 个；浙西测量队于 1929 年 2 月成立，测量浙西安吉、梅溪等处河流，并测量运河精密水准 100 余公里，东苕溪精密水准 30 余公里，又在南苕溪埋置永久石标 30 个。自浙东、浙西两测量队成立后，在钱塘江、曹娥江、鄞江、浦阳江、甬江、苕溪运河等流域，共计设置水标站 29 处，雨量站 12 处，流量站 29 处，雨量水标合并观察站 8 处。② 另外，举办飞机测量，派水利局局长戴恩基赴德国购买飞机测量仪器，延揽飞机测量人才。1930 年 11 月，航摄飞机飞抵杭州，于翌年 5 月测量浦阳江寻常高水位时的江道，并制成相应的相片平面图，实开我国航空摄影测量的先河。

再次，实施一系列水利工程。浙省水利工程，向以塘工为主，以整治其余河流为辅。塘工分为海塘、江塘两种，在海宁、海盐、平湖和绍兴东北一带江岸的为海塘；在杭州、萧山和绍兴东面一带江岸的为江塘。前者为江南富庶区域的保障，后者为浙东西膏腴土地的屏障。整理钱塘江塘工的工程如办理海宁土会字号，加高大塘，大山圩段修理条块石塘，海盐鸣字号块石斜坡护塘，乃文字号乱石坦水，萧山楼下陈建筑石塘，三江暨西兴块石护塘，及各段填筑附土，修补坦水，镶嵌水泥和在海宁溪伊字号实施新式塘工等工程。另外，建筑挑水坝、潜水坝，以固塘岸。至于整治其余河流，在浙东方面，以建闸防淤、蓄淡灌溉，较为重要，如修理绍兴三江闸，建筑黄岩西江闸和温岭新金清闸等工程；在浙西方面，则以浚治、

---

① 程振钧：《民国十八年一周年间浙江省建设事业之回顾》，《浙江省建设月刊》第 32 号，1930 年 1 月，第 24 页。

② 霍宝树：《浙江省三年来之建设概况》，《浙江省建设月刊》第 36 号，1930 年 5 月，第 6 页。

航运、灌溉并重，如疏浚海宁上塘河、嘉兴鸳鸯河、乍浦塘河、海盐白洋河、崇桐运河等工程。

总的来说，张静江自担任浙江省政府主席后，以交通、能源和水利为建设中心，积极推进基础设施建设，取得了比较显著的成效，为社会经济的进一步发展奠定了良好的基础。

三　改良农业和发展林业

浙江素有"鱼米之乡、丝绸之府"之称，古代农业曾取得非常大的成就，近代以降，在工商业逐步发展的同时，农业却未能有较大突破，而农业作为国民经济的基础部门，仍占据整个经济产值的绝大份额，足以影响国计民生，因此，发展农业是政府难以逾越的重大课题。张静江主浙后，对农业的发展较为重视，而对农业的重要性和现状也有较清楚的认识。浙江"以农为生者，占总人口百分之七十五强，农业之兴衰，关系农民生活至巨"①。然而"数千年来墨守陈法，固步自封，上乏政府提倡督促之策励，下无民间研究改进之组织"，② 农业长期近乎处于一种徘徊不前的状态。张静江有鉴于此，以棉业和蚕丝改良为切入口，以为农民树立良好示范，推进农业发展，改善农民生计。与此同时，张静江注重发展林业，不仅在于发展其木材价值，更在于发挥其环境和生态价值。

（一）促进农业改良

浙省滨江临海，土地肥沃，气候温和，宜棉之区颇广，"自宁波沿海以北，至于北湖，其间各县，产棉极多。宁波沿海以南，至于瑞安，其间各

---

① 浙江省政府建设厅编：《浙江农业》，浙江省建设厅印行1946年版，第1页。
② 《江苏省浙江省蚕业调查报告》，东亚文化协议会印行，1940年，第3页。

县，亦均有推广植棉之希望"①。其中，以杭州湾两岸各县产棉居多，如余姚、慈溪、萧山、绍兴、上虞、平湖、海宁等县，而余姚是浙省产棉最多的地方，要占全省总额的 2/7，②因此，"姚花"曾颇有盛名。然而，浙棉的纤维粗短，适纺粗纱，而随着社会发展，细纱需求递增，粗纱则日减。这便要求改良浙棉，以适应时代发展。

浙江省指导棉业改进的组织机构，可以追溯到1919年冬，当时实业厅委任关鹏万筹备成立省立棉种试验场，场设余姚县龙泉乡马堰，租棉田60亩，建筑场屋一所，专门从事于棉种试验，只是因经费不足，棉地太少，未能充分发展。1928年4月，关鹏万去职，省政府委任方君强接办。省政府为谋振兴棉业，扩大业务，以期成立规模宏大、组织完善的棉业机关，做有系统的进行，适当的改造，合理的改造，而为浙省棉业界开创新纪元，令由方君强详细拟具浙江棉业改良推广计划书，经省政务会议通过后，即就棉种试验场改称浙江省立棉业改良场，并鉴于各产棉区域气候、土壤的不同，而于同年冬扩充场地，在慈溪、平湖各设分场一处，改善钱塘、会稽两道的植棉事业，然后次第及于他道，而以马堰为其总枢纽，以利于统一实行相关计划。此外，1930年又分设杭州、上虞、萧山三育种场，以培育优良棉种。

在各种组织机构成立的同时，改进棉业的工作也随之展开。首先，扩充棉田。在省立棉业改良场棉田基础上分别加以扩充。1929年，总场的棉田，在马堰的已扩充至101.2亩，分为17区：有繁殖8区，栽培试验1区，单本遗传试验1区，轮载试验5区，品种试验1区，肥料试验1区；在新浦沿的已扩充到125.11亩，也分为17区，实验区占其四，其余均为繁殖

---

① 《浙民衣食住问题之研究》，木砚斋1931年版，第85页。
② 徐宝山编：《浙江省一瞥》，浙江图书馆古籍部藏，商务印书馆发行（出版年份不详），第19页。

区。而慈溪分场则扩充至 149.185 亩，平湖分场则扩充到 99.8 亩，也都依照总场计划分区试验。① 其次，举行各种试验。棉场进行的各种试验包括品种试验、播种期试验、株行间距离试验、每穴棉株留数试验、摘心试验、土性试验、磷肥用量增减试验等七项，试验结果，可谓良好。以品种试验为例，浙江棉业素乏系统的研究，棉种混杂不纯，棉质又极粗短，因此棉场对于品种的试验也是非常关注，以期品质优良的新品种能够代替劣质的旧品种，而在新品种未试验完成前，以百万棉为过渡的纯种，向南京金陵大学购得 120 斤百万棉，栽种 20 亩，就生育期中考察所得的结果，其株干的态势和花蕾的成长，均极优良，颇适于余姚的风土。与此同时，还进行巡回选种，即就余姚产棉区域内农民棉田中，挑选本地种的优良棉株而采取成熟吐絮的蒴，其用意就是要在本地棉种中选择优良的，以育成一种更适合本地的优秀新品种代替日益恶化的旧品种。在本地棉种中获得新品种，其成效较由外地传来的品种既稳妥又确切，因其对于所在地的风土已成习惯，生育状况和培育保护已为当地棉农所熟知，既便于推广，而推广后的培育和保护也较为容易。再次，设立轧花厂、打包厂和储藏库等。为了消灭民间劣质棉种，提倡新式打包，为防止奸商掺水掺假起见，由棉场就余姚棉业集中的周巷，创设机器轧花打包厂，代替棉农棉商轧花打包，计建筑厂屋 28 间，购买 14 匹引擎 1 座，32 寸轧花机 12 架，26 寸轧花机 2 架，打花机 1 架，木质打包机 1 架。② 复次，合办农村小学和农民夜校。为了联络农民，灌输棉学知识，由棉业改良场及分场就地与乡村合办农村小学和农民夜校。最后，积极推广改良棉。浙省改良棉的推广以百万棉为主，在棉产区域设立棉业改良实施区，以科学方法、政治力量，督促农民种植改

---

① 程振钧：《民国十八年—周年间浙江省建设事业之回顾》，《浙江省建设月刊》第 32 号，1930 年 1 月，第 9 页。

② 同上。

良棉，办理之初，虽不无困难，然经示范种植，尽力指导，结果良好，棉农对于种植改良棉的兴趣逐渐浓厚而信心也更加充足。从推广情况来看，1928年，改良棉棉田面积和皮棉产额分别不过60亩和27担，以后逐年增加，1929年分别为221亩和103担，1930年分别为850亩和227担，① 其增长速度还是较快的。

经过省立棉业改良场的努力，各项试验和推广工作取得了一定的成绩，但是相对于浙省整个棉业发展情况，"其效力所及，究属有限"②。1928—1930年，改良棉田面积占全省棉田百分率分别为0.005%、0.013%、0.045%，而改良棉皮棉产额占全省皮棉百分比分别为0.008%、0.025%、0.048%，可见改良棉田面积和产额在全省所占比重是微乎其微的，不过，并不能因此而否定改良棉推广的价值所在，它是棉业发展的必然趋势，随着时间的推移，其效益是逐渐显现出来的，而从其逐年递增中也可见一斑。

浙江向以蚕丝为主要特产，全省75县中，产蚕丝的县达58个，完全以种桑养蚕为专业的，也有30余县，而杭嘉湖一带尤依此为社会经济兴替之所系。每年计产生茧百余万担，生丝八九万担，占全国丝茧总数1/3。1928年以前，我国出口商品中，丝居第一位，浙省输出生丝则占全国生丝出口额30%以上。③ 可见，浙江省蚕丝在全国占有重要地位。

但是时至1927年南京国民政府成立后，浙江的蚕丝业已处于一种衰微状态，同年，张静江首次主政浙江，"亦觉蚕业窘况渐露，非锐意改良，必难自存"④。整个蚕丝业的状况迫使当政者"亟应整顿改良以浚利源，倘非通盘筹划，不足以策进行而收成效"⑤。在这种情况下，张静江对浙省蚕丝

① 实业部统计处：《各省市经济建设一览》，南京文心印刷社1937年版，第25页。
② 实业部国际贸易局：《中国实业志·浙江省》第二册，实业部国际贸易局1933年版，第130页。
③ 同上书，第164页。
④ 同上书，第165页。
⑤ 浙江建设厅月刊编辑处：《浙江建设厅月刊》第22号"公牍"，1929年3月，第1页。

业进行了积极整顿和改良。

浙省主持改良蚕业的组织机构，发端于 1898 年，时任杭州太守林迪臣创办蚕学馆于西湖金沙港，聘请日本教习主持教务，讲授养蚕缫丝新法，是为浙省改进蚕业嚆矢。1912 年，浙省设农事试验场于杭州笕桥，还在场内专设蚕桑科从事试验工作。1915 年，在艮山门外沙田里设立原蚕种制造场，专司培养优良原蚕种，以供给各私人改良种场之用。1918 年，中国合众蚕桑改良会在嘉兴分设育蚕场，于诸暨分设制种场。至此，蚕业改良工作，渐具眉目。1925 年，在杭县、桐乡、嘉兴、海宁、吴兴等县设改良场指导饲育新种，于余杭设制种场，开始作有系统的改进。在张静江主浙之前，虽然政府在改良蚕业方面作了一些努力，但是就总体成绩而言，实属有限。1927 年，他首次主浙后，将原种制造场扩充为蚕业试验场，第二年又改组为蚕业改良场，由国立浙江大学农学院院长谭熙鸿兼任场长，在笕桥辟地建屋栽桑，内设制种、制丝、推广、研究等部，为谋事业的扩充，又在留下小和山建造蚕室，培植改良桑园，制造优良蚕种，并在嵊县设立分场，制造普通蚕种。1929 年秋，改良场在武林门外创设杭州缫丝厂，而场名也改为浙江省立蚕丝业改良场，附设女子蚕业讲习科，以训练初级蚕业技术人才。

在省立蚕丝业改良场的主持下，改良蚕丝业的工作陆续展开。首先，制造蚕种。1929 年制种较往年增加不少，总场、余杭制种分场、嵊县制种分场和省立女子蚕业讲习所都取得了较好成绩，如总场于是年春天饲养原种和普通种，计育蚁 19 两，共采鲜茧 39.87 担，并制普通种 20254 张（内有秋种 5052 张）。秋种育蚁 3 两，共采鲜茧 6.43 担。[①] 1930 年，蚕种的制造更是得到了飞速发展。从 1928 年至 1930 年改良蚕种的逐年递增中，可

① 程振钧：《民国十八年一周年间浙江省建设事业之回顾》，《浙江省建设月刊》第 32 号，1930 年 1 月，第 10 页。

以看出其发展是很快的。1928 年改良蚕种产量为 19500 张，1929 年增加到 96500 张，而 1930 年更是达到 336500 张。① 其次，改良栽桑。桑质优劣和桑量多寡，对蚕丝业发展的影响甚大。改良场积极推进其改良事宜，在余杭制种分场专门开辟模范桑园，栽有湖桑、鲁桑、火桑和日本仕平桑四品种。随着蚕种需求的增加，所需桑叶量也在扩大，而改良场开辟桑园又不是旦夕所能见效，故极力向民众推广改良栽桑办法，以期满足桑叶需求。再次，提倡秋蚕，以增加蚕茧生产。1928 年向江苏浒墅关蚕场预订秋种 5 万张，1929 年秋，省立蚕丝业改良场商经本省杭嘉湖旧府属各丝厂，承购是项秋种，分发各处农民，从事饲育，还设立秋蚕指导所指导相关事宜，结果成绩甚佳。再次，为奖励提倡起见，暂准承购大批秋种各丝厂收买秋茧，其他茧行不得收买，并由省政府发给秋茧免捐运照。但是该项办法难免刁奸茧商的垄断，自 1930 年起又变更方法，以自由购种，自由卖茧为原则。而建设厅令蚕丝业改良场参照海宁县推广秋茧计划大纲，加以补充，另订详细办法，通令各县遵办。复次，推广改良蚕种。省立蚕丝业改良场自始至终以推广改良蚕种为主要工作。1928 年，蚕业改良场在海盐、长安、碛石、菱湖、萧山等处设蚕业指导所，购毁农家原有土种，并以改良种7000 余张无代价分送农家饲养，保证其八分收成，是为浙省有计划有组织推广工作的开始。自此蚕农对于改良种开始充满信心，而自愿备价向指导所购用改良蚕种。1929 年春，改良种分发于萧、绍、嘉、湖、杭、嵊、海盐各县，共达 40000 余张，而 1930 年又增至 80000 余张，其由改良场以外的公私机关分发部分尚不在内。② 可见，改良场在推广改良蚕种方面是较为尽力而有成效的。最后，创办杭州缫丝厂。浙省产茧丰富，而丝厂甚少，

---

　　① 顾文渊、朱浩涛、徐世治编：《浙江经济统计》，浙江省档案馆藏，档案号：L071－000－0174。

　　② 浙江省农业改进所编：《浙江省农业改进史略》，浙江省农业改进所印行 1946 年版，第9—10 页。

致使大量原料沦为土丝，即就丝厂而论，也大都设备简陋，机器陈旧，不足与日丝在国际上展开竞争。省政府有鉴于此，特设新式模范缫丝厂于杭州市武林门外大河东村，以资示范，而促改进。1929 年，由建设厅拨款 18 万元，令由浙江省立蚕丝业改良场负责筹办，兴建厂屋，装置机车，于同年 12 月正式开车。厂内设备，采用欧日新式机器，车间装有日本群马立缫和再缫式八绪丝车 80 部，并附自动索绪，而 1930 年秋，丝车则增至 160 部。① 与此同时，杭州缫丝厂生产的紫龙牌高级生丝，由于其优良的品质，在国际上得以畅销而驰誉海外。

除了棉业和蚕业的改良，张静江主浙时期还开展或筹划了诸如稻麦、畜种、茶叶、园艺等一系列的改良工作，以期能在政府的提倡和鼓励下，改进农业，提高产量，改善民生。虽然在短短的两三年时间，不可能从根本上改变农业发展状况，但是他给人们指明了农业发展方向，将现代科技融入农业之中，在实践中也确实取得了一些成效。

（二）推动林业发展

林木不仅能提供木材价值，而且在调节气候、减轻水旱灾害方面，也起着重要作用。张静江正是由于认识到其重要性，所以在主浙时期较为重视发展林业。

浙省关注林政，虽然远在 1927 年以前，但是其时仅就钱塘、金华、会稽、瓯海四道属的首县杭县、兰溪、临海、永嘉（后迁丽水）设立省立苗圃四所，而社会忽视造林，故育成苗木，罕有请领。1924 年秋，在建德前省立甲种森林学校原址设立省立第一模范造林场，然而由于经费支绌，成绩罕著。1927 年，政局革新，政府开始较为重视林业，加强整

---

① 浙江省蚕丝统制委员会编：《浙江省杭州缫丝厂一览》，浙江省蚕丝统制委员会印行 1936 年版，第 1 页。

顿力度。同年 11 月，经省政府委员会议决，颁布造林场暂行规程，将旧有苗圃一律裁撤，改设造林场。次年，并省立第一模范造林场与省立第二苗圃改组为省立第一造林场，就丽水的省立第四苗圃筹设第二造林场。1929 年，省府鉴于全省山林荒废、水旱灾害逐年增加的现象，为振兴全省林业，便利指导公私造林起见，划分全省为四个林区，依四旧道属区域，各设省立林场一所，举凡育苗造林及各区林业行政，均归该场管辖。原设于旧金华道区内省立第一造林场改为省立第二林场，并将场址迁往常山（1930 年又迁回建德，常山设分场），建德设分场；旧瓯海道区内的第二造林场改为省立第三林场；再就旧钱塘道区内的灵隐创设省立第一林场，并设天目山分场；旧会稽道区内的天台设立省立第四林场。至此，全省林区制度基本确立。

省立各林场不仅具有管辖各区域内林业事务的职能，还负有营造水源林的职责。省立第一林场，即在造成天目山森林，以期苕溪不至泛滥，并可利用苕溪运输木材；省立第二林场，即在造成仙霞岭北支诸山森林，以免钱塘江发生水患，至于本区所产木材，则均由此江运输而出；省立第三林场，即在造成括苍、雁荡诸山森林，则瓯江洪水之患可以免除；而省立第四林场，即在造成天台、四明、会稽诸山森林，以资免除各江水患，成为木材运输的要道。

浙江省立各林场自成立后，便积极从事于育苗和造林工作。本省育苗工作，自省立苗圃裁撤后，业务改由省立各林场继续办理。而当各林场刚办理育苗工作时，育苗面积都比较有限，经过逐年的扩充，面积才随之逐渐扩展，产苗数量也得到很快增长。1928 年产苗株数为 1291555 株，1929 年增至 2411734 株，而 1930 年更是达到 17534231 株，[①] 相较于 1928 年，

---

① 李德毅：《十年来之浙江林业》，《浙江省建设月刊》第 10 卷第 11 期，1937 年 5 月，第 96 页。

1930年产苗株数增长了12倍多，其发展是非常迅速的。在育苗工作取得一定成效后，造林工作也随之展开，从1928—1930年的造林面积和造林株数来看，其发展也是很快的。这三年中造林面积分别为2211亩、17414亩、22209亩，而造林株数则分别为406348株、2409463株、5167981株。[①] 虽然省政府非常重视发展林业，相继颁布了一系列森林法规，如《浙江省管理森林暂行规则》《浙江省造林暂行规则》《浙江省采运木材使用土地水道规则》《浙江省暂行林业公会章程》《浙江造林暂行规则补充办法》等，育苗和造林工作也取得了一定的成绩，但是民间对林木的重要性仍缺乏足够的认识，乱砍滥伐现象仍比较严重。

著名林学家梁希曾于1929年对杭、湖、宁、绍、台部分山区进行实地考察，历时半载。他所撰的《两浙看山记》记载了沿途所见毁林情况："于潜县三、四年前，亦如今之临安，老百姓随山砍木，用于烧炭，当时曾有炭窑二百余处。讵旦旦而伐，木无孑遗。"普陀山除慧济寺、法雨寺有较少面积林子，"其它七十三禅院，只周围留几株古木，无复丛林，斧斤之勤，即此可见"。曹娥江下游的凤凰山、龙山、仙人山，除小部分为森林灌木外，"滥伐之余，林木荡然"[②]。这种乱砍滥伐，只图眼前利益，不计长远发展的行为，造成不良后果是显而易见的。以天台灵江上游林木为例，树木滥遭砍伐，造成山骨暴露，土沙崩坏，河道因此淤塞，溪流因此缩小，"得水则泛滥而无岸际，失水则成干涸而成沙漠。水灾旱魃，连年相仍，谷既不登，材亦告竭，农民固窘，山民亦穷"[③]。省政府鉴于滥伐林木造成的恶性循环，而令饬天台县禁止滥伐灵江上游大鳌山一带天然林木，切实保护而防水患。

---

① 顾文渊、朱浩涛、徐世治编：《浙江经济统计》，档号L071-000-0174，浙江省档案馆藏。
② 浙江省林业志总编纂委员会编：《浙江省林业志》，中华书局2001年版，第454页。
③ 浙江省建设厅月刊编辑处：《浙江省建设月刊》第32号"公牍"，1930年1月，第21页。

在主浙的两年多时间里，张静江对发展农林事业多有关注，也取得了一些成绩，但是由于传统农业的根深蒂固和农民墨守成规的陋习，使他在发展现代农林方面的成效大打折扣，尽管如此，他在这方面所做的努力是不应被抹杀的。

四 举办展览会

展览会是指展出物品供人参观、欣赏的集会或机构。而博览会则是指规模庞大、内容广泛、展出者和参观者众多的展览会。一般认为博览会是高档次的，对社会、文化以及经济的发展能产生影响并能起促进作用的展览会。可以说博览会是展览会的一种高级形式。近代博览会起源于1798年法国拿破仑主办的巴黎博览会，此后，各国相继效仿举办各式博览会，如1851年的英国万国工业品大博览会，1876年美国费城博览会，1910年比利时博览会，1914年的日本大正博览会等，而近代中国在西湖博览会之前，能够真正冠以博览会的，要属南洋劝业会。其实，不管规模大小和时间长短，其意义和目的是一样的，就是要促进经济发展、文化传播和文明交流。1928年底，张静江主浙后，鉴于博览会的重要性，在前任省主席何应钦倡导的基础上，举办了首届西湖博览会。与此同时，他也较为关注其他一些相对小型的展览会，如举办了浙江省第一次建设展览会，并将其制度化。

（一）举办西湖博览会

举办西湖博览会的动议并不是开始于张静江，早在1924年7月，时任浙江军事善后督办的卢永祥和省长张载阳就有筹开西湖博览会的计划，"嗣因齐卢战事发生，遂致作罢"①。随着北伐的胜利推进和南京国民政府的成

---

① 武堉干：《近代博览会事业与中国》，《东方杂志》第26卷第10号。

立，为举办全国性的博览会提供了客观条件。1928 年秋，以何应钦为首的省政府为纪念"统一"，奖励国产起见，有筹办西湖博览会的提议。同年10 月 3 日，由建设厅拟具筹备西湖博览会议案提经省政府委员会第 163 次会议议决通过。10 月 15 日，设立办事处于建设厅，而到了 10 月 27 日，西湖博览会筹备委员会正式成立。

张静江就任浙江省政府主席后，认为"博览会对于各种建设，有观摩促进之功，而西湖为我国名胜之区，尤可藉中外参观，广收效益"①。因此，他对筹办博览会极力赞成，指示建设厅积极筹备博览会各项事宜。

在以张静江为首的省政府全力支持下，以建设厅厅长程振钧为主席的筹备委员会展开了为期 8 个多月的各项筹备工作。观其整个筹备过程，表现出以下几个特点。首先，组织较为完备。以西湖博览会为中枢，除各省市县筹备分会外，会务组织分为审议和执行两部，属于审议部的有设计委员会、各组联席会议、特别会议、各馆所参事会议、各馆所筹备主任会议及工料审查处等各组织，设计委员会下又分设十组，而执行部包括总务处、工程处、驻京通信处、驻沪办事处和各馆所筹备处等处，其下又设有各股、馆、所等组织。各级别组织分工合作，各司其职，保证了各项筹备工作的有序展开。其次，筹备规模日益扩大。博览会原定规模并不大，设备亦是简单，其实属于展览会性质，但是经委员会多次议决后规模得以扩大，开幕时间也一再展延，原定 1929 年 3 月 1 日，后延为 4 月 1 日，再延为 6 月6 日，而于 10 月 10 日闭幕，而筹备经费也随之增加，由原先的 15 万元增至 18 万余元，最后达到 49 万余元。② 再次，广征出品。筹备委员会专门派员分赴各地劝征出品，计有东北、东南、长江三路，并远及南洋各埠。此外，浙江省 75 个县和安徽、湖北、上海、苏州、无锡、镇江等地成立了筹

① 《西湖博览会总报告书》上篇"会务报告"，浙江图书馆古籍部藏，1931 年，第 6 页。
② 同上书，第 1 页。

备分会，安南（今越南）南圻、爪哇（今印度尼西亚）万隆等地设立了西湖博览会征集出品委员会，广泛征集各地出品。博览会原定征品以国货为限，送展单位也以国人所办厂矿企业、研究机构为限，出品分为染织工业、机电工业、化学工业、矿产、医药用品、教育用品、工艺品、农产品、文艺品、饮食制品、革命纪念品、动物等 12 大类，后又出于供国内厂商参考、借鉴的考虑，而征集外国机器、原料等出品。通过各地组织人员的努力，共计征集出品 147604 件。

一切筹备工作就绪，西湖博览会于 1929 年 6 月 6 日隆重开幕。博览会以提倡国货、振兴实业和发展文化为宗旨，在以张静江为会长、程振钧为副会长的统领和主持下，由评议、执行两部以及研究、审查、招待外宾、游艺比赛等各委员会具体负责各项组织工作。其规模的宏大和征品的广博，超过了历次展览会。

西湖博览会设有 8 馆 2 所，多系借用里西湖和孤山一带的原有房屋。博览会的召开正值北伐胜利不久，为纪念英雄事迹和革命事业而设立革命纪念馆，陈列革命先烈遗像、遗物、惨案的纪念照片、各种国耻条约等；为增进国人对于自然界知识起见，设有博物馆，举凡奇禽异兽、鳞介昆虫以及矿石、植物、水产等标本实物，都广为搜罗；我国艺术向称发达，而另设艺术馆，陈列古今书画、著名雕刻、塑像刺绣等，以引起国人审美思想和对艺术的兴趣；我国以农立国，由于科技不甚发达，农民又墨守成规，不知革新，故又特设农业馆，陈列各地农产物、农具和肥料的支配、虫害的防治等，以便农民效法改良，增加农业生产，以裕民生；教育为立国之本，为明晰中国教育状况而设有教育馆，陈列一切有关教育的仪器、教具、统计、图表等；鉴于我国卫生向不讲究，而其又有关个人健康和民族强弱，故设有卫生馆，陈列人体解剖、生理分析、各种疾病症状和成因、中西医药、治疗器具和体育用品等，供人参览；又因丝绸为中国名产，大宗输出品之一，而随着洋货侵入和国际丝市竞争激烈，我国丝绸业几至垂危，故专设丝绸馆，陈列各种绫罗绸缎和蚕茧缫丝，以引起国人注意而从事改良；我国国货工业虽然整体处于落后状态，但是也不乏著名的工业品，故设有工业馆，陈列轻工、重工、棉纺、五金、日用工业品等，以便提醒国人一方面注重革新，另一方面尽量购买国货，减少漏卮。此外，尚有2所，一为特种陈列所，展品分图、表、模型、标本4类，凡不属于8馆出品而在建设上有重要关系的，都列入特种陈列所，如道路计划、实业计划，均制成统计图表，并且用木、蜡、石膏等精制模型，加以陈列。二为参考陈列所，展品分引擎、电力、原材料、丝绸4部分，展出国外的机器、机械、原材料、纺织品等，以供我国制造厂商参观和借鉴。

为保障西湖博览会的顺利举办，博览会努力提供良好的后勤服务。在交通方面，博览会除发给征品免税证书、减费来回运单，并派专车运输外，会场内借调公路局汽车8辆，租定汽船4只，又与永华公私订立办法，准许该公司公共汽车行驶会场，另外，还有孤山轻便铁道。在电务方面，场务处电务股内设有电力组、电话组、无线电话组、公共讲演组等，其中无线电话组和公共讲演组则在大礼堂后面设有播音室，又在8馆2所和总办公处会议室收音机上，加装扩大机，每日播送新闻与各名人莅会演讲，各种分业宣传。在警卫和纠察方面，博览会设有警卫股，以保持会场秩序，防范危及安全事件的发生，而场务处纠察队则负有巡察馆所，辅助指挥交通，纠察大剧场和各游艺场等职责，另外，还有救护队和消防队履行相关职能。在招待来宾方面，博览会开幕后，嘉宾来往，派有专员迎送，延至临时旅馆和各庄墅住宿，并设宴宴请和赠送纪念物品，遇有要人外宾，则由外宾招待委员会相助招待。通过这一系列的措施，既方便了人们参观，又保证了博览会的顺利进行。

博览会对于宣传工作也是颇为尽心。一是编印宣传刊物和重视广告宣传。宣传处设有编辑、业务两股和一个日刊社，编印发行博览会参观指南、各馆所参观指南、特刊、日刊等，并将会场通信登载在各报端或通过播音台广为播送。而为增加宣传效力，还加强广告宣传力度，分为会场牌子广告、日刊广告、电灯广告塔和其他各项广告四种方式。二是分地分业宣传。为扩大宣传，增加功效，博览会举行了分地分业宣传，比较大型的有 12 场宣传活动。在宣传方法上除张贴标语，分送小册子、传单等文字宣传外，还有名人演讲、调查报告等口头宣传。三是名人演讲。莅会演讲的各党国领袖和各领域专家有国民政府考试院院长戴季陶、外交部部长王正廷、广东省政府主席陈铭枢、监察院原院长蔡元培、禁烟委员会委员马寅初、心理学专家郭任远、钢铁业专家胡庶华等。这对加深人们对博览会的印象和提高博览会的影响力是不无裨益的。

由于组织者组织有力和宣传到位，而吸引了众多团体和个人来参观。参观团体以学校为最多，公司、企业的参观团也不少，各省市也积极组团前来参观，如辽宁、山东、江苏、上海等，此外，博览会也吸引了海外华侨和世界各国的各种参观团如美国华侨参观团、南洋华侨参观团、美国记者团、日本考察团等。西湖博览会原定 10 月 10 日闭幕，因游客众多，应工商部部长孔祥熙提议，继续开放 10 天，前后历时 128 天，总计参观团体有 1997 个，参观人数达 17617711 人次。① 规模之大，影响之广，于此可见一斑。

至于博览会收支方面，虽然组织者想方设法节约用费，但是结果仍是入不敷出。以收入而言，分为三项：一是各项收入共银 9.4 万余元；二是游券价，除奖金 20 万元外，共收银约 35 万元；三是沪杭路局票价溢收银 1.2 万元，以上三项共计 45.6 万余元。而支出项下分为两项，一是筹备期内各项经费计银 49.98 万余元；二是开会期间各项经费支银约 44 万元，以

---

① 《西湖博览会总报告书》上篇 "会务报告"，浙江图书馆古籍部藏，1931 年，第 57 页。

上两项共计 93.98 万余元。此外，博览会闭幕后，办理结束事宜和租借建筑物恢复原状等工务经费约 3 万元，总计支出 96.98 万余元。而各项建筑物和材料变价，奖章奖状等收入，再加上沪杭路局找拨补助费，计有收入约 30 余万元。综计收支相抵，不敷之数在 25 万—30 万元。① 虽然博览会经费支出大于收入，表面上似乎举办这次博览会是无利可图，不合算的，但是实际上它发挥了重要的作用和影响。

首先，西湖博览会的举办有利于推广国货和发展实业。鸦片战争后，外国廉价商品源源不断流入中国，严重冲击了中国脆弱的民族工业，直至 20 世纪 20 年代末，这种现象仍然未能从根本上得到改观，"虽在穷乡僻壤，衣服器用，莫不惟舶来品物是尚"②。国货工业的落后，使我国难以阻挡外国经济侵略，而外国商品倾销，又使国货工业的发展举步维艰，从而形成一种恶性循环，而广大人民的温饱问题仍然未能很好得以解决。在这种情况下，"非努力奖励工商，提倡国货，实不足以解除民生之疾困"③。

鉴于这种状况，西湖博览会对于提倡国货和发展实业不遗余力。以博览会的宣传标语而言，在九条宣传标语中就有八条是有关提倡国货和发展实业，如第一条，西湖博览会是奖励实业振兴国货最有效的方法；第四条，参观西湖博览会后要下决心"从今不买洋货"；第八条，西湖博览会是要发展实业，发展实业是本党民生主义的实行等等。此外，为便利商人推广国货，特于会场内建筑商店 60 余间，而上海国货工厂联合会又自建商场，定名为上海国货工厂联合会商场，规模颇大，加入国货商店的有 100 余家。④ 通过举办博览会将各地优良产品汇聚一堂，一方面使消费者能够参

---

① 《西湖博览会总报告书》上篇"会务报告"，浙江图书馆古籍部藏，1931 年，第 65 页。
② 《博览会与国产》，《西湖博览会日刊》1929 年 6 月 12 日。
③ 《西湖博览会总报告书》下篇"回想录"，浙江图书馆古籍部藏，1931 年，第 8 页。
④ 程振钧：《民国十八年一周年间浙江省建设事业之回顾》，《浙江省建设月刊》第 32 号，1930 年 1 月，第 19 页。

观、比较、鉴别优劣而加以选购，维护消费者的最佳利益；另一方面为各地工商界人士提供了一个交流平台，方便了他们就有关产品质量、经营管理方法等问题的交流和探讨，有利于改良产品和推广销路。因为"凡百事业，一经比较，优劣互见……优劣既分，竞争自起。出品恶劣者，固当力求改良，以推广其销路，即出品优良者，亦应精益求精，以扩大其固有地位"①。可见，通过博览会的形式，无论是对于消费者还是对于生产者都是颇有裨益的。另外，参考陈列所的设立，使国人亲眼看见了外国的先进设备和优良产品，分析了国货不发达的原因，如原料缺乏、技术不良、经营不佳、销售不便、苛捐杂税、外货压迫等，这就点明了国货不发达的症结所在，为以后发展国货指明了方向。

虽然博览会在提倡国货和发展实业方面起到了一定的积极作用，但是它毕竟只是一时的产品展览，更重要的是之后如何改善产品和提高产品的竞争力，而达到振兴国货、发展实业的目的。诚如时人所言："我国物质建设，尚在幼稚时代，原料之缺乏，机器之不良，在在可见。宜如何的努力改造，固非在短短的博览会期间可以解决，而在博览会会期之后，应详加研究，合全国之心思学问，相与切磋。"②

其次，有利于促进社会文化发展。西湖博览会"不仅在振兴实业，提倡国货，且负有促进社会文化的责任"③。因此，它虽然"具有一种'提倡国货'的性质，却也并非限于狭义的仅仅振兴国货为止，而实隐隐具有发扬社会文化产业的全般责任"④。这从它馆所的设置就可以看出来，如革命纪念馆、博物馆、艺术馆、教育馆、卫生馆，它们与提倡国货、发展实业没有直接的关联，主要是为了启发民智，推动社会文化的发展。以教育馆

---

① 《西湖博览会总报告书》下篇"回想录"，浙江图书馆古籍部藏，1931 年，第 2 页。
② 同上。
③ 同上书，第 1 页。
④ 武堉干：《近代博览会事业与中国》，《东方杂志》第 26 卷第 10 号。

为例，通过参观会发现我国教育发展程度还是很低的，体现在失学人数多、教育经费拮据、人才缺乏等方面，其中关键是教育经费的缺乏，每人每年平均仅占有 3 角左右，相比于欧美发达国家，不到其 1/20。这便导致了我国教育的不发达，识字人数只占全国人口总数的 1/5。① 而且此少数受教育的人，能否担任国家经济发展和社会进步的重任，还是一个未知数。通过这种参观和思考，国人意识到虽然中国传统文化源远流长，灿烂辉煌，但是如果故步自封，不思进取，仍然会有被时代潮流淘汰的危险，为免于被淘汰噩运，唯有急起直追一途。显然，这种意识对于推进社会进步和文化发展是很有裨益的。西湖博览会虽然只有短短四个多月而已，但是"文化上未来之进步，必不以此而中止"②。它对社会文化的作用和影响是长远的。

再次，有利于浙江经济的发展。西湖博览会将当时中国产品的精华部分汇聚到浙江，特别是上海、江苏、广东等全国经济较为发达地区厂商的参与，直接为浙江厂商提供了交流和学习的机会。而参考陈列所的设立，又使浙江厂商增长了见识，开阔了视野。通过与外省和外国优质产品的比较，浙江厂商便可以认识到自身存在的不足，也可以明确以后的发展目标，这对于浙江工商界此后如何改善产品质量、提高其竞争力是很有启示意义的。

虽然省政府举办博览会，结果是入不敷出，但是就社会收益而言，却是很大的。因为"开会期间，参观者遝迤毕集，举凡舟车之供，居食之需，无一非仰赖于本地；不特大商巨贾得藉以畅销货品，即下至贩夫走卒，亦无不共沾其惠"③。可见，举办博览会对于浙江交通业、旅馆业、饮食业和

---

① 《西湖博览会总报告书》下篇"回想录"，浙江图书馆古籍部藏，1931 年，第 3 页。
② 同上书，第 5 页。
③ 《西湖博览会总报告书》上篇"会务报告"，浙江图书馆古籍部藏，1931 年，第 4 页。

旅游业等行业是有很大促进作用的。其中，为举办博览会专门建立的纪念塔、博览会桥等系列建筑，会后并未拆除，而作为永久纪念设施，点缀湖山景色，吸引着中外游客接踵而来，给浙江旅游业带来了长久利益。

总之，西湖博览会在提倡国货、振兴实业和发展文化等方面起到了积极作用和影响，用张静江自己的话来说，即"博览会是发展农工商业推动机，是改进农工商业的踏足石。……西湖博览会不过小试其端已耳。国内的农工商业总能因西湖博览会的影响，于无形中推进一步吧；西湖博览会的经过，不论成功与失败，总能给将来的博览会做一个有力的参考吧"①。这就点明了他积极支持和举办的西湖博览会的意义所在。

(二) 创办建设展览会

1927 年 5 月，浙江省建设厅成立，开始进行一系列有组织有规划的经济建设活动，经过三年的努力，各项建设事业逐步走上轨道，虽然整体上未能改变浙江经济原本面貌，但是也取得不少成绩，并朝着发展现代经济的正确方向前进。为了"发表过去工作成绩，征求批评，俾资比较而便改进，兼以唤起一般民众对于建设事业之注意，而养成其自动办理建设事业之精神"②，在省政府主席张静江的指示下，1930 年 5 月，建设厅创办了浙江省第一次建设展览会。

建设展览会，顾名思义就是有关经济建设成果的一种展示会，举凡土木工程、电政、治虫、蚕丝织品、矿产、水利等方面的样品、图表、标本、模型和各种计划一一陈列，以供人们参观。第一次建设展览会自 5 月 1 日开幕至 5 月 11 日闭幕，前后历时 11 天。展览材料以建设厅各附属机关提

---

① 《西湖博览会总报告书》上篇"会务报告"，浙江图书馆古籍部藏，1931 年，第 68 页。

② 浙江省政府秘书处编印：《浙江省政府一年来政治工作之回顾》（1929 年 2 月—1930 年 4 月），浙江图书馆古籍部藏，1930 年，第 50 页。

供的物件为主，分为交通组，包括公路、铁路、无线电、电话、航政五个部分，总计物品数量为 322 种；农矿组，包括矿业、棉业、林业、蚕丝、昆虫五个部分，总计 2204 种；工商组，包括电气、瓷业、水产、权度、棉织、工商访问、国货陈列七个部分，总计 445 种；而水利组和特种陈列组各有 59 种和 31 种，共计陈列品有 3060 种。① 可见其出品的门类较为齐全，品种较为丰富。通过举办建设展览会，主要在以下几个方面产生了积极意义。

首先，党政各机关工作人员和广大民众在参观、比较的基础上，提出相关批评意见，如哪些需要改进，哪些需要保持，哪些需要拓展等，这样有利于集思广益，促进建设事业朝着良性方向发展。

其次，有利于增长普通民众的建设意识。"建设事业，经纬万端，自非从事计划，从事宣传，从事实行，从事推广，殊不足以达建设之目的，促进建设之进化。"要推进各项建设事业顺利进行，得到广大民众的支持是至关重要的。然而，"乡曲小民，常识缺乏，每与谈论建设，不囿于见闻，即狃于习俗"②，不知何谓建设。这就需要政府有关部门加强宣传力度，以使广大民众认识到建设的重要性和急迫性，从而支持建设事业。不过，当时识字兼有常识者仅占人口总数的 1/5 左右，在这种情况下，仅凭书面文字宣传经济建设有关情况，是不足以达到良好效果的。因此，通过建设展览会的形式，"作事实之宣传，具雏形以动观览，派专员以备询问，周详指导，极力敷陈，使不知者一见而能知，不明者一闻而尽解"。广大民众"既知建设为今日之需要，则群策群力，万众一心，以谋建设"③。

再次，有利于建设机关本身总结经验教训，促进建设事业更好的发展。

---

① 浙江省建设月刊编辑处：《浙江省建设月刊》第 36 号，1930 年 5 月，第 27 页。
② 同上书，第 13 页。
③ 同上书，第 14 页。

通过建设展览会，进行纵向、横向的比较可以明晰成绩和不足，就纵向而言，可以检阅建设机关自身取得的成绩与原先的经济状况相比是否有所进步以及原先的建设计划是否已经达到，而横向方面，由于第一次展览会是联合建设厅十几个附属机关而举办的，故不仅可以检阅过去的整体成绩，也可以比较各个附属机关过去的成绩。各个附属机关虽然有成立时间先后和经费多少的不同，但是从出品的质量上，还是可以看出它们过去的工作情形，因此也就有了成绩的可比性，通过比较，何者成绩出色，何者稍为逊色，就一目了然了，也就有了各自的努力方向。

张静江极力支持举办建设展览会并不是一种权宜之计，而是将其制度化，规定此后每年5月开一次建设展览会，以利于各项建设事业不断发展。此外，并通饬各县市举行建设展览或物产竞赛，以资比较而促发展。

在省政府主席任内，张静江重视规模不一的展览会的积极效应，既举办了"临时性"的西湖博览会，又创办了"永久性"的建设展览会，此外还举办了棉业展览会等专业展览会。通过举办这些展览会，在参观、比较、研究的基础上，有利于改良出品和促进经济社会的发展。

余　论

1928—1930年，张静江在浙江省政府主席任上，以推动交通、能源、水利等基础设施建设为主，发展农林和举办展览会为辅，积极从事于经济建设，取得了比较显著的成效，使浙江的经济逐步朝现代化的方向发展，与此同时，这一阶段的经济建设也存在一定的局限性。

就这一时期经济建设的积极作用而言，首先，促使人们的观念有了一定的转变。1902年，张静江作为一等参赞随清政府驻法公使孙宝琦到达巴黎，但他并非热衷于官场，而是将主要精力投身于对外贸易，设立通运公司，以经营古玩为主，兼销茶叶、绸缎等中国特产，因此对中外贸易，特别是对欧美资本主义经济建设和发展模式深有体会。在就任浙江省政府主席后，张静江将对资本主义经济建设的认识付诸实施，加快基础设施建设，改良和发展农林，举办展览会推进工商业发展。这些利用现代资本主义经济建设方式来改造浙江传统经济模式的方法，使人们直观地认识到现代科技手段的先进性和经济现代化的重要性。虽然在此之前浙江现代经济有所发展，但是整体上处于零散状态，缺乏统筹。人们对于发展现代经济抱着一种较为冷淡和观望的态度。然而，张静江推行大规模经济建设的示范作用，打破了长期以来广大人民故步自封、墨守成规的思维方式。人们的观念也有了逐步扭转的迹象。这从当时人们对丝绸业和工商业的认识可窥一斑。时人曾指出："近年来，丝业固有一蹶不振之势，而绸业亦一落千丈，大有不能维持之概。"① "若不急起直追，则世界之丝绸市场，我国将无立足之地矣。"② 另外，"吾国工业、商业之衰落，早骎骎乎欧美各国之后，若再不急起直追，势必将坐以待毙"③。可见，人们认识到浙江乃至全国经济与世界发达国家存在巨大的差距，要想改变这种不利的局面，唯有转变观念、发展现代经济、奋起直追一途。人们观念的转变，对经济建设事业的支持，加速推进了经济建设进程，并且这种积极影响是长远的。以省筑公路为例，1934 年筑成里数为 1459 公里，而 1927 年仅 87 公里，④ 增长了近 16 倍。虽然促成这种增长的原因很多，但是有一点是可以肯定的，即离不开人们对现代经济建设的关注和支持。

其次，培养了一批建设人才。人才是一个国家、地区、行业经济高速发展的必要前提，是社会进步的主要条件，是一个民族强盛兴旺的根源所

① 杨荫浦：《西湖博览会与吾国之丝绸业》，《东方杂志》第 26 卷第 10 期。
② 《西湖博览会总报告书》下篇"演讲录"，浙江图书馆古籍部藏，1931 年，第 60 页。
③ 《吾人对于博览会应有之认识》，《西湖博览会日刊》1929 年 6 月 11 日。
④ 顾文渊、朱浩涛、徐世治编：《浙江经济统计》，档号 L071-000-0174，浙江省档案馆藏。

在。有鉴于此，张静江推动浙江经济建设和发展，积极培养建设人才。在他主浙时期，专门设立了浙江省建设人员养成所，教授专门技能，以期养成实用建设人才，并附设补习夜班，使各建设机关普通工作人员均可报名入学，以补充其知识技能，以利于学用合一，促进建设事业的发展。此外，由于各项经济建设的开展和张静江起用大量本国人从事建设，所以训练和培养了一批本国建设人才。以杭江铁路为例，从路线的勘测、选择，到修筑桥梁、涵洞的建设和路轨的铺设等，都需要大量优秀的工程人才，同时铁路的修筑极其有助于训练优秀的工程人才。在南京国民政府成立前，中国铁路大多引用外资，也大都延聘外人为总工程师，且不论路权与筑路成本的损失，就训练本国建设人才而言，就失去了很多机会。而杭江铁路在张静江的主持下，在建筑前就明确提出了四大原则，其中两点就是不借外款和不任用外籍工程师。[①] 因此，杭江铁路的修筑训练和培养了一批较为优秀的工程建设人才。如杭江铁路工程局局长杜镇远，在他具体负责和领导下，顺利完成了杭江铁路的修筑，同时锻炼了他的才能，他曾指出："事事皆须亲理，虽则辛苦了一点，但也算得了不少的经验。"[②] 由于杜镇远在杭江铁路局局长任内的优越表现，而后出任浙赣铁路工程局长、滇缅铁路工程局长和粤汉铁路工程局长，成为民国时期卓越的铁路工程师之一。另外，在杭江铁路服务，先后出任浙赣铁路副局长的侯家源、金士宣等人，都是民国时期交通界的佼佼者。这些培养出来的建设人才不仅有利于当时浙江经济建设，而且对而后浙江乃至全国经济的发展都发挥着积极作用，其影响是深远的。

　　再次，经济建设取得了较大的成效。在主浙时期，张静江将主要精力

---

　　① 侯家源：《张静江先生与浙赣铁路》，国民党中央党史委员会编：《张静江先生文集·附录》，台北"中央"文物供应社1982年版，第385页。

　　② 杜镇远：《浙赣铁路的完成》，《浙江省建设月刊》第10卷第11期"报告"，1937年5月，第221页。

集中于经济建设，取得了较为显著的成绩。在交通方面，杭江铁路的建成，便利了浙东、浙西物资、人员的流通和文化的交流，而展筑后的浙赣铁路成为东南交通的大动脉；全省公路路线网的实施，建成了杭长、杭平、杭徽、鄞奉四大干线，基本形成了以杭州为中心的全省公路网；而以长途电话、市内电话和城镇电话为主构成的全省电话网也在此时期逐步形成。在能源方面，长兴煤矿和杭州电厂经过整顿和发展，产销都有了长足的进步。在水利方面，通过采取统一水利机关，加强江河测量和实施一系列水利工程等措施，防患于未然，为农业的发展和人民群众的生命、财产安全提供了一定的保障。在农林方面，以棉业和蚕丝等的改良为突破口，加强现代科技在农业发展中的作用，促进了农业向现代化方向发展；而为了发挥林业的木材和生态价值，划分全省为四大林区，颁布一系列林业法规，育苗和造林工作取得了较大成效。在工商方面，通过举办西湖博览会和建设展览会等，加强了各区域、各企业之间技术、管理和经验的交流，在改进产品质量，提高经营管理水平和促进国货工业发展等方面起到了积极作用。这些成就不仅在浙江经济发展史上是不多见的，在当时中国各区域发展史上也是较为突出的。

虽然在张静江主浙时期，浙江的经济建设获得了较快的发展，并且产生了积极的效应，但是由于受多种历史条件的影响和制约，致使出现许多的问题和不足，发展的层次和水平仍然比较低。

一是建设资金匮乏。资金是各项经济建设的基础，没有充足的资金，经济建设将举步维艰。浙江在北洋政府时期，军阀混战，苛捐杂税，导致财政日渐支绌。1927年，浙江财政委员会成立后，"承历年亏耗之余，于戎马倥偬之际，不但库空如洗，抑且收入毫无"①，财政已很困难。而1928年划分国地两税后，从前军阀时代扣留作省用，为浙省赖以周转的税款，

---

① 徐绍真编：《浙江财政概要讲义》，浙江财务人员养成所1932年版，第5页。

多归财政部直接管辖，如烟酒税、卷烟税、印花税、煤油税等，而逐月代垫中央各款，仍须继续担负，以致财政状况更是捉襟见肘。而随着新的行政管理机构建立和各项经济建设的陆续展开，财政开支也是与日俱增。在这种情况下，张静江主要采取三种办法来筹措建设资金，首先是在田赋和营业税项下附加地方捐；其次是发行地方公债；再次是向银行抵押借款。而这些方法也是越来越难以奏效。在田赋项下附加征收建设特捐、建设附捐、水利费、土地测绘费等，特别是其中的建设特捐，按田赋正税每元附加一元四角，附税超过了正税，[1] 加重了人民的负担，引起一些不满。而发行的公路公债和建设公债，又募到不及三成，[2] 另外，向上海、杭州、宁波、绍兴等地银钱业抵押借款也殊属有限，并非长久之计。资金的不足，使许多工程也只能因陋就简，难以很好地展开。例如修筑杭江铁路的江兰段就因经费困难而停工半年之久，整个工程的建设也是遵循先求其通、后求其备的原则，尽量节约开支。可以说，资金困难限制了经济建设的成效，也影响了政府功能的发挥，降低了政府的运作效率。

二是缺乏中央政府的实质支持。国家政权在发展经济中的主要职能就是要维护社会稳定，保障公平有序的市场秩序和提供有效的经济政策支撑。没有中央政府对经济发展的投入和支持，地方政府的经济建设和发展难以有重大突破。1928—1930年，全国政局并非安稳，虽然随着1928年底东北易帜的实现，南京国民政府实现了名义上的全国统一，但是新军阀混战，即蒋桂战争、蒋冯战争和中原大战又先后爆发。这不仅造成大量人员的伤亡和财产的损失，还使整个社会处于动荡中，破坏了市场秩序，阻碍了工商业的发展。虽然浙江不处于战乱中心，未造成直接的损失，但是间接损失是不可避免的。浙江的许多外销产品，像丝绸、茶叶、日常工业品等，

① 政协全国文史资料研究会编：《文史资料选辑》第24辑，中华书局1981年版，第284页。
② 徐绍真编：《浙江财政概要讲义》，浙江财务人员养成所1932年版，第6页。

由于战乱而深受影响。另外，南京国民政府曾提出由军政而入训政后，将集中精力从事于建设，也通过一些有关发展经济的措施和政策，但是基本上只是停留在口头上，未能付诸实施，况且蒋介石热衷于军事，导致整个中央财政向军事开支倾斜，仅军费一项就占财政支出的40%多，[①] 加上债务费和政费的开支，留下作为经济建设的经费自然是微乎其微，至于积极下拨资金给地方政府从事经济建设和发展更是不太现实。在这种政争不断、军事频仍、市场秩序混乱和资金缺乏的社会环境下，在缺少中央政府实质支持的情况下，浙江的经济建设仍然是困难重重。

三是领导者自身的局限性。作为省政府主席，张静江在浙江各项经济建设中起到最关键的作用，是各项决策的最后拍板者，他本身的一些观念将直接影响建设成效。在就任省政府主席后，他迫切希望把浙江建设成为全国的模范省份，坚信事在人为，曾指出："处科学昌明之世，人力所至，沙漠荒岛，可使成富庶之区。英之曼哲斯泰不产棉，而能成世界棉业之中心，法之克鲁梭不产煤铁，而能成法国重工业之中心者，人力使之然也。"[②] 同样，他认为在浙江经济建设中，只要有事在人为的信念，经济面貌定能在短时间内改变。其实，事在人为的信念本身无可厚非，但是凡事物极必反，一旦超过了自信的临界点，也就变成了脱离实际的自负。张静江在主浙时期，展开各项经济建设，其面过于宽泛，目标过于远大，在一定程度上，脱离了当时浙江大规模经济建设的承受能力，制订的一些计划也是难以实现的。如浙省电气建设计划，规划到1949年发电容量达到55万千瓦，这个发展计划超出了当时浙江经济发展水平，是难以达到的。另外，由坚信事在人为延伸出来的坚持己见，也使张静江在处理人际关系方

---

① 陆仰渊、方庆秋主编：《民国社会经济史》，中国经济出版社1991年版，第253页。

② 建设委员会调查浙江经济所编：《杭州市经济调查》，建设委员会调查浙江经济所1932年版，第2页。

面稍欠妥当。由于反对"二五减租",他与倡导"二五减租"的戴季陶和陈果夫闹僵;因在莫干山建立繁荣热闹的避暑区问题上的分歧,他与黄郛出现激烈争吵;因时任民政厅长朱家骅未经省政府同意而向德国购买步枪、子弹来充实警校武力,他便将其一手提拔的亲信免职;他的这些"独断专行"加上他进行的一系列建设只注重经济效益,不关注军事效应,导致他与蒋介石的关系出现极大裂痕。张静江与这些中央党政军要员关系的紧张,必然会影响到他在浙江推行经济建设的成效,特别是种种矛盾相互叠加,迫使他不得不在1930年底请辞浙江省政府主席。他所期望构建的模范浙江的一些未竟事业,也只能留待后任领导者去完成了。由此可见,张静江本身的一些局限性也限制了他领导的经济建设发挥更大的效能。

浙江绍兴柯桥镇商会与地方社会

陈 杰

自 20 世纪 80 年代开始，商会一直是学术界的研究焦点。随着对各地的商会档案的整理与出版，以苏州、天津、上海三地商会研究为开始，对于商会史的研究成果颇丰。本文借鉴网络理论的研究思路，从地方史的角度，利用绍兴县相关商会档案和报刊、文史材料，以南京国民政府时期改组以后的绍兴县柯桥镇商会（1931—1937）为研究对象，通过对柯桥镇商会的组织演变及运行机制的研究，探寻其在柯桥镇地方社会经济发展中发挥的影响力。

柯桥镇商会的产生与近代柯桥镇繁荣的商品经济密切相关。相应地，自柯桥镇商会设立后，其在柯桥镇社会经济的繁荣发展中扮演着重要的角色。柯桥镇商会通过会议、通信以及报刊与浙江省区域内的商会保持紧密联系，由此建构相互联系的多层级网络体系。作为当地经济实力最强的社会团体，政府往往需要依靠商会，代征各项税款，完善市政建设，维护社会治安，发展公益事业。同时，当面对政府的不合理征税和不法税收行为时，商会作为工商业者利益的维护者，为争取商人的合法权益与政府进行抗争。由此可见，作为商会组织网络体系内部层级最基层的组织，柯桥镇商会已成为县级政权与基层社会间沟通的重要渠道。

关键词：柯桥镇　商会　地方社会　商会网络

柯桥镇地处萧绍平原，距离绍兴县城以西 30 里，浙东运河流经该镇的南面，位于省城杭州至绍兴的西路要道之上。这里气候温和，土壤肥沃，水网密布，大小湖泊星罗棋布，具有典型的江南市镇特征。柯桥镇是浙东运河上重要的商业枢纽，便利的水运和发达的交通网络使柯桥逐渐成为浙中地区重要的商品集散中心。随着商会组织网络的进一步渗透，使得柯桥镇的经济辐射能力进一步加强。所谓市镇是存在于农村经济之上的，作为周围农村地区的商品交换中心，一方面为周围农村地区提供生产、生活资料方面的商品和服务；另一方面作为周围农村地区各种农副产品的集散地，以此维持农民的购买力和农村经济的发展。①

一　柯桥镇商会的组织演进与运行机制

绍兴县柯桥镇商会的前身最早于清光绪乙巳年（1905）创设，是中国最早成立的基层商会组织之一。但由于辛亥革命以后，军阀混战，过路军队对商会横加索取，商会经费筹集困难，故无力维持，不得已陷入停顿。1928 年，取得北伐战争胜利的南京国民政府开始加强对全国各级商会及工商业同业公会组织的管理。1929 年 8 月，国民政府正式颁布《商会法》和《工商同业公会法》，次年 1 月，颁布《商会法施行细则》。商会与同业公会依照政府颁布的法律进行改组，以获得政府和法律的认可。这一时期，一方面商会的制度规章与组织设置趋于规范化，商会与同业公会的组织关系得到加强。此外，区域间商会组织在纵向和横向上的联系越发紧密。就柯桥镇商会而言，作为最基层的商会组织，其本体系统主要由商会与下属的同业公会和商号组成。另一方面，柯桥镇商会与浙江省区域内的商会组

---

① 包伟民、黄海燕：《专业市镇与江南市镇研究范式的再认识——以浙江乌青镇个案研究为基础》，《中国经济史研究》2004 年第 3 期。

织亦存在广泛的合作和互动，尤其是与浙江全省商会联合会之间的重在"联络"的隶属关系。

（一） 柯桥镇商会的组织演进

根据《商会法》第二章关于商会的设立的条文中规定，"各特别市县及各市均得设立商会即以各该市县之区域为其区域，但繁盛之区镇亦得单独或联合设立商会"①。这为商业繁荣的柯桥镇设立商会提供了法律上的支持。1930 年 12 月，绍兴县党部首先挑选前商会、商民协会人选，委任王磬韵、吴绥章、周家声等组织柯桥镇商会组织统一委员会，作为暂时的过渡组织。同年 12 月 24 日，在绍兴县党部的监督下宣誓就职。按照国民政府新颁布的《商会法》的规则，绍兴县柯桥镇商会先于 1931 年 1 月 28 日向绍兴县党部备案，再于次年的 2 月，在柯桥镇商会下属各同业公会先行成立的基础上，柯桥镇商会组织正式改组成立，并于 2 月 14 日呈送政府转送实业部立案。② 至此，商会的改组最终完成。

从柯桥镇商会的改组进程来看，一方面，改组的过程比较顺利，没有发生由于其他因素延误的情况。另一方面，在这一商会改组过程中，政府尤其是绍兴县党部扮演着重要的角色。商会的成立需要经过政府的批准，其章程也需要政府的核实并提出修改建议。在商会档案中，可以找到有关"党部""监督选举""指导"等字眼，这也就说明商会需要按照政府和国民党设定的规则进行整顿改组，商会的权力和独立性逐渐受到了南京国民政府的侵蚀。但是，假如换一种角度思考，正是在南京国民政府的统治时期，原本在战乱时期陷入停顿的柯桥镇商会才得以重新

---

① 《商会法》（1929 年 8 月 15 日），绍兴市柯桥区档案馆藏：140-4-836。
② 《绍兴县柯桥镇商会为呈送填具商会现状调查表请予鉴核由》（1933 年 8 月 29 日），绍兴市柯桥区档案馆藏：140-4-808。

成立。正如部分学者认为，整顿改组后的商会并非完全处于"屈从政府意志的附属地位"，与此相反，商会进入成立以来"最好的建设时期"①。改组后的柯桥镇商会共有下属同业公会会员 11 家，共计会员 786 人，商号会员 20 家，共计会员 260 人，总计会员超过千人，各同业公会和商店会员资本额累计亦达 20 万元。②

　　网络普遍存在于个人与个人、个人与群体、群体与群体之间。在经济活动中同样存在大量的网络关系，近年来已有学者尝试使用网络理论研究近代商会。一般而言，商人网络又可以细分为以血缘、地缘、业缘为关系的商业网络，这些网络以情感为纽带，属于非制度化网络；与此相对，商会之间的相互联系形成的商会组织网络，属于制度化网络。商会组织网络又可分为内部组织网络与外部组织网络。基层的柯桥镇商会的内部网络由下属各同业行会与商号组成。柯桥镇商会的外部组织网络则是柯桥镇商会与地方商会、省商联会以及全国商会联合会的联系。

　　首先，从商会内部组织的纵向层级上看，柯桥镇商会分为会员、执行委员、监察委员、常务委员、主席以及候补监察委员、常务委员，进而形成一个以会员为基底的金字塔结构。

　　依据《商会法》和《绍兴县柯桥镇商会章程》的规定，柯桥镇商会采取委员制，商会最高权力机关是会员大会，执行机关为执行委员会，监察机构为监察委员会。执监委均由会员大会按照多数原则选举产生，任期四年，两年改选半数。执监委推选常务委员，在主席领导下承担商会日常工作。

　　如前所述，商会领导层是在会员大会由会员代表无记名投票选举产生，

　　① 马敏主编：《中国近代商会通史》（第三卷），社会科学文献出版社 2015 年版，第 1144 页。
　　② 《柯桥镇商会为呈送本会团体调查表函稿》（1935 年 5 月），绍兴市柯桥区档案馆藏：140-4-826。

计执行委员 15 人，监察委员 7 人，权力的行使以集体领导为主。之后，执行委员无记名票选产生常务委员五人，最后由常务委员无记名推选商会主席 1 人。商会的日常事务均由商会常委负责。表 1 为柯桥镇商会两届主席及常务委员履历表。

表 1　　　　　　　柯桥镇商会历届常务委员一览（1931—1937）

届次	姓名	年龄（岁）	籍贯	代表公会或商店	担任职务	出身
一	王磬韵	44	绍兴	德泰钱庄	主席委员	商
	沈赞臣	57	绍兴	永丰钱庄	常务委员	商
	周家声	32	绍兴	福元新织造厂	常务委员	商
	朱泽轩	40	绍兴	泰源钱庄	常务委员	商
	吴绶章	37	绍兴	万通米行	常务委员	商
二	张晔轩	45	绍兴	穗昌油车	主席委员	商
	季国培	25	绍兴	季宏兴花布业	常务委员	学
	赵国钧	40	绍兴	赵万春米行	常务委员	商
	朱德轩	53	绍兴	泰源钱庄	常务委员	商
	章吉堂	50	绍兴	汇源首饰业	常务委员	商

　　资料来源：《绍兴县柯桥镇商会为呈送第一届委员一览表函稿》（1931 年 3 月），绍兴市柯桥区档案馆藏：140-4-797；《绍兴县柯桥镇商会为呈送第二届委员一览表函稿》（1935 年 5 月），绍兴市柯桥区档案馆藏：140-4-796。

　　1931 年，改组后的绍兴县柯桥镇商会的第一届执行委员构成的权力金字塔为主席王磬韵，常务委员吴绶章、朱泽轩、周家声、沈赞臣。从所属职业来看，除吴绶章为万通米行经理，周家声为福元新织造厂经理外，其余三人均为钱庄经理。毫无疑问，与其他的商会类似，钱业在商会中的优势明显。与上海总商会、浙江全省商会联合会不同，银行业的翘楚并没有进入商会的领导层。柯桥镇商会中米业的实力同样不可小觑。根据 1933 年柯桥镇商会的商情调查，柯桥镇拥有八家钱庄，资本总额为 46400 元，而米业有 12 家米行，资本总额为 20400 元。① 粮食贸易在柯桥镇商业贸易中是大宗商品交易。故米业公会能在商会执委中亦占据一席，也在情理之中。另一位执委周家声为绍兴旅沪富商，在故乡柯桥镇投资经营的福元新织造厂生产的针织品每年产量达到 52000 打，占绍兴一地总产量的一半。② 同时商会主席王磬韵与周家声关系亦非常密切。抗战胜利后，周家声加入王磬韵管理的德泰钱庄，担任董事长，可以推测两人间的合作在抗战前就已经开始。因此，作为一位经营能力极强的商人，在家乡投资兴办工厂，柯桥镇商人群体自然也认可他的地位。从年龄上看，第一届商会五位常务委员中除沈赞臣 57 岁以外，其余的执行委员的年龄均在 50 岁以下，主席王磬韵为 44 岁，作为新式工厂经理的周家声更是只有 32 岁，平均年龄为 42岁；第二届中，五位执行委员的年龄亦相当年轻，平均年龄为 42.2 岁，其中从事布匹批发的季国培甚至仅为 23 岁，从教育背景看他还具有与其他商界人士不同的学生身份。从上表中可以看出，柯桥镇商会的重要职员呈现年轻化的趋向，处于壮年时期、年富力强的商人领导层组织商会事务，这或多或少有利于柯桥镇一地工商业繁荣发展。③ 从柯桥镇商会的籍贯上看，所有商会重要职员均为绍兴本地人，客居的商人微乎其微，以本地人为主的商会有利于长时间地维护当地社会秩序的稳定，也体现绍兴县地区本帮人的强势地位无可撼动。

除了商会主席、常务委员、执行委员以及监察委员行使职权外。商会也设有负责日常事务的总务科、会计科、指导科，各科设主任一人，干事若干人。总务科负责日常事务及社会公共事项，会计科负责编制预算，指

---

① 《浙江全省商会联合会会员调查表》（1933 年 8 月 29 日），绍兴市柯桥区档案馆藏：140-4-808。

② 施鑫泉：《绍兴之棉织工业》，《上海法学院商专季刊》1936 年第 10 期。

③ 虽然根据资料表明这种商会领导人的年轻化倾向可能是由于家族企业内部子承父业的原因导致的，如季宏兴花布店经理在第一届商会中担任执行委员的季如鹤为 62 岁，1935 年第二届商会中担任常务委员的则为季宏兴花布店经理、年仅 25 岁的季培国。

导科专门负责工商业事务，调节商业纠纷，进行商情调查。各个科室都制定有简章，职责分明，分工明确。上述职能部门的主任一般由商会领导层兼任。如第一届商会中，王磬韵兼总务科主任，沈赞臣兼财务科主任，吴绥章兼指导科主任，第二届商会中张晔轩兼总务科主任，王磬韵兼财务科主任，谢荣甫兼指导科主任。按照商会章程第五章第二十七条规定："本会设秘书三人办理本会一切决议案，拟定一切进行计划，及办理文书并秉承主席及常务委员之命指导一切工作。"关于柯桥镇商会的组织结构如图1所示。

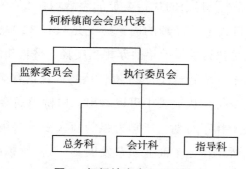

图1　柯桥镇商会组织结构

因此，商会的权能结构实际包括两个重要机构：一是实际的权力机关执行及监察委员会，负责商会重大问题的决策与执行情况监督；二是下设的专门的办事机构，负责商会的日常事务。两套机构发挥各自的功能，实现商会内部的正常运作。

作为一个基层商会，会员才是商会的最基本构成元素，也是商会最主要的实体部分。商会会员包括同业公会会员与商店会员。"商会之设立须由该区域五个以上工商业同业公会发起之。"① 由于《绍兴县柯桥镇商会章程

---

① 《商会法》（1929 年 8 月 15 日），绍兴市柯桥区档案馆藏：140-4-836。

修正本》第三章第五条的规定，"凡本区域内同业公会行号超过七家以上者，应设立同业公会后加入商会；未满七家者，得以商店资格加入商会"①。因此，商会存在由于同业行号没有达到七家以上而单独加入商会的商店会员。柯桥镇内的典业、布业资金实力均较为雄厚，但由于区域内商店未满七家，只能以商店资格加入商会。1935 年，柯桥镇商会呈送浙江省全省商会联合会的会员名册显示，柯桥镇商会共有同业公会会员 11 家，商店会员 63 家。② 柯桥镇商会推派的会员出席代表按照行号、商店使用人数，每 15 人推派代表 1 名，以此为原则，各业推派代表人数，钱业 10 人，米业 9 人，南货业 9 人，油业 6 人，杂货业 4 人，茶食业 2 人，烟业 2 人，锡箔业 3 人，嫁妆业 4 人，肉业 3 人，水果业 2 人。此外，商店会员出席代表多为 1 人。出席代表多为是商店、行号的业主、经理等商业领袖，亦有少许店员代表。

（二）柯桥镇商会的运行制度

任何一个系统的组织都具有一套稳定的运行机制，使得内部的子系统能够相互作用、相互联系、相互协调，最终实现整个系统组织的功能正常运转。就柯桥镇商会而言，其内部的运行机制依照成文的详细明确的规章制度进行，选举制度与议事制度是商会组织内部运行的主要特征。

一方面，选举制度体现商会的民主原则，即包括商会执监委员的产生均实行自上而下的民主选举。此时的商会选举使用无记名投票法，在会员大会上投票、开票、计票，以保证选举的民主和公平。具体而言，执行委员 15 人由会员大会用无记名选举产生，得票数最多者当选，再由选出的执

---

① 《绍兴县柯桥镇商会章程修正本》（1931 年），绍兴市柯桥区档案馆藏：140-4-796。

② 《绍兴县柯桥镇商会为呈送第二届商会会员名册》（1935 年 7 月 17 日），绍兴市柯桥区档案馆藏：140-4-796。

行委员互选常务委员 5 人，又由常务委员互选 1 人为主席。可见，执行委员由会员直接选举产生，而常务委员、主席都由互选产生。

另一方面，商会的重大事务需要经过议事会议通过才能正式实行。议事会议分为会员大会、执行委员会议、常务委员会议三种。会员大会于每年三月中旬举行一次，由执行委员会定期召集之；执行委员会议每月至少开会二次，由常务委员会召集之；常务委员会议每月至少开会一次，亦由常务委员会召集之。如发生紧急事件，常务委员认为有必要或者 1/10 的会员代表请求召集时，则由常务委员立即召集临时会议。① 在会员大会上主要商讨修改章程、职员选举、年度账目清算和预算的公布等重要事宜。此外，每次集会，需提前十日通知，必须有会员代表 2/3 出席，且 2/3 同意，否则任何决议都不能通过。因此，召集会议时，经常发生由于到会人数不满 2/3，导致不能召开会议，或者由于各业代表意见不能统一而无法通过决议的情况。② 每次会前，会议提案必须三日前送会，列入议程。每次会议必须有记录，会议记录还需当场宣读，经承认或修改后由主席签署。议事时，多由相关机构及负责人报告重要事项，然后进入讨论阶段，在会上各抒己见，通过表决从而形成决议，再交付相关人员执行。

商会的选举制度和议事制度集中体现了商会所具有的民主特征，即少数服从多数的原则。商会领导并没有独断专行的权力，所有商会事务都需要全体会员的集体投票决定。

但是商会在表面的民主原则背后，潜在的经济实力与政治威望在商会的运行过程中起着决定性作用。③ 即实际权力的分配，实际上是由各行业资产的多少和缴纳会费的多寡决定的。就柯桥镇商会来说，钱业公会、米业

① 《柯桥镇商会章程修正本》（1931 年），绍兴市柯桥区档案馆藏：140-4-796。
② 《绍兴县柯桥镇商会议事规则草案》（1932 年），绍兴市柯桥区档案馆藏：140-4-419。
③ 马敏、朱英：《辛亥革命时期的苏州商会研究》，华中师范大学出版社 2011 年版，第 50 页。

公会资金雄厚，所出会费较多，会员的名额也较多。因此，钱业、米业在商会的重要职员中占的比重自然也就增多，掌握这更多的话语权。当然，前文已有论及，虽然钱业资金雄厚，但是当钱业出现金融危机时，其在商会中的盟主地位也就失去了。在第二届商会中，油业公会中的张晔轩成为商会主席；以商店资格入会的花布业的季培国、首饰业的章吉堂经济实力雄厚，同样开始占据柯桥镇商会的重要职位。表 2 为柯桥镇商会中各行业在商会担任重要职务一览。

表 2 柯桥镇商会中各行业在商会担任重要职务一览表 单位：人

行业届次	钱业	米业	南货业	油业	布业	首饰业	典当业	木业	烟业	杂货业	不明	总计
一	9	7	3		1		1			2	3	27
二	7	8	3	1	3	1	1	2	1	1	—	28

资料来源：《绍兴县柯桥镇商会为呈送第一届委员一览表函稿》（1931 年 3 月），绍兴市柯桥区档案馆藏：140-4-797；《绍兴县柯桥镇商会为呈送第二届委员一览表函稿》（1935 年 5 月），绍兴市柯桥区档案馆藏：140-4-796。

从表 2 可知，两届商会中担任人数最多的行业是钱业和米业。按 1933 年统计的柯桥镇商会商情调查中公会会员资本额看，钱业 27000 元、米业 20400 元、南货业 19200 元、油业 11600 元，其余的公会均小于 3000 元。各业在商会中担任重要职务的比例与各行业的资产总额和所缴会费紧密相关。

（三）柯桥镇商会组织经费

商会的经费全赖自筹，主要依靠会员缴纳的会费。会员入会需要先行缴纳会费一次，嗣后定期于每年会员大会前一个月缴纳该年会费，必要时可按月分缴，缴纳的会费按照同业公会和商店的资本总额的多少分级制定，如表 3 所列。

表3 柯桥镇商会所属会员缴纳年费 单位：元

同业公会、商店资本总额	应缴年费
1000—3000	10
3000—5000	20
5000—10000	40
10000—20000	80
20000—50000	150
50000—100000	200
100000—200000	250
200000—500000	300

资料来源：《绍兴县柯桥镇商会章程修正本》（1931年），绍兴市柯桥区档案馆藏：140-4-796。

柯桥镇商会的会员除了金融行业的钱业和典当业资本总额较多，在10000—20000元，米业同业公会、南货业公会亦达到20000元外，所缴会费在80—150元。其他的商店、同业公会的资本总额大多较少，多则三四千元，少则不到1000元，所以，大多数会员缴纳的年费在10—20元。柯桥镇商会一年总计所能收到的会费在1100元左右，其中金融业缴纳了630元，占1/2强。会员缴纳的会费基本上就是商会日常支出经费的主要来源。根据1933年柯桥镇商会上报的《商会调查表》，商会一年所需经费达1360元，从表4可看出商会日常的各项经费支出。

表4 1933年度柯桥镇商会经费支出 单位：元

项目	员工薪水	商联会会费	办公耗材费	邮电费	茶食费	差旅费	电灯电话费	利息	总计
数额	700	60	30	20	100	50	100	300	1360

资料来源：《浙江省柯桥镇商会调查表》（1934年8月10日），绍兴市柯桥区档案馆藏：140-4-826。

员工薪水为主要开支项目，其次是借款产生的利息亦有 300 元左右。同时，通过利息支出的数额大致可以计算出镇商会还有一笔不少于 3000 元的借款，商会经费入不敷出的情况极为严重。作为全省商会枢纽的省商联会的收支情况又是怎么样呢？表 5 是 1935 年浙江全省商会联合会 1935 年度经费收支对照表。

表 5　　　　　1935 年度浙江全省商会联合会经费收支对照表　　　　单位：元

收入	摘要	支出
—	二十三年度下亏欠	8631.77
2936.00	会员月费	—
17964.47	特别费	—
—	员役生活费	3339.00
—	文具纸张费	449.20
—	邮电报纸费	295.03
—	印刷费	130.80
—	活动费	1487.83
—	登报费	254.76
—	换发印花包裹等费	421.15
—	装修办公室及购置器具费	550.95
—	杂费	273.86
—	息项	460.06
—	本年份共支	7662.64
—	共支	16294.41
—	结存	4606.06

资料来源：《浙江全省商会联合会第一届后半期会务报告》（1936 年），浙江图书馆孤山古籍部藏：650.6/32391。

与柯桥镇商会类似，省商联会同样面临着严重的经费亏损情况，员工薪水也是主要的经费支出项目。但是，省商联会总领全省商会事务，经费的支出项目也就更加繁多，总的经费支出数额更加庞大。而且，令县镇级商会羡慕的是，省商联会还可以获得政府的财政补助，1935 年获得特别费17964.47 元。从会务记录看，可能是浙江省党部给予的经费补助，用以帮助省商联会摆脱改组以来积欠长期赤字的情况。

由于柯桥镇商会经费时常出现入不敷出的问题，所以不得已向有财力的大商号、行业借款，尽力维持商会正常运转。商会为了尽快收齐会费，曾发函至各会员，"由于本会开支甚巨，垫款耗息，希望先行缴纳本年会费，以图维持"①。但在缴纳会费的过程中，又难免会发生会员少缴会费甚至拒不缴费的情况。加之，经济不景气导致部分商店破产，使原本各商号所需摊派的会费份额增加，如米业公会就曾因所属同业公会会员裕通、泰生两家于 1932 年 4 月间因营业失败宣告停业，次年万丰、万泰二家亦被时局影响，资本蚀耗，被迫闭歇。如果米业公会仍然照旧例缴纳，其负担必然加重，所以一再请求柯桥镇商会酌减会费。② 然而柯桥镇商会自身同样面临着上级商会催缴会费的情况，如浙江全省商会联合会每一季度都来函催收会费，并且强调本会经费困难，所需浩繁，要求从速缴清会费。笔者查阅浙江全省商会联合会第一届后半期会务报告，发现柯桥镇商会是全浙江省商会中仅有的四个没有欠缴会费的商人团体。③ 其他三家商会是杭州市商会、吴兴县商会和绍兴县商会，柯桥镇商会是仅有的一家镇级商会。柯桥镇商会如此以身作则，自然回绝下属会员要求酌减会费的请求。

由此可见，虽然商会的章程条文明确清晰，但是在实际运作过程中，商会与下属公会之间，仍会因会员承受能力有限而欠缴会费。为了解决经费不足的问题，商会不得不向钱业、典业借款，通过举债的方式维持商会的运转。

---

① 《绍兴县柯桥镇商会呈送商会现状调查表请予鉴核由函稿》（1933 年 8 月 29 日），绍兴市柯桥区档案馆藏：140-4-808。

② 《绍兴县柯桥镇米业同业公会为缴纳会费事公函》（1933 年 3 月 13 日），绍兴市柯桥区档案馆藏：140-4-815。

③ 《浙江全省商会联合会第一届后半期会务报告》（1936 年），浙江图书馆孤山古籍部藏：650.6/32391。

（四）柯桥镇商会的外部组织联系

柯桥镇商会的内部网络前文已有论述。就柯桥镇商会的外部组织联系而言，1928 年 11 月，中华全国商会联合会重建完成，由此，全国性的商会组织系统构建中华全国商会联合会—各省商会联合会—县镇级商会的层层联结的三个层级的商会本体组织系统。柯桥镇商会虽然是中华全国商会联合会的下属会员，但仅作为一个层级最低的镇级商会，其与全国商会联合会的联系并不紧密，仅仅曾来函催促柯桥镇商会缴纳会费。而以柯桥镇商会所在的浙江省而论，位于大商埠杭州的浙江省全省商会联合会是省域内商会网络的核心，起到"登高一呼，众商皆应"的领袖团体作用。根据浙江全省商会联合会的会务报告，省商联会共有下属县镇级商会会员 133 家，其中县级商会 80 家，镇级商会 53 家。[①] 1929 年颁布的《商会法》第八章第三十八条："全省商会联合会以全省各商会为其会员"，柯桥镇商会即是从属于浙江全省商会联合会的子系统。从商会间来往文件看，柯桥镇商会与浙江全省商会联合会保持着密切的联系。省商联会推行新政，进行商情调查，征集商品展览会展品，或者遇到重大政治经济事件，都会致函柯桥镇商会，告知相关的决策，寻求其的支持。同时浙江商会联合会为柯桥镇商会提供指导性的帮助，协助基层商会工作的开展，柯桥镇则会在重大事项上向省商联会请示、报告。此外，柯桥镇商会的第一届主席王馨韵，甚至曾同时担任第一届浙江全省商会联合会委员会中的执行委员一职。[②] 如此，王馨韵便能将省商联会的关系转化为权力资本带入乡村社会，加强柯桥镇商会与省商联会的联络。

---

① 《浙江全省商会联合会第二届会务报告》（1936 年），浙江图书馆孤山古籍部藏：650.6/ 32391。

② 《浙江全省商会联合会第一届后半期职员履历表》（1933 年 3 月），绍兴市柯桥区档案馆藏：140-4-797。

　　除了在省商联会领导下的纵向网络，柯桥镇商会与省内各地商会间还存在着横向网络。柯桥镇商会与省内的众多商会都保持了函件往来，传递信息，互通商情。尤其是在抵制政府的横征暴敛、保护商民权利时，这种联络尤其行之有效。

　　20 世纪初，随着通信技术的进步，原本由交通线所连成的商会网络联系更加密切。当发生某一重大事件时，商会往往会通过书信、电报等通信手段传递信息，共同谋划，一致行动，这样所能产生的能量更具有规模，产生更多的社会反响。

　　通过对 1931 年柯桥镇商会来往函件统计，我们亦能窥视出柯桥镇商会与各级政府、浙江省商联会、县镇级基层商会以及社会团体之间的网络联系。表 6 统计了 1931 年柯桥镇商会往来函件。

表6　　　　　　　　　　**1931 年柯桥镇商会往来函件统计**

部门	商会收函		商会发函	
	件数（件）	百分比（%）	件数（件）	百分比（%）
省级政府各部门	11	2.4	9	3.9
绍兴县政府	50	11	13	5.6
绍兴县税务部门	31	6.8	10	4.3
绍兴县党部	33	7.3	10	4.3
区公所	9	2	—	—
省商会联合会	225	49.4	22	9.3
绍兴县商会	4	0.9	2	0.9
各县商会	26	5.7	2	0.9
下属公会及商店	51	11.2	142	60.9
其他社会团体及个人	15	3.3	23	9.9
总计	455	100	233	100

　　资料来源：《绍兴县柯桥镇商会民国廿年所收函件数统计》（1932 年 2 月），绍兴市柯桥区档案馆藏：140-4-800。

　　从选取的 1931 年柯桥镇商会来往函件，可以明显地看出几个特征。商会收到的函件中，省商联会发来函件为 225 件，约占总数的 1/2，各级政府的函件有 134 件，约占总数的 1/3，上述两类发函方已经占据收函总数的 5/6。说明，柯桥镇商会更多的是接受商联会和政府的指导。从柯桥镇商会发送函件的数量来看，柯桥镇商会更多是与下属的公会及商店进行函件往来，占总数的 61%，与各级政府的往来占 18%，与发给省商联会的函件占 10%。柯桥镇商会用向下属同业公会和商店会员下发函件这一方式，领导地方商人，沟通信息，加强联络，一致行动。

从函件的内容来看，一方面，与商联会沟通商情，转达中央和省政府的相关政策，镇商会也会将下属商店、同业公会的具体商情定期汇报给省商联会备案，下属同业公会填具商号会员登记表，其中详细罗列了店名、地址、创设时间、资本额、店主、股东、经理、店员情况。仅这一类的商情登记表就占了 1931 年函件数量的 1/4。另一方面，在柯桥镇商会与下属会员间的往来中，主要是下达县政府政策法规；进行会员大会并讨论商会内部事宜；向商户征缴捐税摊牌，代为汇缴税收部门；协助商号处理商事纠纷。而与政府之间的函件往来，更多的是涉及税捐的征收，政令的下达，政府需要借助商会，保证地方经济社会的平稳运行。

从柯桥镇商会组织网络的信息流通渠道来看，主要有两条。第一条是：商户或同业公会— 柯桥镇商会—绍兴县政府—省政府—中央政府。第二条是：商户或同业公会— 柯桥镇商会—省商联会—全国商会联合会—中央政府。下图为柯桥镇商会组织网络信息流通渠道示意图（见图 2）。

需要指出的是，首先这两条信息渠道的传递是双向的，即自上而下的信息收集和指令下达，自下而上的信息输送和反馈。信息流通中以柯桥镇商会为信息沟通的重要节点，以中央政府作为信息流通的终点或起点。[①] 其

---

① 应莉雅：《天津商会组织网络研究（1903—1928）》，厦门大学出版社 2006 年版，第 113 页。

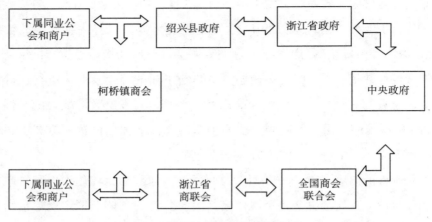

图 2　柯桥镇商会网络信息流通

次，信息的传递过程存在交织重合，当一则政令由中央政府下发后，一般就经由商会的信息渠道和政府的信息渠道同时传递至柯桥镇商会，再由其传达至下属会员；当柯桥镇商会的下属会员寻求商会帮助时，商会如果不能自行解决，也会依着这两条信息渠道呈报地方政府和省商联会，进而上报省政府。除非遇到重大事件，镇级商会一般不会越级上报。最后，民国时期，商会与政府信息沟通更加频繁，尤其是国民党地方党部加强对商会的监督，相对商会在晚清时可以对政府敷衍不同，民国商会的运行在一定程度上受到地方政府更多的控制和制衡。

二　柯桥镇商会与地方经济

一方面，商会坚持以维护工商业群体的利益为宗旨，致力于推动商业、手工业的发展。另一方面，"通官商之邮"是商会的主要职能。政府与商会都致力于振兴工商业，基于这一共识，两者建立了密切的合作关系。商会在政府推行相关经济政策的过程中尽力承担应负的责任。由此，商会在振兴实业、商情调查、调解商事纠纷、稳定金融秩序和参与政府财税政策的执行等方面采取了有力措施，促进了地方经济的繁荣。

（一）振兴实业

1. 调查商情

调查商情是商会进行的主要经济活动之一。其目的是使工商业者对于贸易商品的销售以及行情变化有大概的了解，以明了本区域内经济的盛衰。柯桥镇商会在创会之初，就将"工商业统计之调查及编纂事项"作为其应负有的重要职责。作为浙江省商会中枢的省商联会也意识到"欲求明了本省各地工商业状况，从事统计以便宣传，而谋发展起见，爰有调查全省工商业状况之必要"①。并且在之后主导了浙江省内商情调查工作，组织了大规模的工厂调查和国货调查，调查的范围极为广泛，其中包括棉织工业状况、茶及果类产值、绍地锡箔产销及市价、酱业及酒业产销及价格涨跌、粮食商仓储调查。由此可见，通过商情调查，得以洞悉柯桥镇当地的经济状况，其最终目的就是促进工商业的发展。

商情调查亦得到政府的重视，工商部接受工商会议会员徐珮璜提议，向全国工商业征询关于各业"本身痛苦所在，汇集研究，以资设法救济"，工商部汉口商品检验局局长吴健亦提案"各行各帮将其营业困难或顺利情形以及希望政府如何救济或协助详细声述，且商会于每届会议提出讨论以促进商业发达"②。在工商部和商会的具体执行之下，浙江省内各地区开展大规模的商情调查活动，并将调查结果编订成商册，作为浙江省各地区经济发展的参考。

商会在进行商情调查活动时，一般会制定规格统一的行情调查表格，下发

---

① 《浙江全省商会联合会调查全省工商业状况通函》（1933 年 9 月 9 日），绍兴市柯桥区档案馆藏：140-4-811。

② 《浙江全省商会联合会为奉令各业调查营业困难情形及救济方法公函》（1931 年 3 月 6 日），绍兴市柯桥区档案馆藏：140-4-798

各业和商户，按表填报。从保存的商会档案看，主要进行的调查事项分为两类：其一为各会员商号的商业调查，这类登记表罗列内容相当详细，从商号名、地址、创设时间、资本额到店主、经协理，店员的年龄、籍贯、住址等；其二是对本地区的工商业发展的综合性调查，如1933年柯桥镇商会报送的关于本镇的商业状况调查表，通过这份表格，可对柯桥镇的工商业发展有一个较为粗略的认识。① 将出产种类分为农产品和制造品，标明物品销往何处，何者为大宗商品，物品的年产量与年产值也有一个大致估算。本镇的大宗输入品、全境商号数量、全年营业额也略有罗列。总体而言，柯桥镇商会的商情调查较为简略，对于商业的概括，也仅仅以"农村经济衰落，无一不感受不景气之痛苦"寥寥数语带过。实际上，商会自己也承认"本表系就本区域及其四周之大略情形，因向无精密统计，仅约其大概而已"。但不可否认，这一商情调查仍为现在了解近代柯桥镇的经济发展留下难得的第一手资料。

表 7   **浙江省绍兴县柯桥县镇商业状况调查表**

出产种类	农产	早晚稻、豆麦、菜子、果品、竹木	
	制造品	黄酒、烧酒、菜麻青、柚等油、油饼、酱油、腐乳、各样线袜、锅馒、黑面纸扇、土布（俗名换花布）	
	以何为大宗	酒类、扇、袜、油类等次之	
物品产销状况	全年量产	农产	果品、竹木计2万—3万元；早晚米、豆麦、菜子约计3万担
		制造品	绍酒约5万缸；各种袜约8万担；黑面扇约800箱；土布约5万斤；菜麻青油5000—6000担；柚油约2000担；油饼1万余筒；酱油约3万坛，每坛计30斤；腐乳2万坛弱，每坛计110斤
	全年总计	农产	总计20万元
		制造品	约计160万元
	销路	平、津、鄂、广、苏、沪、闽、赣、鲁、皖及本省	

---

① 《浙江省绍兴县柯桥镇商业状况调查表》（1933年10月16日），绍兴市柯桥区档案馆藏：140-4-809。

商业	输入以何为大宗	粮食、布匹、海味、药材、纱线、南北货、纸张、瓷陶、五金	
	全境商号约数	大小约计 400 家	
	全年营业约数	平均约计 348 万元	
商市概况	本年份除酱业尚可维持外，余以农村经济衰落，无一不感受不景气之痛苦		
运输状况	水路	内河	自萧山至绍兴一带，运河直抵曹娥，其余港汊分歧，舟运极便
		外海	东出曹娥，西出钱江
	陆路		有萧绍与绍曹娥两公路汽车，但只能载客，不能运货；火车因沪、杭、甬尚未贯通，因是绍兴货物运输，全赖水道
备考	本表系就本区域及其四周之大略情形，因向无精密统计，仅约其大概而已		

资料来源：《浙江省绍兴县柯桥镇商业状况调查表》（1933 年 10 月 16 日），绍兴市柯桥区档案馆藏：140-4-809。

2. 提倡国货

民国时期，发展国货事业是民国政府加强经济建设的重要举措。国民政府举办国货展览会，颁布"提倡国货令"，以振兴工商业。商会自成立起就利用自己的影响力宣传，提倡使用国货。柯桥镇商会积极响应全国商联会和省商联会的号召，对境内使用国货情况进行调查。1932 年 11 月，省商联会通告各地商会一致采用国煤，由于近期日煤为占领中国市场，大批进口，减价倾销，"意在断绝国煤之生路"。柯桥镇商会将这一通告知各同业公会，晓以外煤倾销的危险。[①] 1935 年 4 月，中华水泥工业联合会呈文实业部，希望建设工程一致采用国产水泥，柯桥镇商会为此转告各业公会

---

① 《浙江省商会联合会为不购外煤提倡国煤由函》（1932 年 11 月 4 日），绍兴市柯桥区档案馆藏：140-4-802；《柯桥镇商会为提倡国煤由函稿》（1932 年 11 月 5 日），绍兴市柯桥区档案馆藏：140-4-800。

商店建筑工程时应尽量采用国产水泥。①

推行国货标准，开具国货证明书是商会提倡国货的重要方式。1928 年，工商部颁布《发给国货证明书规则》，规定国货的标准。在实际的核定国货的过程中，一般由商会对产品开具国货证明书。柯桥镇境内拥有两家生活国货的工厂，分别是福元新织造厂和四达织造厂，主要生产丝光袜、毛线袜、围巾、手套，厂址位于柯桥西官塘。② 两家工厂的经理周家声和王和甫在商会均曾担任重要职务。因此，柯桥镇商会亦十分乐于帮助境内的两家纺织工厂代为开具国货证明书，以利于产品的行销推广。

商会还会组建国货委员会来推进国货运动的发展。1933 年省商联会第一届后半期执行委员会议，杭州市商会拟定了提倡国货委员会的组织大纲。其宗旨："本委员会以提倡国货自产自制自用，务使外资输入减少，国货输出增加，并劝导国人不用外资，以达国货强国之目的。"委员会的内部组织亦分工明确，设有总务组、设计组、编查组、研究组、宣传组。③ 柯桥镇商会正是在省商联会的倡议下设立提倡国货分会，以促进国货在柯桥一地的行销。正如同全国商会组织的多层级体系，国货委员会亦形成总会—分会的纵向组织体系，以有效的宣传国货运动。除了口头上的提倡国货以外，20 世纪 30 年代，国货展览会也在全国各地也如火如荼地进行着。西湖博览会、美国芝加哥博览会、全国铁路沿线出厂货品展览会、嘉兴县国货陈列馆和南洋中华商会国货商品陈列所等都直接或间接向柯桥镇商会征集展品。柯桥镇商会下发函文，向全镇商号征询手工艺品。得益于国货展览会，柯桥镇的生产的部分国货（绍酒、黑面扇、各种袜）也能够推广至其他地区。

---

① 《绍兴县柯桥镇商会为遇有商店建筑工程时应尽量采用国产水泥公函》（1935 年 4 月），绍兴市柯桥区档案馆藏：140-4-823。

② 《中华民国全国国货工厂调查表》（1935 年），绍兴市柯桥区档案馆藏：140-4-827。

③ 《浙江全省商会联合会为各商会组织提倡国货委员会等由通函》（1933 年 5 月 13 日），绍兴市柯桥区档案馆藏：140-4-822。

此外，国货展览会还有着"党化"色彩，中国国民党浙江省绍兴县党务整理委员会曾特假借柯桥镇商会会址，讨论举行国货运动宣传周事宜，以宣传提倡国货。在国货运动宣传周开幕会上提到"商人推销国货，是商人爱护国家的天职，也是商人一种高尚的美德……"①。由此可见，商人团体与政府都致力于提倡国货运动，反映了官商之间的合作关系。

（二）调解商事纠纷

清末民初，商会建立商事公断处，掌握着私自处理商事纠纷的裁判权，体现了民间团体独立自治的色彩。然而，1928 年，实行一党专政的国民党制定了《国民党中央民众训练计划大纲》，调整了民众运动的指导方针，在国民党的领导下对商人团体进行整顿。商会设立十余年的商事公断处遭遇司法危机，商事仲裁权受到极大限制。

虽然，1929 年 8 月 15 日，国民政府颁布的新《商会法》第 3 条第 4 点仍然赋予商会"关于工商业之调处及公断事项"的职能，即保留了商会公断商事纠纷的权力。② 但是，1930 年 2 月 22 日立法院第七十七次会议上，商法委员会认为商事公断处条例草案及商事公断处施行细则草案暂无制定之必要，并在 7 月 25 日的《商会法施行细则》中第四十三条规定，"本法施行前关于商会法之一切附属法令，自本细则公布之日起一律失效"③。这也就意味着商事公断处作为商会原本的特设机构，失去了根据民初制定的《商事公断处章程》所具有的法律效力。④

改组后的商会虽然已经没有建立商事公断处的必要，但是仍需要担负

---

① 《绍兴县直属第十区分部为奉令提倡国货会召开筹办会希准时出席由》（1935 年 6 月 9 日），绍兴市柯桥区档案馆藏：140-4-833。

② 《商会法》（1929 年 8 月 15 日），绍兴市柯桥区档案馆藏：140-4-836。

③ 《商会法施行细则》（1930 年 7 月 25 日），绍兴市柯桥区档案馆藏：140-4-836。

④ 马敏主编：《中国近代商会通史》（第三卷），社会科学文献出版社 2015 年版，第 1259 页。

起商事调解和公断的职能，其发挥的效能依然明显。柯桥镇商会自改组以后，一直承担着大量的商事纠纷案件，协调各商号的矛盾，促进工商业的良性发展。在众多的商事纠纷之中，以商号破产倒闭引发的债务纠纷最为显著。以下就以具体案例为引，展现商会在债务纠纷中进行仲裁的实况，突出商会作为商事调解者的重要作用。

1932 年 3 月，柯桥镇正泰杂货号因生意萧条，开支浩大，股东柳益夫以历年亏损为由，宣告破产，并请柯桥镇商会召集各债权人开会，讨论解决债务办法。商会作为中间人，根据债务清册致函各债权人来柯，由于部分债权人居于杭州和绍兴县城，不能参会。出于对柯桥镇商会的信任，各债权人希望商会能代为将正泰杂货号所欠债务汇还。[1] 由这一案例可知，假如由单一的商号来独立处理破产以后的债务事宜，往往力不能逮。因此为了解决跨区域的债务纠纷，商号可以借助商会为中介的网络，大大缩减解决债务的成本。由于正泰杂货号与众债务人所欠款项至多只有 20 元，双方的债务关系简单明了，债务清偿很快妥善解决。

1934 年初，柯桥镇箔业同业公会下的仁兴东箔庄的破产纠纷案则曲折得多。1934 年 1 月 10 日，仁兴东箔业股东沈东升以营业亏耗，维持困难为由，函请商会召集各债权人调节，讨论摊还事宜。然而柯桥镇箔业同业公会又声称，去年箔业各庄汇缴的用于同业公会日常开支的 2000 元被仁兴东挪用。如此看来，仁兴东股东沈东升不仅仅申请破产，同时在担任箔业同业公会常务委员期间擅用公款。柯桥镇商会按照惯例，定于 12 日下午 2 时，召集债权人会议进行调解，首先就沈东升利用职务便利挪用公款一事做出裁决，免去了其常务一职，缺额由当选执委递补。[2] 之后，就仁兴东箔

---

[1] 《正泰杂货号股东为宣告破产函请柯桥镇商会召集债权人开会由》（1932 年 3 月 14 日），绍兴市柯桥区档案馆藏：140-4-807。

[2] 《柯桥镇商会为仁兴东箔庄声请破产召集调节摊还等情由》（1934 年 1 月 18 日），绍兴市柯桥区档案馆藏：140-4-817。

庄破产案再进行调节，经过讨论决议，由沈东升分别与各债权人疏通，偿还期限以一年至十年计，停利按成偿还，并立下分期票据，交由各债权保管。这起债务纠纷看似已经达成调解，但是仅过半年，此事再起波澜。同年9月，倒闭的仁兴东箔店所有财物被其他店盘顶，共计得洋220元，但是仁东兴股东沈东升并不情愿将这笔货款抵充债务，箔业公会将此事反映给商会，并认为这笔款项应该首先用于偿还债务。限于柯桥镇商会没有强制的执行力，只能希望箔业公会能够向沈东升晓以利害，自行解决此事。①由此可见，商会在处理债务纠纷时，也可能遇到困扰而力不能逮。

相对于上述两则案例均由商会自身主持调解纠纷，当债务纠纷牵涉过广，数额甚巨时，债权方一般会直接诉讼至地方法院，但法院依旧会向商会咨询，共同解决商业矛盾。1933年6月，柯桥镇永丰钱庄与阮社章鑫记酒坊发生欠款纠纷，因数额较大，共欠洋4563.21元，多次索要均拒绝偿还。于是将此欠款纠纷案诉讼至绍兴地方法院，试图依法追缴欠款。由于相关账目账簿、出入款项过于烦琐，法院清查的工作量过大，于是求助于绍兴县钱业同业公会，由其将清算经过情形记录后，交至法院核查。当欠款清算工作结束以后，正式开庭之际却由于债务人章瑞鑫未到会，此事被迫再次拖延。事隔一年以后，永丰钱庄股东陈士济又将此事诉讼至浙江高等法院。1934年7月，在开庭审理中章瑞鑫后又以账本中本千、借千的不同效用提出质疑，以图继续拖延还款。②法院向柯桥镇商会咨询此事，柯桥镇商会又函询钱业具体缘由后，再呈复法院以便法院能正式审理此案③。从这一案例中，商会为法院审理商业诉讼案件提供必要的证明函件，为案件

① 《柯桥镇商会为盘顶仁东兴箔庄财货款应速予偿还由》（1934年9月30日），绍兴市柯桥区档案馆藏：140-4-817。

② 《绍兴地方法院为陈士济与章瑞鑫欠款涉讼案请情形函复由致绍兴县钱业公会》（1933年6月），绍兴市柯桥区档案馆藏：140-4-621。

③ 《绍兴县柯桥镇商会为奉浙江高等法院将章瑞鑫与永丰钱庄欠款情形见复过会由》（1934年7月31日），绍兴市柯桥区档案馆藏：140-4-818。

的判定给予事实依据；对于法院不了解的一些商业习惯进行解释。

综上所述，商会的商事裁判权虽受到限制，但依然在广泛的参与司法机关的商事案件的审理。由于商会本身对于工商业的情况比较熟悉，有商会协助，可以减轻法院在处理商业纠纷案件中的司法成本（如案情调查和账目清理等细节问题均由商会和同业公会完成），其在解决商业纠纷中起到重要的作用。

（三）维护商权商利

如果说商会协助政府收税是一种常态化，当政府一再加重税率，原本的良税成为恶税，自然就会激起作为工商业利益维护者的商会反抗。所谓"登高一呼，众商皆应"，集聚众多商业精英的商会具有巨大的号召力，通过商会网络的"联动机制"，采取集体行动，联合抵制政府的横征暴敛。①本节主要从裁厘加税案和印花税骚扰柯桥案这两则史料实例出发，探究柯桥镇商会发挥一个基层商会在维护商人合法权益中的作用。

1. 裁厘加税案

商会改组以后，浙江省范围内影响最大的一次抵制税捐运动便是 1932年发起的抵制浙省营业税骤增运动。这一运动的波及面极广，在浙江全省商会联合会的领导下，几乎全省的商会都发电声援，要求减轻营业税税率。柯桥镇商会即快邮代电声援省商联会，直接上呈中央政府控诉浙省政府任意提高税率，"今浙省政府违反大纲及补充办法之规定，擅更税率，增重商民负担，对中央为推翻大纲蹂躏法规，对人民为不恤商困额外苛索"。从这

---

① 所谓"联动"机制，简言之就是商会间采取联合行动的机制，主要是全国各地商会乃至海外华商会依靠自身独特的组织系统网络，将全国工商业者以及海外华商联系成一个整体，并通过商会表达工商业者的政治经济愿望，维护工商业者的切实利益，或对某一重大事件保持一致态度，共同采取联合行动，表达工商业者的利益诉求。参见朱英《近代中国商会的"联动"机制及其影响》，《史学集刊》2016 年第 3 期。

一事件中可以看出，当时浙江省各地的商人团体（商会和各业同业公会）在省商联会的有序领导下，联结在一起，共同请愿，要求重新制定营业税税制。

对于这一抵制征缴营业税事件，首先应从浙省的裁厘和筹办营业税说起。厘金始创于太平天国运动时期，后渐推行于全国，成为一种常见的商业税。各省政府在交通要道设立厘卡，对过境商品征税。随着时间的推移，关卡越来越多，且税率也从过去的值百抽二渐改为值百抽五。经过层层盘剥，所缴税率常常超过货物价值的 20% 以上。无疑厘金作为一项恶税，商民对其深恶痛绝。由于厘金在国内阻碍货物运销，而国外商品却因关税不能自主，导致可以大肆倾销洋货，严重影响了本国商业规模的扩大和全国市场的形成。因此，晚清政府和北洋政府也曾多次努力尝试裁撤厘金制度，但均未获成功。随着北伐的胜利，南京国民政府建立以后，军阀割据时代结束，这为在全国开展裁厘运动创造了良好的契机。1931 年 1 月 1 日，中央政府正式开始裁厘运动，将包括厘金以及具有厘金性质的统捐等一律裁撤，停止征收。与此同时，国民政府通过开征统税和增加关税来抵补中央财政。在地方上，由于厘金也是地方政府税收的重要来源，为维持浙江各级政府的收入，征收营业税以弥补裁厘损失。浙江省财政厅发表布告称：

> 我全省商民既得安享废除厘金之惠，则对于抵补收入之新税自当乐为负担，况营业税为世界最良税法，各国施行有年人民称便。现在浙省彷行力求轻简，但求抵补有着决不稍涉苛求，而政府对于支出方面正厉行节约政策，裁减一切无谓之耗费，开源节流，双方并进借以解除财政上之困难。取之于民者务期用之于民，是营业税之举办政府实具有必不得已之苦衷，凡我深明大义之浙江民众所当有以共信而共

谅之也。①

同时，在布告中还——列举营业税的优点，如"税法之公平""税率之轻微""输纳手续之便捷""毫无额外负担""罚则之公平""征收之公开"。曾参与营业税制定的著名经济学家、绍兴人士马寅初对于这一新税制充分肯定，认为："浙江创办营业税，目的在抵补裁厘损失，亦在革新陈腐税法。"②

然而，改征营业税以后，商民真的"安享废除厘金之惠"吗？事实当局承诺的优点更多地表现在口头之上。仅仅过去一年，商民就因为浙江省政府擅自提高营业税税率，发起了一场大规模的抵制营业税征收过高税率的风潮。

起初为了抵补裁厘的损失，财政部允许地方征收营业税。为了规范各省市征收营业税，财政部在《各省征收营业税大纲》的基础之上，颁布补充办法 12 条，以作说明并方便各省市遵行。然而，浙江省裁厘以后，各地均因裁厘导致财政减少，1931 年浙江省营业税计收 457 万元，其中各区营业税 200 万元，箔类营业税 165 万元，屠宰营业税 60 万元，牙行营业税 28 万元，典当营业税 4 万元。③ 从 1931 年全国各省市营业税征收的情况看，作为江浙财阀大本营的浙江所缴纳的营业税为全国之最。但是相对于裁厘以前，政府的财政缺额仍然很大。因此，为了改善地方财政困难的现状，解决政府经费不足的问题，浙江省政府决定提高营业税征收税率。1931 年 6 月 13 日，国民政府正式颁布《营业税法》，对营业税的征收范围、方式

① 《浙省之裁厘与筹办营业税》（1932 年），绍兴市柯桥区档案馆藏：140-4-805。
② 马寅初：《马寅初全集》（第六卷），浙江人民出版社 1999 年版，第 99 页。
③ 《国民政府主计处编印各省市 1931 年度营业税表（1932 年 12 月 7 日）》，载中国第二历史档案馆编《中华民国史档案资料汇编》第五辑第一编财政经济（二），凤凰出版传媒集团、凤凰出版社 2010 年版，第 434 页。

和税率等进行明确规定。各省依据此法，结合省情，重新制定了自己的地方营业税章程。1932 年 4 月，经过修正的《浙江省营业税章程》颁布，并发布训令：

> 浙省自上年实行裁厘后，省库收入骤短钜数，原期于营业税收入抵补损失。一年以来，此项新税虽已粗具规模，惟以原定税率普通营业大部分均抵千分之二，而整卖尚须折半征收，平均计算不过千分之一，以致综计全年税收为数甚微。较之旧有厘金仅止一与十之比例，若不改弦更张亟图补救，则是项新设税目势必徒有其名，于省库收入无所裨益。浙省财政本极困难，近自沪变发生影响，所及各项税收均有减色，中央补助款项又复累月未拨。际此收数奇绌，支用浩繁，应付已窍张罗之术外，另谋增加收入不足以资救济而维现状。①

浙江省政府财政厅经省府决议，营业税无论营业额还是资本额征收一律按照 10‰征收，且不分整卖零卖。在省政府看来，提高税率的措施并没有违反《营业税法》的基本大纲。

此举立即受到了浙江省商界的抵制，纷纷表示营业税增加无异于变相厘金，杭州丝绸业公会首先反对，直接电呈行政院暨财政部、实业部，请浙江省政府收回成命。之后，商联会亦致函国府行政院，希望转令省府取消营业税加增税率，以救全浙商民。②

省商联会在电文中对省政府变更原定税率的不当行为分点进行质疑。首先，既然《营业税大纲》规定：除奢侈品外税率不得超过 2‰，那么浙

---

① 《富阳县商会为浙省政府变更税率等由函》（1932 年 5 月 4 日），绍兴市柯桥区档案馆藏：140-4-804。
② 《浙人纷起反对增税》，《申报》1932 年 5 月 7 日，第 8 版。

省营业税条例"不分奢侈与日用，整卖与零卖，一律按照营业额或资本额千分之十征收"，就是不根据课税标准，任意提高税率。其次，对于政府竭泽而渔的做法表示不满，"我政府宜如何体恤减轻负担，救民于水火之中，而乃悍然不顾，既不尊重法律，又不斟酌商情，以专制手段加重人民负担，增加营业税税率是何异于如水益深，如火益热"。这一电文不仅仅呈报省政府，同时也电呈中央政府，希望维持原有税率，以纾商困。①

就第一点看，双方主要围绕省政府究竟有没有违反营业税大纲，擅自变更税率这一问题。《营业税法》中的课税标准有两种：其一以营业额为课税标准，至多不超过 2‰；其二以资本额为课税标准，最高不超过 10‰。但是，浙江省制定的营业税条例规定不论按照营业额还是营业资本额课税标准一律为 10‰，第三条中即写明"物品贩卖业、转运业、交通业、包作业、电气业、租赁物品业、照相业、交易所之经纪人业、证券业，以上各业均暂照营业总收入额课税千分之十；印刷出版及书籍文具教育用品业、制造业、货栈业、钱庄业、保险业，以上各业均暂照营业资本额课税千分之十"，这当然大大超越了中央的规定。一般行业税率增加四五倍，部分商品税率更是增加十倍之多，每年预计可增加税收四五百万元之多。② 这自然引起了浙省商界的强烈反对，纷纷罢市以抵制营业税的征收。

商界认为目前浙江省工商业极度衰败，小商号纷纷倒闭，资本雄厚的也濒于破产。政府现在急需要做的应该是维持金融稳定，设法救济商民，但是政府却一再增加税率，加重人民的负担。省商联会的呈文中提到：

夫裁厘加税为党治下对外宣传之唯一德政，营业税创始之初，政

① 《富阳县商会为浙省变更税率事函》（1932 年 5 月 4 日），绍兴市柯桥区档案馆藏：140-4-804。

② 《浙省增征营业税近讯》，《申报》1932 年 5 月 15 日，第 9 版。

府尝宣示以抵补裁厘损失之外，绝不增加人民分文负担。曾几何时，浙省政府竟以税收不足支用浩繁，遽将税率陡增数倍，前者既未予人民以仰止之思，后者更遽失政府昭告之旨，其将何以示大信于天下。①

在质疑了政府的信用之后，省商联会也提出了自己的建议，即"减税"，来为工商业的发展营造一个自由的经济环境。

窃念理财之道，首在浚源，欲税收丰裕必须繁荣市场，增厚社会经济。此为齐本之道。环顾世界各国之理财专家，非惟不专以加税为策略，有时具以减征为手段，并所以发育工商促进社会之购买力也。

由此观之，省商联会这一呈文的目的就是希望省政府能够收回成命，暂缓增税。除了如雪片一般的电文呈送中央和省政府以外，商界同人亦召开联合会议共同应对。1932 年 5 月 27 日，杭州市商会召集会员开联席会议，讨论浙江省加增营业税税率问题，决议对于省政府违法修改营业税税率，商民在未达到请求取消的目的前，"誓不承认"；各业从次日起，不得单独缴纳营业税，如遇税局强制征收，立即报告所属同业公会转报市商会，共筹有效具体办法。② 1932 年 6 月 6 日至 7 日，省商联会举行第二次会员大会，会议中收到不下百件提案，多是有关反对增加营业税，各代表亦表示应组织请愿团向省政府表达请免增加营业税率的请求。③

---

① 《浙江省商会联合会为本省营业税改征事快邮代电》（1932 年 5 月 8 日），绍兴市柯桥区档案馆藏：140-4-802。

② 《各业公会组联会会为主持反对增加营业税机关》，《申报》1932 年 5 月 29 日，第 8 版。

③ 《全省商联会大会纪要》，《申报》1932 年 6 月 7 日，第 8 版。

柯桥镇商会同样也卷入到这次税捐斗争的旋涡中。1932 年 4 月，柯桥镇商会以新颁布的营业税法中牙行营业税税率过高，碍难实行，呈文浙江财政厅，希望准予核减。同时也致函宁波商会，为获得声援，共同请愿。进入本年 5 月，随着抵制营业税运动的发酵，商界要求减税的呼声越发高涨。5 月 11 日，柯桥镇商会分别撰写两则电文分别呈送浙江省政府和国民政府。在第一份电文中，针对省政府违反营业税根本法规的举动表示"万难承认"，希望"体恤商民，收回成议，照旧办理"①。在呈送国民政府的电文围绕"浙省政府违反大纲及补充办法之规定，擅更税率，增重商民负担，对中央为推翻大纲蹂躏法规，对人民为不恤商困额外苛索"展开，分点阐述这一核心观点。文中论及"政府救济不遑，其忍竭泽而渔，为一时的补肉挖疮之计乎"，陈词激昂，希望中央政府能够顾念商艰，制止省政府增税的举措。② 柯桥镇商会也发函其他商会，表示对省府擅自变更税率，增重商民负担的行为要一致坚决奋斗到底。③ 柯桥镇商会亦参加了省商联会组织的联合会议，力请省政府修改营业税税率，在旧税率未恢复以前，全省各业商店一律暂缓缴纳营业税。④ 可以看出，作为省商联会的一员，柯桥镇商会与其他各县市镇商人团体步调一致，要求减免过重的赋税，合力保护商人切身利益。

那么商界提出降低税率的要求，能否被省政府接受呢？

在营业税开征时，中央政府期望通过此举来消除厘金之弊，并在全国

---

① 《绍兴县柯桥镇商会为浙江营业税征收办法违法大纲事函稿》（1932 年 5 月 11 日），绍兴市柯桥区档案馆藏：140-4-800。

② 《绍兴柯桥镇商会因营业税骤增千分之十力吁请照旧征收由函稿》（1932 年 5 月 11 日），绍兴市柯桥区档案馆藏：140-4-800。

③ 《绍兴县柯桥镇商会为省政府议决增加营业税事致嘉兴县商会函稿》（1932 年 5 月 13 日），绍兴市柯桥区档案馆藏：140-4-800。

④ 《柯桥镇商会代表出席全省商会联合会会议向商会报告函》（1932 年），绍兴市柯桥区档案馆藏：140-4-800。

组建营业税征收系统，希冀由此建立系统科学的财税体系。但是，各地征收营业税的情况非常复杂。当涉及具体税率的规定时，地方政府往往在中央规定的税率中取高值课税，并且不顾商艰，额外附加捐税，这就引起了各地工商业者的反弹。面对商人团体要求修改营业税章程或者减免税额的要求，财政部有时予以支持，训令地方遵照《营业税法》进行修正。1933年11月，实业部还开展系统调查，并专函各地商会，对于营业税征收方法及税率分配问题征询商民意见。① 不过，商人团体频繁的减免要求，尤其是绕过省政府直呈中央的越级行为，财政部对此颇为烦恼，并指出商人团体呈文中央的背后原因：

> 各商店对于营业、资本额大都不肯实告，每以多报少；对于应征税款不肯照章缴纳，每借词而请免。以为只须耗费一角数分之邮票，即可上达中央，迫奉令饬查，由省查复，一辗转间动逾旬月，无论复查结果如何，而对于营业税之调查征收可以无形延宕，实为消极抗税之不二法门。②

确实，商人的天性就是自私自利的，追求着利益的最大化。政府认为商人团体通过呈文中央来达到有意避税和逃税的目的，这一判断不无道理。其实新税的推行，商人总是会不加理由地反对的，无论其是多么优良的税制。马寅初在论及浙江的营业税时建议政府：

---

① 马敏主编：《中国近代商会通史》（第三卷），社会科学文献出版社 2011 年版，第 1372—1374 页。

② 《江苏省政府关于酱园业营业税税率问题复财政部咨》（1932 年 12 月 20 日），《中华民国工商税收史料选编》第 5 辑（地方税与其他税捐）上册，第 974—976 页；转引自马敏主编《中国近代商会通史》（第三卷），社会科学文献出版社 2011 年版，第 1374 页。

　　就各国财政史观之，每有因政府人民不相谅解，以致良制无从实行，且每有上下隔阂，坐使政府人民两受意外之损失。故政府当以实行新税之际，宜努力启导人民，使不应反对者不加反对，然后始能去害增善，以至于至当。①

　　实际上，营业税属于刚刚创立的税种，筹办仓促，在细节亦有不完善的地方。当招致商人抗议，要求减税时，商人团体渐渐介入营业税的评议中。政府对商业领袖的意见进行征集，进一步修正营业税条例。1932 年 7月 12 日，浙江省营业税税率依照前次颁布的税率减少 1/2，决定于秋季开始征收。相对于之前，无论何种商品均按资本额或营业额课税 10‰相比，各业的课税标准均大幅度下降，详见表 8、表 9。

表 8　　　　　　　　**1932 年浙江省营业税课税标准及税率**　　　　单位：‰

业名	课税标准	税率
物品贩卖业	营业额	1—10
转运业	营业额	2
交通业	营业额	2
包作业	营业额	2
电气业	营业额	2
租赁物品业	营业额	2
照相业	营业额	10
印刷出版及书籍	资本额	2
制造业	资本额	2—20
货栈业	资本额	5
钱庄业	资本额	10
保险业	资本额	20

---

① 马寅初：《马寅初全集》（第五卷），浙江人民出版社 1999 年版，第 256 页。

表9　　　　　　1932 年浙江省营业税物品贩卖业课税标准及税率详　　　单位:‰

业名	税率
粮食业　柴炭煤业　盐业	1
棉花业　棉织业　油业　竹木业　纸业　山货地货业　酱园业　铁器业　药材业　书籍文具业　竹木藤器业　砖瓦灰石业　伞业　包装纸匣业　磁陶料器业　衣箱业　鞋帽业　估衣业　糕点业　水作业　草织业	2
茶漆业　南北货业　扇业　蛋业　硝皮毛骨业　铜锡器业　腌腊鱼鲞业	5
丝茧业　颜料烛皂业　洋广杂货业　水果业	10
绸缎业　糟业　五金业　火腿业	15
皮革业　橡皮业　电料业　呢绒洋布业　西装业　西药业　糖果茶食罐头业　参燕业　钟表眼镜业　皮货业　首饰珠宝业　化装美术品业　古玩业　香烛纸炮业	20

资料来源:《浙江省营业税条例及附件》(1932 年),绍兴市柯桥区档案馆藏:140-4-805。

　　修正后的营业税课税标准将制造业、贩卖业的税率分等级征收,并允许整卖较零卖减半征收,旧征 2‰者,改征 6‰,旧征千分之六五者,改征 8‰,旧征 10‰,仍征 10‰不变。相对来说,生活必需品课税轻微,奢侈品则课税较重。如贩卖业各物品的课税标准共有六个等级,虽然看似有些复杂,但是却十分必要。粮食、盐等均为人民生活必需品,假如课税较重,则消费者必受其害。省商联会特别请求鉴于目前商业凋敝,对于各地生产的手工业及土产请核减至 5‰。

　　经过浙江省商界的据理力争,双方虽然经历了一番博弈,但是经过合理的交涉,浙省政府做出让步,总体上将原定税率减少 1/2。当然,实际上,浙江省核定的营业税税率仍比《营业税法大纲》中高出许多。浙江省二十年度的营业税征收总额,约计 110 万元,改依新颁布税率征收后,每年则可征收 230 万元。[①] 为确保营业税征收工作的展开,财政局将浙江省各县划分为九个区,设立专局,派出专门人员,负责征收工作,其中绍兴地

———————————

① 《浙省营业税增加税率问题解决》,《申报》1932 年 7 月 9 日,第 9 版。

区属于浙江省第六区营业税局。为了避免征税过程中不必要的冲突，浙江省财政厅厅长特别嘱咐营业税专员，应使民众了解和信任营业税的意义，注重宣传，强调其与苛捐杂税的不同。同时要求各专员以"明、慎、勤、廉"为本，为浙江省营业税征收建设一个良好的基础。①

2. 印花税局骚扰柯桥案

与浙江省营业税税率之争获得一个较为理想的结局不同，同年发生就在柯桥镇的绍兴印花税局骚扰柯桥商户一案则陷入一种罗生门的境地。双方各执一词，登报刊文引发论战。正如上文提及，财政厅厅长要求下属税务征稽人员以"明、慎、勤、廉"为本，不可做出中饱私囊之举。事实上，税务人员在地方上征收赋税时，贪污的情况在所难免。这些政府的下层职员素质参差不齐，多为通过贿赂手段获得职位。在任职期间，必然需要通过私吞税款来获得额外收入。营利性经纪这种过度的压榨乡村社会的行为，导致商民们在不得已下的抗税运动。在这场运动中，商会扮演了领袖的角色，保护商民利益不受侵害。

印花税是在财产货物买卖过程中，自行购买印花贴在契据簿记上，以代替税款，杜绝官吏的中饱私囊，简化收税手续。但是这种源自西方的良税，一经施行于中国，却演变为工商业所排斥的恶税。究其原因，主要是政府设立印花税却成为变相榨取商民钱财的骗局。政府设立印花税局，作为营利性经纪的税收机关，印花税局的征收人员为了增加印花的货单，常常曲解条例，非法检查，滥用职权。绍兴印花税分局骚扰柯桥案即为典型。

1932年5月24日，绍兴县印花税局派遣调查员突然来到柯桥镇，以调查印花为由，至柯桥镇多家商号进行搜查。之后，总共有九家商号致函柯桥镇商会，控诉绍兴县印花税分局调查员非法搜查的情形。据商会统计，

---

① 《财政厅长对各区营业税督征员谈话》（1932年），绍兴市柯桥区档案馆藏：140-4-805。

全镇被绍兴印花税分局骚扰的商号达 81 家之多。柯桥镇商会作为全镇商户利益的维护者，先于次日开会谈论，将昨日被查情况汇总，了解情况后，将上述情形经过上报县政府。商会在呈文中称："印花税局雇佣无业流氓充任调查员八人，突来敝镇以挨户搜查簿据为由，登楼侵入卧室翻箱倒柜，并撬挖店友私人箱笼。如光明洋货号店友在楼上藏有日记簿一本，内夹钞票洋六元三角，又达昌碗店楼上内眷箱内藏有金耳环一副，重约二钱左右，均被该员随手挪去。"此外，一孕妇临产之时，调查员破门而入，妻啼子哭，阖镇哗然。商会强调，上述非法骚扰行为侵害人民居住之自由。函件中还引用法律条例以证明印花税局的调查属于非法搜查，"伏查训政时期，约法第十条载'人民之住所，非依法律不得侵入搜索'，又查刑事诉讼法第一五二条第三项载'搜索非由检察官或推事行之者，除户主在场外，应更命二人在场'"①。

事情发生一周后，6 月 1 日，绍兴县印花税分局在杭州商报刊发声明，认为印花税局至柯桥镇调查印花，均携带调查证，且是柯桥镇公安局派警协助办理的，属于合法行为，柯桥镇商会所控诉的皆是栽赃诬陷之词，并且调查员发现各商号簿据多未贴有印花，违反印花税法，依法应将簿据带走。该镇商会此时出面干涉，要求调查员将未贴印花的簿据交出。调查员拒绝后，商会就以罢市为威胁。对于商会称调查员偷拿钱物的行为，印花税局辩解，既有警察在场，何必事后登报控诉，实则是诬言惑众。② 6 月 2 日，柯桥镇商会同样在杭州商报针对绍兴县印花税分局的声明刊登驳复启事。商会特地聘请绍兴县的一位律师撰写这一批驳声明，因此语言更加煽情，且富有逻辑性。首先是一段有韵律的现代诗：

① 《绍兴柯桥镇全体商号为绍兴印花税局骚扰柯桥全镇吁请各界援助宣言函》（1932 年 5 月 25 日），绍兴市柯桥区档案馆藏：140-4-805。

② 《浙江绍兴印花税分局就柯桥镇商会控调查员栽赃诬陷事函》（1932 年 6 月 1 日），绍兴市柯桥区档案馆藏：140-4-805。

商民对国家应负纳税义务，不应受公务员非法骚扰。

住所非依法律不得侵入搜索，一致力争约法的光明。

商民漏税和局员非法骚扰，各负责任不能混为一谈。

以法律为武器，向非法的公务员奋斗求民族的生存。

从诗中承认商民有漏税的嫌疑，但是诗的中心却是站在法治的高地，来反击非法的政府工作人员的骚扰。正文从四点做出辩驳。如下：

（一）该局为推销印花来镇调查，本属该局职务范围以内之事。敝会无故，出而干涉勒令停止调查，愚不至此。但该局调查员不经户主到场，上楼私开卧房箱柜，擅将店内图章私自盖印，直至全镇81户之多。敝会迭据会员报告，站在商业集团立场，以电话邀请该员等来会调停，竟遭拒绝，更何得指为危言恫吓，勒令阻止。此应辩正者一。

（二）敝镇各商号因该局如此非法骚扰，当时激动公愤一致要求罢市，经敝会竭力劝导始免扩大。在敝会对于该局自问并无开罪，乃竟架以破坏印花税重大罪名质诸。该局是否危言恫吓，此应辩正者二。

（三）该局派员来镇上楼开箱，非法搜查，并擅盖店印迹近栽赃诬陷随手掷去，钞票耳环，众目昭彰，不但罪证确凿，且有当地公安分局可资质证。前经敝镇各商号刊发宣言，一再指摘，而查该局启事原文，并不声辩一字，不啻当众默认。此应辩正者三。

总之，本案各商号之是否漏贴印花为一事，该局之是否非法骚扰又为一事。

（四）敝会为保障全镇营业安全及各会员合法享受居住自由起见，

不得不以全力与非法骚扰之公务员从事奋斗，谁是谁非，自应静候法办。此后该局任何强辩启事，概不登报答复。此应辩正者四。①

　　驳文回应了印花税分局的声明，有理有据。正如文中最后总结，漏贴印花为一事，印花税局非法骚扰又为一事。这桩柯桥镇商会与绍兴县印花税分局的"罗生门"，双方各执一词，根据双方陈述的有利于己方的声明，真相似乎变得更扑朔迷离。为了辨别谁是谁非，柯桥镇商会进而呈文中央财政部暨浙江省政府，希望上级政府能够秉公依法办理。在呈文中，商会希望将绍兴县印花税局长王中撤职查办，因印花税局局长王中，年仅十九，并没有资格担任税务机构官吏，且是纨绔子弟，渎职殃民。此外，为了获得浙江省商界的支持，商会还派出代表王磬韵、沈赞臣出席全省商会联合会会议，并提出议案，"改善印花税法，废止暂行条例，制止各县各局，不得曲解法例，滥用职权，以安商业，并呈请立法院从速制定印花税法，在未经改订完善以前，印花税调查员进入商店调查簿据时，需要有商会派员会同监视以免纠纷"，这一提案获得全省商会代表认同，一致通过。②

　　假如王中真如商会希望的被撤职，那么无疑商会获得最终的胜利。但是，往往事与愿违，官官相护才是官场的常态。绍兴县党部表示对于柯桥镇商会的请求，碍难照办。绍兴县政府给予柯桥镇商会的训令则更加苛责，对于商会的控诉不予理睬，反而认同印花税局的辩解，认为是商会在阻挠印花税调查员行使职务，以罢市为要挟。绍兴县政府希望商会转饬各商店遵守规章贴用印花，毋再寻衅滋事。③ 在这一次柯桥镇全体商户与绍兴县印

---

① 《绍兴县柯桥镇全体商号为绍兴印花税分局骚扰柯桥镇全镇案工作报告书》（1933 年 6 月 2 日），绍兴市柯桥区档案馆藏：140-4-805。

② 《柯桥镇商会代表出席全省商会联合会会议向商会报告函》（1932 年），绍兴市柯桥区档案馆藏：140-4-800。

③ 《绍兴县政府为转饬各商店遵章贴用印花一面听候检查函》（1932 年 6 月 8 日），绍兴市柯桥区档案馆藏：140-4-803。

花税局的冲突中，即使柯桥镇商会不懈的奔走呼号，利用舆论效果，呈文各级政府，但是仍没有很好地保护商户的利益。绍兴县印花税分局的局长王中也没有撤职，商会指控调查员非法骚扰亦没有得到应有的惩处。恰恰相反。在事态平息之后，印花税局还以违反印花税法令，漏贴印花为由，对多家商户罚洋十元。①

在这一税捐冲突中，柯桥镇商会似乎是落败的一方。但是如果仅仅以事件的结局为依据做出判断，也难免显得武断。因为，从柯桥镇商会的抗争中，可以看见改组后的商会仍保持着其相对独立性，向各级政府呈文要求撤职印花税局局长，发挥报刊的舆论宣传作用，聘请律师，用法律武器，合法地与政府斗争，并没有受到政府的摆布。即使看似商会落败，但是在与印花税局的交锋之中，商会凝聚了全体柯桥镇商户的人心，商会团结各业，加强各同业公会对商会的组织归属感。

（四）维护金融业发展

柯桥镇虽然只是一个乡村集镇，但却是杭州与绍兴商品贸易往来的重要集散点，带动着周边农村市场的发展。就金融业而言，柯桥镇的金融业也颇为繁荣，八家钱庄的资本都在二万元以上，通过借贷获利相当丰厚。然而，"一·二八"事变爆发，由于金融中心上海受到战争影响，绍兴地区的钱庄业亦受到波及，营业有所衰退。1932年2月初，省商联会即快邮代电柯桥镇商会，鉴于目前沪变，导致金融出现紊乱，希望商界人士能够"顾念时艰，力维镇静，勿自相惊扰并请转告各业，凡各行钞票仍应照常与现"，"不得私自折扣或拒绝收受，更不可乘机抬高物价贻害社会，致中敌

---

① 《绍兴县印花税分局为违反印花税法令审定书》（1932年6月），绍兴市柯桥区档案馆藏：140-4-805。

人破坏我后方秩序之奸计为要"①。绍兴县政府同样下发指令至柯桥商会，并发布告十张，规定"本省各银行通用钞票，一律照常与现洋同样行使"②。由此可见，当由于战乱，市场对钞票的信用产生疑虑，影响了钞票的正常使用。为了避免发生金融危机，维护纸币的信用成为政府与商会的共同职责。

南京国民政府建立以后，市场的货币流通混乱情况相当严重，货币币种繁杂。绍兴县政府就在 1932 年致函柯桥镇商会要求对于近来市面上出现的新铸十八年广东二毫银角准予流通。③ 事情的起因就是派驻在萧山绍兴地区的军队向各商号使用了广东省铸造的银角，但是这一货币在浙江地区平时鲜见。商人以这一货币流通困难为由，大多拒绝收取，从而酿成纠纷。商会将这一情况反映至县政府，而政府采取的措施是允许这一货币流通使用。这样商人的利益必然遭到了一定的损害，因为劣币的继续使用必然会被暗中抵制，于是这批广东产的二毫银角就只能"烂"在商人的手中，或者只能回炉重铸。1933 年 4 月，嵊县和新昌县商会就本区域内流通的福建造币局的 20 辅币是否流通向省商联会请示。④ 省商联会经过执监委会议讨论，并呈询财政厅此项 20 辅币是否经过福建省政府备案。由于该辅币在浙江省内不流通的县镇为多数，且亦没有在福建省备案，因此建议各地商会转知商民不予流通。⑤

---

① 《浙江全省商会联合会为各行钞票明照常行使不得拒收快邮代电》（1932 年 2 月 3 日），绍兴市柯桥区档案馆藏：140-4-802。

② 《绍兴县政府为钞票一律照常使用并发布告仰查收由》（1932 年 2 月），绍兴市柯桥区档案馆藏：140-4-803。

③ 《绍兴县政府为广东新铸二毫银角应准流通仰转知各商业一体遵照由》（1932 年 4 月 26 日），绍兴市柯桥区档案馆藏：140-4-803。

④ 《嵊县新昌县商会为福建官局 20 角币是否流通请一律案》（1933 年 4 月），绍兴市柯桥区档案馆藏：140-4-821。

⑤ 《浙江全省商会联合会为告知福建官铸二毫辅币未咨行本省备案通函》（1933 年 9 月 1 日），绍兴市柯桥区档案馆藏：140-4-821。

由此可见，由于货币与商业贸易息息相关，货币币值的稳定以及顺利承兑都是商业市场发展的关键。[①] 因此，受货币混乱损害尤深的商会一直希望政府能进行币值改革，统一货币，维护金融秩序的稳定。

国民政府的货币改革分两步骤进行。首先是"废两改元"，再则推行"法币改革"。在这个过程中，毫无疑问的是商会是政府实行废两改元政策的重要参与者。在具体方案的拟定，以及政策的实际推行过程中，商会中的金融行业起着重要的推动和协调作用。

废两改元以后，政府在货币制度实行银本位制，但是由于银本位制度受到国内外金融市场的冲击和影响较大。当时，国际银价持续上扬导致白银迅速从中国外流。持续的白银外流又导致房地产萧条，工商业衰竭，银行钱庄倒闭，白银风潮对中国的金融体系造成巨大冲击。国民政府意识到货币制度必须要进行根本性的改革。1935 年 11 月 3 日，国民政府正式开始了新一轮的货币制度改革，即法币改革。关于法币改革的推行，在绍兴县商会档案中可以清晰地查到政府在推行中的具体步骤，以及商会从旁协助政府开展法币改革的实施。

自 1935 年 11 月 3 日实行法币改革以后，首先需要解决的就是银币兑换法币的办法和办事规则。根据《浙江省实施法币办法》，银币持有人应在法币兑换期间内，即 1935 年 11 月 3 日起的三个月内至中央、中国、交通三银行兑换法币。然而，由于柯桥镇并非重要商埠，更没有三大银行，各个钱庄的法币又不多，导致前来贸易的乡民无处兑换，交易不便。经过柯桥镇商会本年度第十次执委会议决，为维持市面起见，特别函请中央、中国、交通三银行速来柯桥镇设立兑换分处，并呈请绍兴县政府核查。[②] 通过

---

① 马敏主编：《中国近代商会通史》（第三卷），社会科学文献出版社 2011 年版，第 1335 页。

② 《绍兴县柯桥镇商会为本镇商号实施法币事呈复县政府函稿》（1935 年 11 月 20 日），绍兴市柯桥区档案馆藏：140-4-823

商会的反映，政府决定对于部分距离法币兑换处较远的乡镇，在三个月的犹豫兑换期间，乡民暂时准予以银币完税纳赋及赎买货物，但是商店及税务机关在收入银币时，应立即缴换法币，不得再次流通，违者处罚。① 在兑换法币期间，难免发生纠纷，为争取舆论支持，获得商民谅解，商会也会配合政府积极推行法币政策，遵照政府律令行事。柯桥镇商会即遵照省政府电令，代为向本镇商号阐明，"国家统一发行法币，集中准备，原为防止白银不断外流，巩固金融，充裕资金，俾使农工商业得以复兴，文明各国早已实行。新法币在市面行使，与银币同一价格，无丝毫差别，与人民无丝毫损失，既无货币膨胀，亦无低币政策，凡我人民自应一律遵守"。总体而言，柯桥镇商会奉绍兴县政府下发的《实施法币办法》六项，法币兑换较为顺利，"绝无投机取巧情形，亦无高抬物价事宜"②。

对于在改革实施法币期间出现的投机取巧和抬高物价的情形，政府同样依法严惩，对于隐匿偷运银币者，以依照《危害民国紧急治罪法》处治。③ 在具体的兑换过程中，政府规定每法币一元兑小洋十二角，兑铜元三百枚。协助政府进行银钱兑换的钱庄可相应收取手续费至多每法币一元为铜元三枚，即每法币一百元收取一元。但是仍旧有奸商从中浑水摸鱼，收取额外的手续费。如绍兴钱业中同吉庄经理寿芸田、开源庄经理吴馥生便趁币制改革之际，每元法币收取铜元七枚的手续费。这一非法情形被商民告发，迅速予以法办，并且进一步通令绍兴县钱业同业公会进行详查以杜绝这类情况再次发生。④

---

① 《浙江省实施法币办法》（1935 年 11 月 20 日），绍兴市柯桥区档案馆藏：140-4-833。

② 《绍兴县柯桥镇商会为奉令改革实施法币后本镇各商号均恪遵奉行由函稿》（1935 年 11 月 20 日后），绍兴市柯桥区档案馆藏：140-4-823。

③ 《绍兴县柯桥镇商会为改革实施法币事呈复绍兴县行政督察委员公署函稿》（1935 年 11 月 20 日），绍兴市柯桥区档案馆藏：140-4-823。

④ 《绍兴县政府就查明钱业有无把持或提高拆息训令》（1935 年 12 月 3 日），绍兴市柯桥区档案馆藏：140-4-625。

南京国民政府的这两次大规模的货币改革，虽然是以政府主导为主，但是仍然可以看见商会从中积极参与。位于商业大埠的天津、上海商会可以向政府建言献策，为政府提供行之有效的参考方案，并协助政府推行币值改革。作为基层商会的柯桥镇商会，更多的扮演的是上传下达的传声筒，传达政府政策，反映商民诉求，具体负责本镇兑换法币的工作。但是正是得益于各级商会和银钱业同业公会的支持，政府的法币改革政策才能得到切实施行。

（五）参与政府财税政策的执行

1. 参与内债的征募

中国公债的发行开始于清末，自晚清政府以来，南京临时政府、北洋政府以及南京国民政府一直将公债作为政府拓展财源、缓解财政紧张的重要手段。政府募集公债需要社会的参与，一般分为向大众征募和包销等方式。限于个人承销公债的能力有限，大多数公债主要还是有商界、银行界进行承销。商会在中国的社会经济活动中扮演着重要的角色，政府的内债发行中，往往需要借助于商会承销内债。

就浙江省的地方公债来看，以民国元年军政府的爱国公债为始，之后又曾发行过定期借款四次以及善后、整欠、偿欠、公路、建设、赈灾、清欠等多次公债。公债多指定浙省的盐税、田赋、建设特捐和营业税作为偿还本息的基金，来保证公债的信用。再就公债征募具体操作看，一般是由政府向商会下达承蒙政令，绍兴县商会负责动员各个会员承销债票。由于其他公会的资金有限，真正负责承销的是银钱两业公会。

1933 年 3 月，绍兴县政府为购置备荒救灾的储备粮，向绍兴县商会协商借款并以积谷整捐作抵，即积谷借款。绍兴县商会邀集银、钱两业及公款公产委员会、救济院基金委员会各代表一再讨论，鉴于这一借款关系地方备灾就荒，商讨各方都认为应尽量认募。最后由公款公产委员会、救济院基金委员会各认借银 10000 元外，银、钱两业再合借银 20000 元，其中钱业负担 13000 元，借款月息为一分，并于开征日起，满 4000 元即摊还一次借款。县商会在确定好具体的认销份额以后，致函柯桥镇商会，希望柯桥镇商会能与柯桥镇钱业同业公会接洽，由柯桥镇的八家钱庄负担其中的一部分积谷借款。具体为每家认借银 150 元，共计 1200 元，这一借款须汇入同吉钱庄。① 1935 年 7 月，绍兴县政府还致函绍兴县商会，由其向各承借人询问积谷借款本息是否均已还清。② 由此可知，县政府对于信用还是十分注重的。同时，在这一次借款的过程中，商会与多方接洽和睦，从而顺利完成承募任务。

在具体的内债的偿还过程中，商会与政府也会发生博弈、交涉，力图维护商民的商业利益。1930 年 9 月，浙江省财政厅以省财政经费入不敷出为由，曾以绍兴统捐局、安昌统捐局、曹娥统捐局的统捐收入作抵，向绍兴银钱两业和各商业团体借银 20 万元，利息按月一分。绍兴地区的钱业共承销其中的 12.5 万元，其中柯桥镇的八家钱庄每家认募 1150 元。1931 年 5 月，由于政府推行裁厘加税，这样原本作抵的统捐被一并裁撤，偿还内债的基金发生变化，那么对于此项借款的偿还办法就必须重新制定。柯桥钱业公会对于政府如何偿还剩下的借款自然十分关心，"柯桥镇钱业同业范围具小，此项债务不能听其延宕"，为此柯桥镇钱业公会函请绍兴县钱业公会代为呈请浙江省财政厅，询问具体借款偿还办法。③ 此事逐渐发酵，绍兴县商会和绍兴县钱业同业公会多次呈请浙江省财政厅，在呈文中，绍兴县钱

① 《绍兴县商会请柯桥镇商会转钱业公会认借积谷借款由》（1933 年 3 月 23 日），绍兴市柯桥区档案馆藏：140-4-813。
② 《绍兴县商会函询廿二年积谷借款本息有无还请由》（1935 年 7 月 25 日），绍兴市柯桥区档案馆藏：140-4-626
③ 《柯桥镇钱业同业公会为询办理统捐作抵省借款函》（1932 年 5 月 17 日），绍兴市柯桥区档案馆藏：140-4-619。

业公会认为既然第六营业税征收局已经开始征收绍兴地区的营业税，那么就应该将营业税作为借款的基金，尽早偿还剩余借款，然而均未得到财政厅的回复。直到 10 月 15 日，绍兴县财政局才下发公函，一并补付了之前借款的本息银，然而由于借款的偿还逾期两个月，按照惯例还应偿还 267 元的利息。绍兴县财政局以借款合同中并没有注明为由，拒绝支付。这笔借款的还本付息才终于画上一个句号。

商会在承销政府的公债时也并非对政府的摊派政令一味遵从，有时也会对政府发行公债的合理性提出质疑，尤其在政府还本付息困难，导致政府信用下降，金融市面处于危机时，商会对于政府能否保证内债的信用非常关切。1932 年初，孙科执掌的行政院针对当时政府还本付息的沉重负担，拟提案将一部分公债还本付息的一部分展期拨付，并决定暂停付本息半年作为政府向银行借贷。这一提案严重损害江浙财团的利益，自然遭到当时商界、金融界团体的激烈反对。1932 年 1 月 14 日，为了阻止政府停付本息和挪用公债基金，上海总商会致电国民政府称："此事关系国本至重，请勿出此下策，以为国家留一线生机"[1]，明确反对政府停本付息的提案。同日，杭州市商会、杭州市银钱两会亦就此事联名电呈国民政府行政院、财政部，恳请政府迅予制定宣布维持公债本息办法，同时省商联会也通函全省商会希望告知各地商民切勿相信谣言，以维持金融市面稳定。[2]

事实上，孙科执掌的政府正是由于遭遇财政危机而黯然下台的。财政困难的关键在于国库空虚而无力按期偿还公债。1932 年初，如何解决沉重的还本付息负担，孙科的"暂停还本付息半年"的提案不免过激，马上遭到金融界的激烈反对。那么之后重新上台的蒋介石、宋子文又是如何解决

---

① 《公债本息停付商界发生恐慌》，《申报》1932 年 1 月 15 日，第 4 版。

② 《浙江商会联合会转知政府维持债券信用并无停付本息勿信谣言由》（1932 年 1 月 29 日），绍兴市柯桥区档案馆藏：140-4-802。

的呢？其实，最重要的就是有稳定的基金作为维持公债信用的重要手段。于是，仅过一月，政府与商界进行一番商议之后，宣布对公债进行大规模的整理，其中在浙江省组建浙江省偿还基金保管委员会（以下简称委员会），保证不将基金做任意挪用，以维持内债信用。1932 年初建立的委员会的构成为浙江省政府代表 4 人、浙江全省商会联合会代表 2 人、杭州市商会代表 1 人、杭州市银行业同业公会代表 1 人、杭州市钱业同业公会代表 1 人、宁波银钱业代表 1 人、绍兴银钱业代表 1 人、杭州中国银行代表 1 人、杭州地方银行代表 1 人、上海四明银行代表 1 人、上海新泰银公司代表 1 人。① 从名单上看，共有 11 名银钱两业的代表，且都是浙江地区的商会和银行业和钱业公会的头面人物（绍兴地区亦有代表 1 人），代表了浙江当时主要的金融力量，由他们与政府的四名代表建立良好的互信平台，从而保证基金能够得到妥善保管。

由此可见，商会不仅仅在公债的发行、承销、劝募过程中扮演着重要的角色。同时，在政府组建的公债偿还委员会中，商会的领袖往往是委员会成员，商会能够在具体的偿还政策的制定运行过程中依然掌握相当的话语权，占据着一定的主动性。当政府的公债政策威胁到金融界的利益时，商会必定会与政府进行博弈，力求政府公债信用的稳定。

2. 代征营业税

所谓代征，就是指商会协征、包缴、摊认等方式，协助政府向公司行号收取营业税。早在明末清初，会馆、公所就一定程度上负有协助政府征税的职能。至清末民初，商会和同业公会在全国各地的纷纷设立，逐渐成为代征商业税的重要主体。② 营业税即是商会协助政府征收的税种之一。

---

① 《浙江省偿还基金保管委员会为偿还公债办法及规程通函》（1932 年 2 月 24 日），绍兴市柯桥区档案馆藏：140-4-621。

② 马敏主编：《中国近代商会通史》（第三卷），社会科学文献出版社 2011 年版，第 1368 页。

1931 年浙江省颁布《浙江省征收营业税条例》的同时，发布《浙江省商人同业公会认办营业税办法》。其中规定："浙江省征收营业税为便利商民起见，得由该业同业公会呈请认办"，但"同业公会呈请认办本业营业税时，应由全体同行具名盖戳，先将各户全年营业估计数及应纳税额详细开报，并须当地商会之证明"，在认办时"还需要预缴两个月税款作为保证金，并需要殷实商号负责保证"，认办时可以获得最多营业税款 8% 的办公开支。假如认缴税额之外还有盈收，则"应以五成解库，三成作同业之公积，二成给奖经办人"。此可视为对认办的同业公会的激励措施。但是，假如出现私自向同业额外收税者，亦会被"依法治罪"①。浙江省认办营业税以同业公会为主体，商会只是负责汇总，代为呈送营业税局。在这三方中，地方政府是税务发包方，最终的受益方，商会与同业公会扮演中介的角色，是税务的承包方，商户则是基本的纳税方，委托商会、同业公会代缴税款。

1931 年 2 月 21 日，绍兴县第六营业税局成立，任命卢钟岳为局长，成为绍兴县地区负责营业税征收的官方机构。并于次日，致函柯桥镇商会，希望其随时从旁协助。② 在营业税征缴的实际过程中，起初柯桥镇各同业公会对认办并不积极，多数观望不前。经过商会的一再催促，米业、钱业等纳税大户才负起征收营业税的责任。之后，营业税的征缴工作正式开始，首先由营业税局派出调查员，调查确定商号应缴税额的数量，同业公会向商会呈送申报的认缴营业税额。商会如认定相符，出具证明书，最后由商会将汇总的税款上缴营业税局。由此，形成以商会统筹、同业公会代缴的营业税代征模式。商会和同业公会各有分工，商会负责

---

① 《浙江省商人同业公会认办营业税办法》（1931 年），绍兴市柯桥区档案馆藏：140-4-805。

② 《浙江省第六营业税为启用新关防事函》（1931 年 2 月 21 日），绍兴市柯桥区档案馆藏：140-4-799。

总领代征事宜，汇总各业税款，同业公会则负责各业具体的征缴税额事宜。

其实，让商会代征营业税，并不是地方政府所乐见的。而且依照《营业税法》规定，营业税应由纳税人向主管机关直接缴纳，不得由他人承揽包办。由此可见，商人团体代征营业税是公然的违法行为。财政部曾三令五申要求各地政府禁止商会及同业公会代征营业税。但是，因为征收的过程过于烦琐，在没有更好的改进征税办法的情况下，只能委托给商会办理。代征营业税的主要弊端在于税收的减少，绍兴县第六营业税局就曾以各业匿多报少为由，派员重新调查柯桥镇各业资本额或营业额。1934 年初的一次营业税实地调查中，柯桥镇就有 50 余家商店被发现有偷税漏税的情况。①此外，为了促进商号征缴的积极性，政府一般按照额定营业税应征款项的八折征收，即使给予如此优惠，但是各业仍借口商业萧条，请求减免税收。可是对于地方政府来说，借助于商会这一中介，可以用花费较低的征收成本，来达到开征营业税取得税源的目的，同时协调了官商之间的利益矛盾。

三　柯桥镇商会与地方社会的治理

在柯桥镇这样一个乡村集镇，商会是最具有经济实力的民间组织。商会除了在经济领域发挥重要作用以外，还积极参与到地方社会的公益活动中，其中有维护地方治安、参与市政建设和推动地方教育事业等公共活动。商会在参与地方社会的治理过程中，与政府维护好合作关系的同时，增强了自身话语权以及社会影响力。

---

① 《绍兴县柯桥镇商会为各商号漏税情形开会讨论由函稿》（1934 年 1 月 30 日），绍兴市柯桥区档案馆藏：140-4-818。

（一）维护地方治安

1. 敦促整顿警务

清末，清政府仿照日本、欧洲的警察制度，在各地设置巡警，负责维持地方治安。浙江省于光绪二十九年（1903）在省城设立警察总局督办全省警务。以绍兴县为论，共设有绍兴县警察所以及柯桥、安昌、东关、平水、漓渚、孙端、临浦警察分所。其中柯桥分所设有巡长 5 人、巡警 40 名。① 巡警虽然都经过留日教习专门训练，但巡警良莠不齐的情况仍不可避免。

社会治安的好坏，直接影响到商业活动的正常进行。因此，商会对于警务亦有所关注。1933 年 2 月，柯桥镇钱业同业公会致函柯桥镇商会，转呈文县公安局：本月 16 日下午 5 时，在柯桥镇有暴徒 2 人携带枪支至元泰钱庄抢掠，由于搜刮未遂，竟遗书一封索要钱款，"似此青天白日，大街市面该暴匪如入无人之境，目无法纪至斯已极"，钱业公会质问："岗警何在？公安局何在？"希望能促使绍兴县公安局能安排警察荷枪日夜站岗，而不留空岗。② 除了这一例案件，表明柯桥镇分所警察有玩忽职守。1934 年 2 月，绍兴县柯桥镇油烛业同业公会下属会员裘隆昌经理戴三阳亦呈文，控告柯桥镇李姓巡长，"渎职扰民，非法逮捕"，事情的起因在于裘隆昌的栈司在融光寺与一摊妇发生口角并殴斗，摊妇之后向公安局报告。李姓巡长及警察七人便来到该号却抓捕另一个无辜店员。油烛业同业公会主席冯光鉴至公安局为释放无辜店员，却遭喝阻，不得入内。于是，寻求镇商会协助，

---

① 绍兴县志资料编辑委员会编：《绍兴县志资料》第二辑第二十二册，广陵书社 2011 年版，第 60 页。

② 《绍兴县柯桥镇钱业同业公会为函知公安分局应日夜站岗由》（1933 年 2 月 22 日），绍兴市柯桥区档案馆藏：140-4-815。

并希望能革职该滥用职权的巡长。① 由于柯桥镇商会在地方社会拥有相当大的影响力。柯桥警察分所对于商会的诉求并不会置若罔闻。为维护地方治安，柯桥分所筹设临时派出所四处，以保护商民安全。同时，民政厅下发指令，要求绍兴县地区的警察既负有维持地方风化的责任，精神仪容尤应整肃。② 此外，由于柯桥镇分所在经费的筹措方面亦有求于商会，因此对于商会的请求一般不敢怠慢。③

柯桥镇商会作为地方上的重要社会团体，对于本地警务的敦促有利于柯桥镇的警政事业走向正轨，社会治安的好转也能让本地区的商业活动正常运行。

2. 组建商民训练队

晚清时期，商会就设有从属的商团，作为准军事组织。它的产生主要是源于当时商人力量壮大进而寻求自卫的结果。辛亥革命以后，原先的商团大多遭到政府的取缔。但是鉴于民国时期，匪盗不断，为维护地方治安，商会在政府的号召下，依照浙江省政府保安处的规定，组织商民训练队，从旁辅助军警维持社会治安，保护商民安全。

1934 年依据中央颁布的《县保卫团法》和《浙江省县保卫团施行细则》，柯桥镇商会组建的准军事组织，更名为商民训练班。从建制上看，基本上就是局限于柯桥镇一地的基层准军事自治组织。

按照柯桥镇商会制定的入役规约，凡本镇商民，年龄在 20 岁以上、40 岁以下的男性商民，不论是否加入商会，均有义务进入商民训练班受训，但非本镇商民不得加入。商民训练班的具体训练为每日上午六点半上操，

---

① 《绍兴县柯桥镇油烛业同业公会为公安局游巡长渎职非法逮捕请求主张公道由》（1934 年 2 月 16 日），绍兴市柯桥区档案馆藏：140-4-825。

② 《厅饬令整肃警士仪容》，《绍兴新闻日报》1933 年 10 月 9 日，第 3 版。

③ 《绍兴县第八区柯桥镇镇公所为冬防希认募经费由函》（1932 年 12 月 19 日），绍兴市柯桥区档案馆藏：140-4-823。

下午三点至五点听讲，周日休息，训练周期为半年。商民训练团的经费由各商店和同业公会按照会员等级摊派，甲等每月四角，乙等每月二角五分，丙等每月一角。对于团员受训期间无故缺席的情况，章程中有详细的惩罚措施，包括五角至一元的罚款，或在总理遗像处面壁四小时等。章程中尤其强调受训期间，商号不得以生意衰落为由请求店员暂缓入役受训。在商民训练队的组织中，经历了一段从无序过渡到有序的过程。最初，店员受训期间，逃脱训练时有发生。之后，升级为商号对商民训练一事的集体消极抵制。1934 年 8 月 19 日，第一期商民训练班在柯桥镇竞进小学的操场进行，训练前，共有报名团员 29 名，训练正式开始时，准时到场的只有 24 名，随着训练的进行，日渐减少，最后仅剩下十余名。军事训练实际上处于失序状态。观其原因，面对抽编店员入役训练一事，众多商铺对此均表现消极，以店务繁忙，抽编店员无法脱身为由，请求缓役。1935 年，修正过后的《柯桥镇商会商民训练班入役规约》中将受训时间改为早晚时段，上午六点至八点上操，下午七点至九点听讲。这一训练时间更加合理，不影响店员的工作。之后，为整顿商民训练的乱象，县保卫团特别派出政治教官至柯桥镇负责教导工作。商民训练逐渐回到正轨，训练的成果也相当卓著，商民训练队人数至 1935 年 12 月已由过去的 29 人上升到 66 人。

1935 年，柯桥镇还成立防务委员会，由镇长朱子余，监委王磬韵，监委周家声，主席张晔轩，常委季国培、蒋为仁、谢荣甫七人组成防务委员会，以王磬韵为召集人。这一防务委员会除镇长一人以外，其余皆为柯桥镇商会的领导，即柯桥镇第二届商会的五位执行委员以及退居商会领导层二线的王磬韵、周家声。[1] 说明，商民训练队在一定程度上接受柯桥镇商会的领导。可见柯桥镇商会一定程度上控制着柯桥镇的治安权。这一情况似

---

[1] 《绍兴县柯桥镇商会为成立柯桥镇防务委员会希查照由函稿》（1935 年 11 月 11 日），绍兴市柯桥区档案馆藏：140-4-826。

可以印证马敏在研究辛亥革命时期的苏州商会时提出的"在野市政权力网络",商会系统虽然受到政府的监督和控驭,但多少具有相对独立性和自治权。①

商会更多是与下属的商号交涉商民训练队队员的入役问题和向商号摊牌训练经费。有一则关于柯桥镇商会向县政府要求为商民训练队配给 20 支新式长枪,以顾全地方防务的函稿。②绍兴县政府在下达的指令中将"呈请拨给新式步枪二十支"改为"请领借新式步枪二十支",且表示已有周密规划,请商会耐心等待,之后,就敷衍了事,并没有下文。③从"拨给"到"领借"的话语转变,反映出了县政府对于商民训练队的态度,表明政府仍对商会掌握军事力量存有很大的戒心,商民训练队并没有像晚清时期的商团拥有可以直接购买军火的权利,武器装备需要政府配发。从这一层面看,此时商会所能赋予的军事权力空间已然受到了极大的压缩,渐渐成为国家为推行保卫团这一军事政策的马前卒。

(二) 参与市政建设

市政建设在民国时期比较简单,主要集中在道路、通信、市容管理这些方面。县政府虽然对于市政建设较为重视,但是限于经费有限,这一工作的展开往往需要倚重商会的资金支持和动员能力的协助。

1. 整顿市容

整顿市容主要由柯桥镇商会与区公所通力合作进行。1929 年 10 月,柯桥镇警察分所前拟拆除柯桥镇的地标建筑融光寺,改建新市场,呈请

---

① 马敏、朱英:《辛亥革命时期的苏州商会研究》,华中师范大学出版社 2011 年版,第 90 页。

② 《绍兴县柯桥镇商会为呈请县政府拨给新式步枪函稿》(1935 年 11 月 26 日),绍兴市柯桥区档案馆藏:140-4-826。

③ 《绍兴县政府为呈悉各区壮丁队请领借枪支已有通盘规划函》(1935 年 12 月 8 日),绍兴市柯桥区档案馆藏:140-4-834。

县政府转呈省上呈内政部请示。区公所的理由是融光寺年久失修，破败不堪，已成危楼。然而，实际上，融光寺不仅仅是一座历史悠久的古迹，寺内尚有商会和小学。因此，内政部下发饬令，希望区公所能与教育局、建设局、商会共同商讨办法。① 此后，这一拆除融光寺，改建新市场的提案由于各方的反对，不了了之。② 这样，商会便不自觉地参与到了市容的整治中。

如果上一个案例，商会与区公所站在对立面上，那么在拓宽柯桥镇街道一案中，商会与区公所便是共同商议，由警察出示喻禁，商会负责劝导商户。柯桥镇的街道原本就过于狭小，加上许多商户将柜台、栏杆、铺板搭出街道，以招徕生意，导致占用公共场所，影响市容，且有碍于交通。1932 年 5 月，绍兴县警察局调查柯桥镇各商店，发现挡风柜台突出街道，有损市容，要求各商铺拆除。之后，柯桥警察所亦照会柯桥镇商会，希望所属会员能够遵行。柯桥镇商会对此相当重视，在会员大会上经过商讨，制定合理拆进尺度标准，"店面有门坎者，以东正齐门坎者为标准，无门坎者以东正齐廊柱为标准"，并以农历四月底为各店铺拆除的截止日期。③ 此外，作为商会内部正常经营的商号对于沿街摊贩的违规摆摊也大为不满，主要从事商品批发零售的南货业同业公会就曾致函商会要求取缔沿街摊贩，"似此沿途林立阻碍交通，次货秽臭妨害卫生，当亦为法令所不许"④。由于南货业公会的会员受到这些不入会的摊贩的低价竞争，因此极力要求整顿沿街摊贩，维护正常营业秩序。1935 年 5 月，绍兴县政府为了拓宽街道，特派员勘查西官塘街道宽度，核定认为西官塘上岸街道的宽度应以十四市

---

① 《内政部令饬会勘柯桥融光寺》，《申报》1929 年 10 月 28 日，第 11 版。

② 《省令再查融光寺案》，《申报》1920 年 1 月 18 日，第 10 版。

③ 《绍兴柯桥镇商会为柯桥各商店柜台突出街道者一律拆进事复函》（1932 年 5 月 11 日），绍兴市柯桥区档案馆藏：140-2-802。

④ 《绍兴县柯桥镇南货业同业公会为函请取缔沿街摊贩等情由》（1933 年 6 月 9 日），绍兴市柯桥区档案馆藏：140-4-815。

尺为标准。县政府将这一指令告知绍兴县柯桥镇公安分局，同时照会柯桥镇商会，希望两者能够共同整顿。事实上，在处理商户占用街道和市政建设方面，商会与绍兴县公安分局通力合作，共同整顿市容。

2. 修建道路

除了参与整顿市容以外，柯桥镇与周边乡村的公路建设，商会同样出力颇多。1936 年 11 月，浙江省政府决定修筑柯桥至柯岩的公路，但相关修筑款项要由绍兴政府自行筹措。绍兴县政府财物委员会经过核算，估计造路的各项支出大约需要 4000 元。县政府认为这笔款项应由县政府、绍萧汽车公司、柯桥三方平均分担。县政府将这一政令下达至柯桥镇商会，希望商会能够分摊 1500 元的款项。商会就此经过会议讨论，决议"按商业大小，分等摊派，业已认定共计 750 元，尚缺半数，应照县令函请镇公所，迅即召集本镇绅富分别派募"。[①] 由于修筑公路本来就是有利于社会的工程，商会自然愿意尽力动员各同业公会募捐。但是这一公路建筑经费实质上属于摊派，为了避免政府的随意勒索，商会决定只承募了其中半数摊派款项。经过商会内部开会商议，各业募捐的具体数额见表 10。

表 10　　　　1936 年柯桥镇商会各会员认募柯桥至柯岩公路建筑经费表

商店、同业公会名称	认募金额（元）	占募捐总额的百分比（%）
钱业	105	13.88
米业	105	13.88
典业	90	11.90
油业	80	10.57

---

① 《绍兴县柯桥镇商会为召集富绅筹募汽车路经费函稿》（1936 年 11 月），绍兴市柯桥区档案馆藏：140-4-840。

续表

商店、同业公会名称	认募金额（元）	占募捐总额的百分比（%）
南货业	60	7.93
布业	45	5.94
杂货业	30	3.96
木业	22.5	2.97
袜业	20	2.65
酱业	40	5.29
首饰业	10	1.32
嫁妆业	24	3.17
箔业	18	2.38
药业	12	1.59
盐栈	20	2.65
季宏兴	20	2.65
裕泰昌	5	0.66
恒增	5	0.66
元润昌	10	1.32
大明公司	20	2.65
电气公司	15	1.98
总计	756.5	100

注：季宏兴、裕泰昌、恒增、元润昌、大明公司和电气公司均为柯桥镇商会所属的商号会员。

资料来源：《柯桥镇商会为催缴柯桥至柯岩马路建筑费由函稿》（1936年11月），绍兴市柯桥区档案馆藏：140-4-840。

从各业缴纳的比例可以看出，钱业和米业作为柯桥镇商会经济实力最为雄厚的同业公会认募的比例自然最多，其余各业也根据自身实力的大小，认募相应的摊款。此外，柯桥镇商会还让出会屋两间，以方便筑路工程人员住宿。① 柯岩公路的修建工程也基本由王馨韵负责主持。由此可见，无论是在市容市貌的整顿还是在公路的修筑上无不有着商会力量的参与。柯桥镇商会在道路建设中成为政府贯彻执行相关措施的不可缺少的中介机构，作为一个民间社会团体同样在推进交通业的发展中发挥着重要作用。

3. 参与消防事业的建设

作为江南市镇，柯桥镇的房屋以砖木结构为主，房屋间距小，街巷狭窄，故火灾发生频繁。晚清时期，绍兴县地区的救火工作由警局负责。1909 年，山会警局筹办消防队，拥有消防警十名，消防机两具。但仅有的一个官方消防组织，对于四乡发生的火警常鞭长莫及。② 因此，商会组织成立的龙会作为民间消防组织，成为城乡消防力量的重要补充。1912 年，民间的水龙会共有 65 所，城区 12 所，乡区 53 所。③

省商联会曾致函柯桥镇商会代为推销上海震旦机器铁工厂生产的灭火器材。震旦机器铁工厂还派销售人员至绍兴宣传，展示灭火器材的效能。基于该消防机器性能确实卓著，因此，绍兴县商会向下属钱业同业商会倡捐，希望先购置一台。④ 1935 年 6 月，柯桥镇消防委员会也向上海德昌厂购到六汽缸十六匹马力帮浦救火车一具以及有盖灭火机四具，其中救火车与两具救火机放置于龙房，一具救火机放置于柯桥镇消防委员会，最后一具救火机存放于商会。⑤ 由此可见，商会也是柯桥镇消防力量的组成部分，购买的新式消防器械也可能部分由商会出资购买。

---

① 《绍兴县柯桥镇商会遵令为筑路工程人员借拨本会房屋住宿由》（1936 年 11 月 14 日），绍兴市柯桥区档案馆藏：140-4-840。

② 方建华：《民国绍兴县商会公益事业研究》，硕士学位论文，浙江大学，2009 年。

③ 绍兴县志资料编辑委员会编：《绍兴县志资料》第二辑第二十二册，广陵书社 2011 年版，第 80 页。

④ 《绍兴县商会为劝购灭火机由》（1934 年 9 月），绍兴市柯桥区档案馆藏：140-4-624。

⑤ 《绍兴县第八区柯桥镇镇长为送有盖灭火机一具由》（1935 年 6 月 22 日），绍兴市柯桥区档案馆藏：140-4-833。

1936 年 6 月，随着战争的阴霾越发浓重，绍兴县政府对于机关、学校、工厂、商店、旅馆等敌机易轰炸的目标的消防防护格外重视，特别拟具《消防设备计划草案》，由各机关、团体等组建消防队，通过消防演习加强对职员的训练，改进消防措施。[①] 商会亦位列其中。

（三）推动地方教育事业

柯桥镇商会作为本地区最具有经济实力的民间团体，在乡村基层社会中发挥着重要的作用。可以说在柯桥镇社会生活的诸多领域，处处能够感受到商会的显著影响。本节主要对商会进行的公益事业作一番具体考察。

1. 筹备商业学校

商会对于商业教育亦积极筹备。商会很早就认识到培养基层的商业管理及技术人才的重要性。培养商业人才，就需要建立商业学校。相对来说，建立商业补习学校，利用工作闲暇时间来对地区内的商人、店员进行文化培训更切实际。1931 年 3 月，柯桥镇商会就在浙江全省商会联合会第一次会员大会上提议各地商会应尽先设立商人补习学校，并在省商联会第二次会议中决议通过。柯桥镇商会的提案如下：

为提议各地商会应尽先设立商人补习学校案

绍兴县柯桥镇商会提

理由

（一）经验与学识并重，吾国普通商人大都墨守归习，不知研究。今为适应商战趋势计，为增进商人常识计，不得不设立商人补习学校。此其理由一也。

---

① 《绍兴县政府为抄发各机关消防设备计划草案训令》（1936 年 10 月），绍兴市柯桥区档案馆藏：140-4-845。

（二）职业与教育原须联合，不能分离。吾国实施教育虽有少数商业学校之设立，但其造就较为高深，设入普通商店往往学非所用，反不能获益于实际，仅能为大规模及新式商家之用，且亦未能供需相应。至于普通学校间或有商业之导，但无实施之练习，按其实际难免隔阂，若图补救，设立商业补习学校，实为急要之图。此其理由二也。

（三）自治之首项设施，即为教育。商会职业自治团体之一，要谋商业自治事务之发展，自应以设立商业补习学校，为新商会成立后之第一重要工作。此其理由三也。

办法

由本会议决后推定委员若干人，邀请同数教育学者组织商教委员会（临时的）拟订商人补习学校标准课程及期限办法等，呈请政府核定，一面以大会名义通函各市县镇商会，尽先筹设（在未核准以前，各市县镇得斟酌就地情形办理），其经费全由各商会自行筹集。是否有当。谨请公决。①

浙江省的商会刚刚改组完成，柯桥镇商会便向省商联会提交筹设商人补习学校的议案，其理念是以实践经验和理论学识相结合，以职业工作和学校教学相结合，提升商业店员、学徒及一般学员在理论和实践两个层面的水准。结合来看，其教育的目标很明确，就是对普通商人，教授的是能实际获益的知识。仅仅是商会网络体系中最基层的柯桥镇商会却也充分认识到了培植商业人才的重要性。然而，上课人数太少，这一计划始只能陷入停顿。

---

① 《浙江省商会联合会为设立商人补习学校公函》（1931年3月9日），绍兴市柯桥区档案馆藏：140-4-798。

1934 年 6 月，商会筹设商人补习学校的进展不顺畅，中央政府下属的中央民众指导委员会又牵头倡导商界尽快设立各级商业专门学校来培养商业人才。在下发给省商联会的公函中，政府表示："中国商业不振之原因固多，而商业智识之缺乏实为其重要原因之一。故欲在世界经济战中，取得优越地位，则设立各级商业专门学校以培植商业人才，实为必要。"① 可见，政府对于商人团体设立补习学校是持支持态度的。委员会计划在 1934 年 7 月底在全国普遍设立商人补习学校，并且下发商人补习学校办法要点致商会，指导各地商人团体办理。要点内容如下：

筹设商人补习学校办法要点

一、各地商人团体，至少须筹设商人补习学校一所。

二、招收学生，以现在经营商业之商人——商业主体人，经理，店员，学徒，摊贩等位原则。

三、学校经费由当地商会及各业同业公会筹措。

四、学校地址，得借用学校，庙宇，或其他公共场所。

五、学校师资，得聘请商界知识分子，或当地党务工作人员，学校教师等担任，以义务职为原则。

六、教授科目主要者：党义、国语、书算、商业常识、商业道德、商人卫生及新生活常识等，得因学生程度之高下，及实际需要酌量采用其他书籍。

七、授课时间，以利用业余时间，不妨碍本业为原则。

八、本办法要点，由中央民众运动指导委员会核定施行。②

---

① 《浙江全省商会联合会为筹设商人补习学校并附办法希查照办理由通函》（1934 年 6 月 12 日），绍兴市柯桥区档案馆藏：140-4-819

② 同上。

但是，第三点涉及学校经费应由当地商会及各业同业公会筹措，这就必然导致经费的筹措困难。因此，设立商人补习学校的这一举措始终限于经费原因没有得到切实施行。

2. 支持地方小学教育

商会虽不是文化教育类组织，但是仍然十分热心于推动地方教育事业的发展。商会直接倡导和劝谕下属的米业同业公会兴办学校，以提高商人子弟的文化素质。柯桥镇商会所属的钱业、米业、典业公会自 1931 年开始，每学期都会捐助一笔固定的款项给柯桥小学，以支持本镇的教育事业发展，襄助国民教育。其中米业捐款最多，每年为 110 元，钱业次之，为 32 元，典业则在 16—20 元不等。① 除了上述三家同业公会外，商会向柯桥镇内的富商乡绅劝募，为柯桥小学赞助一笔经费，根据捐助的商人的多寡，每学期 30—80 元不等。根据统计，商会对柯桥学校的赞助占到其每年总经费的 1/3。通过经费资助的形式，加强商会与学校的联系，柯桥镇小学每年都将年度经费收支征信录函送至商会，以便其审核。

商会还参与到政府推行的国民识字运动中。政府为提升全体民众的识字率，特别制定了《识字运动宣传计划大纲》，在各地设立识字运动委员会，并规定每年 5 月下旬的一周为识字运动周，以唤起民众对识字、读书、求学的兴趣，从而降低文盲率，提高国民素质。自 1932 年起，绍兴县政府设立的识字运动委员会均会致函柯桥镇商会，希望共同商讨识字运动的具体办法。商会协助政府参与到识字运动，主要起着宣传动员作用。

结合上述商会在教育领域的贡献，可以说，在中国近代教育事业中商会是一个重要的推动力。最直观的表现就在商会对民办教育经费的资助上。以柯桥镇商会为例，财力较强的钱、米、典等业的捐助支撑着柯桥小学的

---

① 《绍兴第八区柯桥小学函送年度收支报告表（1932—1936 年）》，绍兴市柯桥区档案馆藏：140-4-806。

运作，提高柯桥镇一地民众的素养，培养新学人才。此外，商会亦着力推进商业教育，建立商业补习学校。柯桥镇商会在省商联会上提出的设立商业补习学校的提案就说明商会对于推进商业教育的共识。

随着资本主义的发展，传统的乡镇亦受到工业文明的洗礼。近代邮政、电报均在柯桥镇设立办事处。此外，电话、电灯、卫生、消防等现代化事物也在柯桥镇普及。这些新鲜事物的引入，商会在其中发挥了重要作用。

四　柯桥镇商会的政治参与

南京国民政府成立后，对商会进行整顿和改组，以稳固政治统治。商会的权力和独立性在一定程度上受到政府的侵蚀，因此，商会的政治热情与参与度相比民初有所减退。但是，当"九一八"和"一·二八"事变相继爆发后，为抗击日本帝国主义侵略，商会围绕抗日救亡这个中心主题，积极地表达着自己的政治主张。

（一）支援抗日运动

1. 声援抗日

1931 年 9 月 18 日，日本制造"柳条湖事件"，发动了蓄谋已久的侵占东北的军事行动。"九一八"事变后，以商会为主体的工商业者并没有置身事外，而是充满了反对日本帝国主义的爱国热情，采取多种举措和行动，加入反抗日本侵略的行动中。

自日本侵占东北，中华民族再次面临着生死存亡的关键时刻。作为中国商会组织网络的领袖，全国商会联合会在"一·二八"事变爆发后，向各地商会发布通电，首先表达了对十九路军将士"奋勇杀敌，前赴后继，固未失寸土尺地"的敬佩之情。之后，认为商人同样应该尽到国民的义务，希望各地商会能够切实履行二事。①筹募救国捐：（甲）助饷费以补助政府军费之不足，得以长期抵抗；（乙）慰恤金，以犒劳生还者之功绩及抚恤死难者之家属，以上两项可汇本会转交。②组织宣传处以口头及文字宣传日本残忍狠毒行为，使家喻户晓，共赴国难。① 从全国商联会的通电中可以看出，商界可在两点上做出贡献，一为组织筹募捐款；二为开展抗日宣传，避免民众受日本的谣言蛊惑。

除了对抗日将士的高度赞扬之外，全国商联会亦呼吁北平绥靖公署张主任汉卿能一雪"九一八"之耻，"火速整顿师旅，巩固热河收复东北，以自赎前愆。如其不能，则请依汪院长之电，辞职以谢国人，否则坐误戎机，国法纵或能为钧座赦，国民实不能为钧座宥也"②。全国商联会委婉地表达对于张学良仍未下定抗日决心、实行不抵抗主义的不满。

位于钱塘江南岸的柯桥镇商会同样组织起来，响应全国商联会及省商联会的号召，投入声援抗日斗争的行列中。1932 年 8 月初，柯桥镇商会经过第 33 次及 34 次执委会决议：

（1）电请中央转饬北平张绥靖主任督同华北将领力保自卫。（2）电乞顾维钧先生将暴日无理轰炸朝阳，进袭热省及家国种种横被侵略之事实，与夫信赖国，爰将和平之精神速予据情译报国联务求国联，凡采有效办法制止暴行免贻大祸并转咨国联调查团，将日本侵热实情宣示全世界群起制裁。③

上述决议分别快邮代电上呈至国民政府和顾维钧，商会深切的希望张学良能率领华北将士，以大无畏精神，一直奋斗至收复疆土，消灭日本帝

---

① 《中华民国全国商会联合会就抗日事电全国商人》（1932 年 2 月 9 日），绍兴市柯桥区档案馆藏：140—4—801。

② 《中华民国全国商会联合会催促张学良早定大计快邮代电》（1932 年 8 月 8 日），绍兴市柯桥区档案馆藏：140—4—801。

③ 《绍兴县柯桥镇商会为日本侵略事致顾维钧快邮代电稿》（1932 年 8 月 2 日），绍兴市柯桥区档案馆藏：140-4-800。

国主义觊觎野心。

"一·二八"事变发生以后，一方面柯桥镇商会即在会员大会上讨论，决定筹措救国保乡捐款洋 3000 元，由各公会、商店分别摊派。① 与往日各项摊派被商民视作负担，且时常拖延缴纳不同，米业公会对于这笔救国捐款反应积极，迅速将应摊款项汇缴至商会。② 另一方面，浙江省的党政商学各界团体都积极地参与到劝募救国义捐中，各界各团体在著名人士马寅初和祝星五的倡议下成立浙江省筹募救国义捐执行委员会，负责汇转筹募义捐款项。绍兴县政府将这一呼吁转达至柯桥镇商会，劝募柯桥镇商民捐助救国义捐，以购买耐寒棉衣、子弹援助东北义勇军。③ 在 1933 年初，绍兴地区的各界团体也在绍兴县政府的组织下成立东北难民救济会绍兴分会，积极筹募东北难民救济捐款，截至 4 月末筹集款项 2213.50 元，转汇至上海东北难民救济协会。④

除了筹募捐款支援前线将士，各地商会响应政府号召，发起航空救国宣传。全国商联会即通函全国内外商会，"踊跃捐购飞机。现代战斗之利器莫如飞机，而我国所有与敌人几成什一之比，故欲求胜利，必须提倡航空以固国防。我政府早计及此，只因国库支绌，无能为力。我民众自应一改加入中国航空协会，踊跃输将，以促共成"⑤。捐助飞机事宜由政府带头组织，规定浙江省农、工、商、政、学各界应各捐助飞机一架。浙江省商界

---

① 《柯桥镇商会为请各业汇缴摊派救国保乡款项由函稿》（1932 年 3 月），绍兴市柯桥区档案馆藏：140-4-800。

② 《柯桥镇米业同业公会为呈缴摊派救国保乡款项请查照由公函》（1932 年 4 月 28 日），绍兴市柯桥区档案馆藏：140-4-807。

③ 《绍兴县政府为劝募救国义勇军款项事训令》（1932 年 12 月 31 日），绍兴市柯桥区档案馆藏：140-4-623。

④ 《东北难民救济会绍兴分会为函催未缴捐册由》（1933 年 6 月 14 日），绍兴市柯桥区档案馆藏：140-4-812。

⑤ 《全国商会联合会为捐助飞机援助义军由快邮代电》（1933 年 3 月 5 日），绍兴市柯桥区档案馆藏：140-4-811。

由省商联会负责，并将商界捐助的飞机命名为"浙江商人"号，同时召开会议讨论捐助飞机筹集办法。经决议各地商会按照商会等级分甲、乙、丙、丁、戊五等，甲等 8000 元，乙等 4000 元，丙等 2000 元，丁等 1000 元，戊等 500 元。①

绍属地区共需筹集 12500 元，柯桥镇商会属于戊等，须筹募 500 元飞机捐款。但是募集捐款的过程并不顺利，自 1933 年 4 月初，省商联会倡议飞机捐款起，虽然省商联会于 5 月 11 日、11 月 1 日、12 月 22 日，次年 1 月 2 日、3 月 6 日，五次下发通函至各地商会催缴飞机捐款，"查本省应购浙商号飞机一架一案，迭经本会拟定募款办法，一再函电各地商会请积极募集在案。惟迄今依限筹募之商会多，而未能一致踊跃捐输者，亦复不少，以致无法订购"②。但至 1933 年农历年末，省商联会派募的飞机捐款亦仅募集了 1/3。如此看来，少部分地方商会对于筹募救国捐款实际上并不十分热忱，甚至略显消极。

虽然，各地商会在声援和支持抗日运动中表现不尽相同，全国商联会以及大商埠的商会，作为商会组织网络的中枢，仍积极投入抗日救亡运动。一些地方商会可能存在消极抗日的问题。但是从捍卫国家和民族的根本利益上出发，即使是如柯桥镇商会一般的基层商会，同样在宣传抗日救国和筹募捐款支援前线方面尽职尽力。

2. 抵制日货

自 1905 年的抵制美货运动开始，抵货运动逐渐成为中国民众反抗外来侵略的一种重要途径。"九一八"事变后，日本侵占东北，与日"经济绝交"，成为各地商会表达反对日本帝国主义经济侵略的主要表达形式。

---

① 《浙江全省商会联合会为浙江省商界捐助飞机募集办法通函》（1933 年 4 月 8 日），绍兴市柯桥区档案馆藏：140-4-811。

② 《浙江全省商会联合会为催缴浙商号飞机捐由快邮代电》（1934 年 3 月 6 日），绍兴市柯桥区档案馆藏：140-4-821。

我中国凡非甘为亡国之奴，莫不切齿痛心，誓与抵抗，而经济绝交实为制日本死命惟一之良策。兹据报载，半年以来日本损失已达二万万元之巨，苟能持之以恒，则日本之经济是将由恐慌而濒于危殆。①

有鉴于此，全省商会联合会即发函各地商会，希望与日经济绝交能够贯彻始终。1931年10月中旬，柯桥镇商会在召开会员代表大会时，组织成立柯桥商界抗日救国会，主要负责宣传抗日，抵制日货事宜，并制定了商店日货登记条例、惩罚条例。同时，派专员清查柯桥镇行销的日货种类。② 对于日货的处置主要是先行封存于商会，而后将扣留日货定期拍卖，所获款项充做救国义捐。福元兴织造厂即主动向反日救国会申报厂内所存放日货，共计价值百余元。③ 实际上，大多数商铺依旧存在私售日货的现象。抗日救国会一般会选派检查组严密检查，对于店铺出售日货，如情况属实，即没收一切日货并且处以罚金。如1934年6—7月间，绍兴抗日救国会就查出柯桥镇的天地人布号、大隆布号、协济昇杂货号仍旧贩卖日货，给予没收日货并处以20元、24元、22元的罚金。④ 实际上，柯桥镇商会早在1932年3月22日，就发函至下属的南货、杂货业同业公会、天地人、大隆、季宏兴等布号，希望这些布庄、商号能够自动抵制日货，切勿五分钟热度。⑤ 少数奸商为金钱利益而罔顾民族大义，消极抵制日货。更有奸商以

---

① 《绍兴县商会为党部函称有大批日货运申应自动抵制事》（1932年3月26日），绍兴市柯桥区档案馆藏：140-4-623。

② 《绍兴县柯桥镇商会为第十五次会议事致各执行委员函稿》（1931年10月14日），绍兴市柯桥区档案馆藏：140-4-796。

③ 《绍兴县第八区抗日救国会日货封存登记表二份》（1931年11月），绍兴市柯桥区档案馆藏：140-4-796。

④ 《冯吉孙代表报告绍兴抗日救国会第十五次常务会议经过情形由》（1934年8月10日），绍兴市柯桥区档案馆藏：140-4-420。

⑤ 《绍兴县柯桥镇商会劝告各业商号自动抵制日货函稿》（1932年3月22日），绍兴市柯桥区档案馆藏：140-4-800。

日货冒充西货，从中渔利。1934 年 3 月，省商联会通函各地商会，上海纸业公会检举丰裕华行以日货有光纸改冒西货换帖"红色蜂鱼图"商标以图混售渔利，希望对于此项有光纸一律拒售，并拒绝与丰裕华行进行交易，以示惩戒。① 由此可见，商会坚持执行对日经济绝交的政策，积极配合抗日救国会查封日货的行动，对贩卖日货的商号晓以利害，甚至给予严厉处罚。

在各地商会与民众的共同努力之下，抵制日货运动取得较为显著的成绩。根据日本商工省的调查，在"九一八"事件最初的四个月，日本对中国北部、中部、南部及香港的输出贸易平均受损甚大，较上一年同期减少64%，重要商品减少最多者为棉纱 81%、丝织物 59%、水产 55%。1931—1934 年，日本输华总额逐年下降，总计四年间，日货因抵货运动而减少输入价值 5 亿元。② 当然，商会在积极进行抵制日货运动的同时，也意识到提倡国货的重要性，积极筹设国货工厂，并宣传使用国货为国民应尽之天职。③

（二）参与政治纪念活动

南京国民政府成立以后，政治纪念活动逐渐增加。为进一步加强国民党的一党专制，各地区党部对于纪念宣传活动格外重视。商会作为民间社会团体，是国民党在基层社会开展的各项政治纪念活动的重要参与者。

就商会档案统计，柯桥镇商会参与的纪念活动主要包括民国成立纪念、总理纪念日以及绍兴县政府和党部成立大会。绍兴县党部对于孙中山总理的相关纪念日格外重视。如 1935 年 3 月 12 日，为总理逝世十一周年纪念，

---

① 《浙江全省商会联合会为日货有光纸冒充西货案通函》（1934 年 3 月 27 日），绍兴市柯桥区档案馆藏：140-4-822。

② 马敏主编：《中国近代商会通史》（第三卷），社会科学文献出版社 2015 年版，第 1464 页。

③ 《全国商联会为扩大宣传唤起民众彻底拒绝日货提倡国货由快邮代电》（1933 年 3 月 5 日），绍兴市柯桥区档案馆藏：140-4-811。

绍兴县党部依照中央规定："是日休假一天，全国一律下半旗，停止娱乐宴会志哀，各地党政军警各机关团体、学校，均分别举行追悼纪念，并由当地高级党部召开各界纪念大会。"在越王台举行各界纪念大会（如遇天雨，改在党民舞台举行）。① 由绍兴县党部组织，各界团体参与，基本上是政治纪念活动的常规程序。同年10月，为了纪念"辛亥年十月十日武昌起义之役，推翻满清专制政府，建立中华民国"，绍兴县党部特别下发中央宣传第二十二周年国庆纪念要点训令，并希望各界团体张贴纪念国庆标语：①国庆纪念是本党辛亥革命推翻满清，创建民国的纪念；②十月十日是中华民族复兴的光荣纪念日；③纪念国庆勿忘总理暨诸先烈创造民国的艰难；④纪念国庆，要积极生产，充实国力；⑤纪念国庆要努力抗日，雪耻复仇；⑥全国同胞一致起来准备实力收复失地；⑦精诚团结确保和平统一；⑧中国国民党万岁；⑨三民主义万岁；⑩中华民国万岁。中央希望各地方党部及各界团体能努力宣传。由此可见，国民党利用国庆纪念宣传活动，在此东北沦陷，失地未复之时，争取舆论影响力。②

　　但是，各界团体在参与纪念活动时，是否能如绍兴县党部所希望的那般积极主动呢？事实上，绍兴县地区的机关、团体、学校参与集会"迟到成习"。为了各界团体能够准时参加，保证集会的正常进行，绍兴县党部进一步规范了集会时间：其一，嗣后本处举行各种纪念集会时间，准依照本城标准钟，以资众守。其二，时间即届，即振铃开会，以免先到者久待。③此外，国民党党部对于纪念日的细节之处亦特别关注，如悬挂国旗的方法。在政府看来，国旗代表国家，因此必须得到尊崇。但是各机关、团体、学

① 《绍兴县党部为举行纪念总理大会届时一律参加由》（1935年3月8日），绍兴市柯桥区档案馆藏：140-4-426。

② 《绍兴县党部为宣传国庆纪念要点由训令》（1934年10月6日），绍兴市柯桥区档案馆藏：140-2-1。

③ 《绍兴县党部为规定各种纪念集会应准时参加希查照由》（1935年4月15），绍兴市柯桥区档案馆藏：140-2-1。

校及商店住户"所悬国旗及使用方法多有参差，未合法定"。由于，将届双十国庆日，政府一面要求当地警察负责劝令民间依法悬挂国旗，一面转饬柯桥镇商会，令其劝导各商店制备符合规格的国旗，"以崇庆典"[1]。此后，每逢纪念运动，绍兴县政府均要求"凡城区各乡区署所在地各机关、团体、商店、住户均宜一律悬挂规定党国旗以示整齐隆重"。

由于政治纪念活动主要由绍兴县党部主导，因此地方上的商人团体更多的是一个被动的参与者，商人团体对于此类政治性集会的参与热情度不高。

---

[1] 《绍兴县政府奉令转饬商会置备国旗以备国庆日悬挂由》（1934 年 10 月 7 日），绍兴市柯桥区档案馆藏：140-4-823。

新式交通与近代江南交通格局的变动

丁贤勇

近代以降，西力东侵，新式交通进入中国，机械力克服了自然力时代的局限，使原先的经济与交通地理空间结构发生巨变。笔者在《近代交通与市场空间结构的嬗变：以浙江为中心》等文中对其作过初步的探讨①。从更宏观的角度来说，这种变动是如何发生的？其呈现出的形态如何及其对城乡空间结构的影响又是什么？在此以江南地区为中心就海陆交通格局、水陆交通工具及对城乡空间结构的影响等方面作些探讨。

一 海陆交通格局变化：出现海洋导向的交通格局

近代以来，沿海（远洋）运输兴起，并逐步取代以内河为主的内陆运输。

传统交通运输是以内河水上交通运输为主的。利用天然的或人工的河道，实现货物与人员往来，并在大江大河边形成人类大大小小的聚落；陆上运输因为仅限于人力与畜力的运输，运输成本高，能不用尽量不用。同时，水上运输中，沿海运输地区的运输，因为大风大浪、制度安排（如清代闭关政策）等，也只是起补充作用，如上海沙船。

---

① 《中国经济史研究》2010 年第 3 期。

原先南北运输主要是依靠大运河实现的，如 1793 年秋的马戛尔尼、1859 年春的容闳都走过大运河，溯钱塘江到达常山、玉山，再南下两广或华中地区。及至近代，随着海上贸易与海外运输的发展，沟通中国南北的大运河—钱塘江水上运输，开始衰落。传统内河运输体系让位于沿海、外（远）洋运输。

近代以来，人流、物流的流向发生改变。一方面，从区域内部流动为主，转向区域外部的流动；另一方面，内地乡镇流向沿海港口城市。而这一沿海、远洋运输的发展，由以往以区域性为主的运输，扩大到近代以来的区域间、国家间贸易。如宁波开埠后，杭州开埠前，"海禁既弛，甬江轮船四达便利，上游行旅率去对江之（萧山）义桥临浦等镇，东出甬口，鲜有道（杭州）江干矣"①。从近代中国来说，大致上形成了沿海向内地，华南以广州为中心，华东以上海为中心，华北以天津为中心，呈扇形向内地辐射的状态。

流域内部上游与下游经济关系变化。因交通变革，社会经济由从上游资源导向到下游市场导向的转变。明清以来，钱塘江流域有新安、龙游和宁波三大商帮，代表性地反映了这一变化。

传统交通以水上运输为主，是以资源地为中心自上向下渗透，以钱塘江流域为例，明清具有代表性的十大商帮中有徽商、龙游商人两大商帮，兴起于钱塘江的上游之衢江和新安江。上游山地商人兴起，一是狭隘的生存空间，如龙游僻处浙西山区，徽州"七山半水半分田"。二是有一定的山地资源，可作走出大山以商代耕之资。如"龙游料"成为钱塘江上优质木材的代名词。② 傅衣凌说，"徽州人为推销其手工业品及原料品，每于无意

---

① 民国《杭州府志》卷 6《市镇》，民国 11 年（1922）本，第 2 页。

② 丁贤勇、陈浩译编：《1921 年浙江社会经济调查》，北京图书馆出版社 2007 年版，第 32 页。

中获得不少关于商业上的经验，这当是徽商的原始"①。另外，便利的交通也是其条件之一。上游徽、衢山区有兰江、新安江直下杭州，为土特产品的输出提供了便利。源于钱塘江上游两条最大支流的两大商人团体，携农业社会的资源优势，随波逐流渗入下游社会，生根壮大，纵横天下，形成明清时期"遍地龙游""遍地徽"的独特格局。

近代经济转型大背景下，新式交通对商帮的兴衰更替产生影响，上游山地商人走向衰落，下游口岸商人兴起或持续发展。随着沿海和沿江各口次第开放，市场格局发生旋转，对外贸易主导了商品市场，商品的起点和流向发生倒转。市场在哪儿，资源、人才就在哪儿，上海成为国内市场的终端，成为国内外市场的连接点，而以上海市场为中心的下游宁波商帮，包括太湖流域之洞庭商帮开始兴起。

商帮在形成之初，如果说上游商人凭资源优势，因资源导向渐成商帮的话，下游商人则凭市场优势，因市场导向转型成为商帮。到近代，下游口岸的原材料的买方在交易中居有利地位，开始掌握市场交易的主动权。下游发达地区强势工业品（洋货）出现，进一步弱化了农副土特产品的产地优势。无论是新安、龙游商人，还是乍起乍落的湖州丝商，其衰落的主因是市场发生变化，农副土特产品市场向现代工业品市场转变，国内市场向国际市场的转变。就上游地区交通条件改变的大背景而言，作为东南孔道的钱塘江水运优势，也在海运背景下逐渐丧失。

宁波凭临港临海的地理优势，在新安、龙游商人渐趋沉寂之时崛起。宁波地少人多，经商历史悠久，但大规模经商则是在西力东侵之后。作为中国最早开放的贸易口岸之一，开埠带来的商业文明，使宁波人拥闯荡天下之雄心，并利用下游口岸优势，南下北上，尤借助上海之平台，成为独

---

① 傅衣凌：《明清时代商人及商业资本》，中华书局 2007 年版，第 53 页。

领风骚的地缘性商人群体，原本的"无徽不成镇"逐渐为"无宁不成市"所取代。

二　水陆交通工具变化：显现陆上交通运输主导性作用

近代交通变革，使流域贸易向区域贸易与跨域贸易发展。

传统交通流域性特征明显。流域内部的水路，呈现出干流与支流不断向上分叉的树形水系结构。流域面积或支流的大小，决定了物资集散范围的大小和城镇面积的大小。钱塘江作为浙江的母亲河，杭州居其下游，犹如处大树之根部，以全流域为腹地；杭州又居钱塘江流域与太湖流域交接面上，她就有可能成为两大流域最大的城市。小流域间，也是通过干流与支流交叉的节点相互迂回，实现交流。沿江城镇兴起的主要区位条件，往往是在大小流域（干流）间交叉的节点，或分叉点上。如桐庐、梅城、兰溪、金华、衢州等均位于两江或三江汇合处，从而成为沿江最主要的城镇。

在近代江南，则因沪宁、宁（京）赣、沪杭甬、浙赣等铁路及沪宁、京杭、沪杭、杭徽、浙闽、杭丰（广丰）等众多公路线的建成，大山大河大海等自然条件的限制逐步消除，不同地理单元间原先不便或不能逾越的障碍被慢慢地克服，高山变坦途，天堑成通途，古老的自然形成的流域贸易局面开始被冲破。30 年代，浙赣（杭江）铁路作为一条从钱塘江下游深入到钱塘江上游内地的陆上交通干线，贯通钱塘江流域内部腹地，横切过了所属钱塘江大流域的浦阳江、东阳江、金华江、衢江各流域，冲进了相邻相背的赣江流域。铁路在打破流域贸易中的作用尤巨，并使市场出现重组。比如"金华火腿出东阳"，火腿原要沿东阳江起程西下，过金华江，经兰江、富春江，约需一周，经约千里的弧形水路来到杭州，然后转运各地。

铁路开通后东阳火腿在临近的义乌站就可登车，经半天时间，约走 120 公里，几乎是一条直线，到达杭州。大大缩短了运输时间，降低了运输成本。

陆运取代了水运，成为内地主要交通方式。近代交通在工业革命背景之下，由自然力时代向机械力时代转变。轮船取代帆船，但是航道一般还是天然河道，只是量变；但火车、汽车等强势交通工具发展，陆上交通运输出现革命，空间结构出现巨变。

一方面，联系流域外部的弧形曲线式商路，被跨流域的直线取代。

在自然力交通条件下，人们生产生活的空间活动范围往往以自然流域为主，沿着流域范围进行。流域间的经济文化与货物交流，一般要经过河流间的交汇点，相互迂回，得以实现。如浙赣交界处主要是仙霞岭山脉的山脊线为界，分为钱塘江和鄱阳湖（信江）相背的两个流域，"两大河道之源流，虽谷道遥遥相接，而山脉中梗，分流背向，故由浙入赣，或由赣入浙，旧时交通惟恃驿道，以相贯联，即近年汽车公路勃兴，而浙赣两省会间水陆仍无直达途径，不得不作改趋长江弧形之绕道"。① "盖就地理环境言，浙西南与赣东壤地相接，关系密迩。未通车前，因山岭横隔，交通梗阻，商旅往还，须绕道长江，既耗金钱，又费时日。"② 这就意味着浙赣两省的交通往往要通过钱塘江—大运河—长江—鄱阳湖的弧形绕道得以实现。

新式交通克服了大山大河等屏障的限制，原本的曲线被简短直线所取代，自然形成的流域内交往格局开始被切破。如浙赣"两省之货物往来，均舍弃水道而利用铁道，可以直达市场"③。"昔景德镇瓷器运至杭州，每

---

① 《本路未筑以前浙赣两省沿线各地之交通状况》，《浙赣铁路月刊》第 2 卷第 8 期，1936 年 1 月，第 9 页。

② 黄绍竑：《浙赣通车与两省经济提携》，《浙江商务》第 1 卷第 5 期，1936 年 5 月 15 日，"论著"，第 1 页。

③ 朱惠清：《浙赣经济合作方案》，《浙江商务》第 1 卷第 5 期，1936 年 5 月 15 日，"论著"，第 88 页。

担所需运费，高至一元八角，行程约需四十五日。倘循水路运至鹰潭，转由浙赣路运杭，每担运费只需一元二角七分，行程只需七日。"[1] 玉南段通车以后，杭州、南昌"轮轨既接，缩地有方，向之需旬日可达者，今则二十四小时足矣"[2]。杭南旅运，"据铁路当局言，尚可缩减四小时，其难易迟速之差，不只霄壤"[3]。进而，津浦—沪宁沪杭甬—浙赣铁路逐步替代大运河—钱塘江，成为东部地区最重要的运输走廊，也是江南地区将华北与华南有效联结的交通干线。

另一方面，联系流域内部的树形分叉式商路，为铁路公路线所横切贯通。

新式交通出现后，自然形成的流域贸易局面开始被冲破。浙赣铁路"路线所经，旧时交通不便，多数是大家公认为封锁的溪谷的腹地，文化经济，都很落后"[4]。作为从钱塘江下游深切到钱塘江上游并进入赣江流域的陆上交通干线，成为一条穿越连续舞动曲线中间的直线，小流域局限打破，流向发生改变。如杭江铁路通车后，"无论上运下运之米，沿路各站均可上车，不独兰溪之米市黯然销沉，即衢县、金华之米市，亦化整为零……交通大变，各县之米，均可就近输出，不再受水道之束缚，是以一般米市，皆日趋衰落，无一足为重心者"[5]。

近代陆上运输发展以后，对城镇体系有重大改变作用。从沿江（水）地区发展，向沿线、沿海、沿边与沿江地区发展。过去，水运在浙江交通运输中居中心地位，陆路交通处于辅助地位，主要依靠大运量的水上运输，在大江大河边形成经济贸易中心。"从前国内贸易，重在民船运输，商业中

---

① 黄绍竑：《浙赣通车与两省经济提携》，第 2 页。

② 《浙赣铁路联合公司总报告第二号（二十四年一月至六月）》，浙江省档案馆藏（L085-002-0590）。

③ 黄绍竑：《浙赣通车与两省经济提携》，第 1 页。

④ 杭江铁路工程局编：《浙东景物纪》，弘文印书局 1933 年版，"弁言"。

⑤ 孙晓村：《浙江粮食调查》，上海社会经济调查所 1935 年版，第 69 页。

心，常在河川沿岸，浙省之衢州兰溪拱埠，江苏之镇江扬州淮阴，其最著者也。"① "浙江交通，向靠水道"，全浙原有 1050 个市镇，"大抵均系昔日水道基础之交通网所形成"，"近年公路铁路以次兴筑，交通组织大变"②。陆运开始逐步取代水运成为江南地区最主要的运输方式，汤寿潜说，"今则商业大势，由河流贸易时代，一变而为铁道贸易时代"③。近代浙江除了沿海兴起个别新兴城市以外，铁路沿线城镇出现飞跃式发展，并逐步取代原先沿河城镇交通中心之地位。沿线（铁路、公路）、沿海、沿边城市开始兴起，而原先沿河（包括运河）城市开始衰落（当然所有城市均在水边）。在浙江，海门兴起，金华发展，湖州、严州、盐官等衰落，旧严州府梅城相当地市级城市地位的消失与水运衰落相关。

三　交通的社会作用加强：对中西方、　　东西部空间结构的影响

在近代，世界市场对中国的影响加大，这其中有近代交通的革命性作用。茶叶贸易是中西贸易的缩影，从中可以看到中国在此次经济全球化中地位的沉浮。

此前，世界茶叶价格向以中国为风向标，基本决定于上海、福州、汉口等通商口岸茶叶的供应状况，外商要通过茶栈以及中国商人才能了解到详细情况；加之路途遥远，运输没有保障，因此伦敦须经常囤积大量存货。

---

① 黄九如：《浙江省文化地理概要讲义》，浙江省地方自治专修学校，1931 年印行，第 31 页。

② 黄明：《浙江省推进农仓业之基础》，《浙江建设月刊》第 10 卷第 4 期，1936 年 12 月，"论著"，第 73 页。

③ 汤寿潜：《东南铁道大计划》，政协浙江省萧山文史委编《汤寿潜史料专辑》，编者 1993 年印，第 495 页。

而新的通信技术产生后，伦敦可以随时了解中国的茶叶行情，并派人直接来华采办；苏伊士运河通航后，航程大大缩短，特别是与此同时轮船替代帆船成为远洋运输中的主要运输工具。伦敦再没有必要大量囤积茶叶，而完全可以根据国内需求来决定存货多少。这直接导致了茶叶的"贸易革命"。中西贸易从原来的一年一个来回，一变而为一年多个来回。

其结果是伦敦从此不必囤积大量茶叶以备市场之需，需要什么、需要多少、何时需要，伦敦商人发一个电报后，四五十天就能收到来自原本遥远东方的货物，茶叶囤积的地点一变而为上海等中国口岸城市，华茶从卖方市场一变而为买方市场。同时，茶叶等商品的定价权也开始丢失。原先，华茶从产地到达口岸以后坐以待沽；而现在，产品主导一变为市场主导，需要多少、所需规格以及价格多少等，市场的选择余地大大增加，比如"浙江、广东、九江、汉口各处，洋商茶栈林立，轮船信息最速，何处便宜，即向何处收买，故闽茶必恃洋商，而洋商不专恃闽商"。致使茶叶等出口产品的定价权旁落。近代新安商人、龙游商人衰落的主因是市场发生变化，农副土特产品市场向现代工业品市场转变，国内市场向国际市场转变。"价格方面，也因上海洋行的操纵，（浙江）一般茶商，大体多受亏折。"①商品定价权由中方转到英方，卖方市场到买方市场，国内市场开始从属于世界市场。

交通变革，同样造成了沿海地区与内陆地区的差距。近代江南沿海的东侧相对内陆的西侧较为发达，新式交通方便了东侧都市及国外商品和工业品的输入，造成西侧及农村逆差的加大和手工业的破产。杭州与上海相比是如此，在杭申、湖申的内河运输中，"小轮船除运载旅客外，还拖带货船，但运输的货物以上海过来的为多，从湖州到上海的极少，有时往往空

---

① 何炳贤：《民国二十一年中国工商业的回顾》，《工商半月刊》第5卷第1号，1933年1月1日，"撰述"，第25页。

船返航"①。杭州与浙江中西部相比也是如此，如杭江铁路"沿线无大宗出产品，仅少量之农产物及牲畜输出，尚不足与输入之制造品相抵，故货运下行多而上行少。各类货物吨数及进款，亦以制造品为独多，次为农产物及牲畜"②。"向西运的货多，自玉山东运的货却少……水路东运的竞争力，亦较西运为强，何况东运的农产货物的负担力又远不如西运的工艺品呢？"③ 新式交通便利了都市工业品的倾销，与工业品相比，农副土特产品价低量小，农村更陷于入不敷出之境。"数十年来内地与都市之贸易，常居入超地位，都市之运输机制品者，只知吸收内地之金钱，同时内地之生产者，苦于无法以挽回既溢之漏卮，以致农村贫瘠，每况愈下。"④

在城乡经济关系上，与上述东部与西部关系有一致之处。交通变革同样起到了重大作用，交通中心（城市）配置资源，城市集聚功能加强。

上海成为江南大区域的中心城市后，"自清季开海禁以后，我国对外贸易中心，渐集于上海，于是浙省外洋贸易，转趋衰落"。1909年沪杭铁路通车，长远地看铁路开通有利于杭州发展，但与上海相较，地位却进一步下降，"杭州在沪杭铁路未通以前，因有运河之便，为浙皖苏赣各省货物转运之中枢。其后沪宁铁路告成，运河运输，受一打击。杭关贸易，亦不及往日之胜"⑤。并且与江南其他城市一样，杭州也纳入上海经济腹地。《杭州关十年报告》记载："本埠工厂所用原料，皆需取给于上海，而制造物品又视上海以为出路。"报纸所刊国际新闻，"多由沪上大报转录而来"⑥。原属杭州经济腹地的嘉兴、湖州成为上海

---

① 丁贤勇、陈浩译编：《1921年浙江社会经济调查》，第241页。
② 杭江铁路工程局编：《杭江铁路工程纪略》，编者1933年版，第156页。
③ 洪瑞涛：《铁路与公路》，交通杂志社1935年版，第266—267页。
④ 社评：《从省际贸易说到沟通：机制品与工艺品》，《大公报》1936年10月2日，第2版。
⑤ 实业部国际贸易局编：《中国实业志·浙江省》乙编，1933年版，第79、82页。
⑥ 徐蔚葳主编：《近代浙江通商口岸经济社会概况——浙海关 瓯海关 杭州关贸易报告集成》，浙江人民出版社2002年版，第718、826页。

的经济腹地，因"水陆交通均称便利，因与上海相距甚近。故虽有沪杭铁路与京杭国道及苕溪运河之交通，而与杭州发生之经济关系，反不如上海为密"①。

当然，近代杭州又从下位城镇腹地中获得补偿。如汽车等陆上运输主要在大中城市周围及主要城镇之间起较大的沟通作用，这样一批城镇新加入到了杭州腹地范围之内。"省境以内及与邻接省市间之交通，日见便利，而泰半集中于我杭市。"② 杭州的核心腹地和基本腹地均得以加强。如绍兴人因"与杭州连界，相距极近，自汽车路筑成以后，交通益形便利，故相率至杭，或以资本牟利，或以劳力求食，即乡村之农夫农妇，皆于秋收后，至杭佣工，视为副业，春耕时复回原籍，从事农业或其他原有之职业"③。绍兴的"市面钞币，照杭汇市价为涨落"④。

杭州不仅切割了绍兴的经济腹地，并且绍兴自身也部分成为杭州的经济腹地。如诸暨，"自杭江铁路成，商业虽见衰落，因内地货物，皆直接运往杭县，不复由诸暨转辗"⑤。仅一江之隔的萧山，"自萧绍公路、杭江铁路，先后通车，交通便利，居民贸易，多趋于杭……城市遂益形落寞"⑥，位于萧绍间的衙前，"本来是很热闹的，后来渐渐衰败起来，到了现在，已经不像一个市镇，变成一个乡村了"⑦。杭州核心腹地的拓展，并抵消了原有腹地丧失的损失。谭其骧说杭州"最近五十年，沪杭浙赣两路通车，交

　　① 《中国实业志·浙江省》丙编，第3页。
　　② 吕贤浚：《杭州市分区计划》，《杭州市政季刊》第1卷第1号，1933年1月31日，第4—5页。
　　③ 《杭州市各业统计（下）》，《浙江新闻》1934年11月5日，第13版。
　　④ 《中国实业志·浙江省》丙编，第67—68页。
　　⑤ 《浙江诸暨之物产及工业原料品调查》，《工商半月刊》第5卷第10号，1933年5月15日，第29页。
　　⑥ 萧绍公司等编：《越游便览》，汉文正楷印书局1934年版，第7页。
　　⑦ 同上。

通日便；而手工业受外国及上海机械工业的影响，日就衰微，得失略相抵"①。

总之，技术改变世界，改变了人们的生活，改变了城乡空间结构。

（原文载《史学月刊》2016 年第 8 期）

---

① 谭其骧：《杭州都市发展之经过》，《浙江民众教育》复刊第 1 卷第 3 期，1948 年 4 月 1 日，第 5 页。

沪杭铁路与沿线社会经济
（1912—1937）

杨玄博

沪杭铁路是清末沪杭甬铁路的北段，北通上海，南达杭州，全长共 189 公里，起初沿途共设 25 个站点。但是在钱塘江大桥筑好以前，沪杭甬铁路的两部分即沪杭段与甬曹段事实上并不接轨，所以沪杭甬铁路实际上在修筑完成后的近 30 年时间里都是不相通的，直到钱塘江大桥修筑完毕，沪杭甬铁路才算真正意义上完成了全线贯通。只可惜在钱塘江大桥通车后没几天，这座凝结了先辈们心血的大桥，就被国民党军队炸毁，也为沪杭甬铁路历史上留下了一道深深的伤疤。

一　沪杭铁路的修筑

沪杭间古来便是水网密布、水运发达的区域，到了近代以来，由于交通网络发达但交通工具落后的矛盾，阻碍了这一地区的经济发展。大约在 1894 年以后，我国传统的商品流通渠道即逐渐改变，形成了一个以上海等通商都市为中心、从通商都市到内地和农村的商业网。[①] 既然商品货物需要流通，必然要依靠交通工具来运作，铁路运输不但便利了商品货物的流通和民众之间的往来，还更好地联动了不同地区的生产、消费、分配等部门，

---

① 吴承明：《中国资本主义与国内市场》，中国社会科学出版社 1985 年版，第 111 页。

加速了不同地区间经济的互补。于是，作为新式交通的代表——沪杭铁路便应时代而生。

（一） 沪杭铁路的修筑概况

沪杭铁路，其历史最早可追溯到 1898 年，当时英帝国向清政府提出修建沪宁铁路（即后来的京沪铁路）的要求，同时提出修建自苏州经杭州至宁波的苏杭甬铁路的要求，并签订了合同。① 经过 1907 年轰轰烈烈的浙路风潮，出现了一系列反对借债修铁路的人物和事件，例如江苏铁路公司在沪股东开苏杭甬铁路拒款大会；浙江铁路公司副工程师汤绪因为反对苏杭甬铁路借款之事，绝食而死……②正是因为有了不少的为国争权、反对借款的呼声，英帝国终于稍作让步，于 1908 年订立借款合同，并将线路改上海为起点，称沪杭甬铁路，两省（江苏和浙江）分别成立商办铁路公司，款由邮传部出面向英国借后分拨两公司使用，英国不得干涉路政。③ 沪杭甬铁路全长 280.65 公里，建筑费用为 1815000 镑，其中向英借款 1500000 镑。④ 到了 1909 年 7 月，沪杭段正式通车，9 月正式营运，最初设上海南站、龙华、新龙华、梅家弄、莘庄、新桥、明星桥、石湖荡、枫泾、嘉善、嘉兴、王店、硖石、斜桥、周王庙、长安、许村、临平、笕桥、艮山门、南星桥、闸口这 22 个车站，其中浙江省境内共 13 个车站；甬曹段于 1913 年 12 月通车，最初设宁波、樟桥、洪塘、慈溪、

---

① 马里千等编：《中国铁路建筑编年简史（1881—1981）》，中国铁道出版社 1983 年版，第 19 页。
② 中华民国史事纪要委员会编：《中华民国史事纪要（民国前 4 年）》，台北中华民国史料研究中心 1983 年版，页码不详，杭州师范大学图书馆藏。
③ 马里千等编：《中国铁路建筑编年简史（1881—1981）》，第 19 页。
④ 连声海：《铁道概论》，北平和济印书局 1934 年版，第 59 页。

叶家、丈亭、蜀山、余姚、马渚、五夫、驿亭、百官、曹娥江这 13 个车站。[①] 1914 年 10 月，沪杭与甬曹两线实行统一管理，改称交通部直辖沪杭甬铁路。[②] 虽说沪杭甬铁路本应是一个整体，但可惜的是北线沪杭段和南线甬曹段（后为萧曹段，即萧山至曹娥江段）在很长的一段时间内一直没有能够接轨，直到 1936 年秋钱塘江大桥完工（完工后并未立即通车），[③] 沪杭甬铁路才算真正地连为一个整体。

（二）沪杭铁路的早期运营概况

自 1915 年以后，因沪杭段与甬曹段已经实行统一管理，加之铁路运输具有其自身优势，所以从这一时期起，整条沪杭甬铁路的客货运业绩才得以飞速提升。

表1	沪杭甬铁路客货运收入（1915—1919）				单位：元
年份	1915	1916	1917	1918	1919
客运	1330836.84	1331976.30	1593228.24	1684442.85	—
货运	562549.42	447109.35	554099.40	685750.34	—
合计	1893386.26	1779085.65	2147327.64	2370193.19	2598050.30

　　资料来源：《统计月刊》第 17 期，1919 年 8 月 15 日，第 271 页；《统计月刊》第 51、52 期合刊，1922 年 7 月 15 日，页码不详。

　　由表 1 中我们可以看出，从 1916 年到 1919 年，沪杭甬铁路的业绩呈现出逐年递增的局面，特别是从 1916 年开始，由于西方帝国主义国家忙于

---

　　① 京沪沪杭甬铁路管理局总务处编：《京沪沪杭甬铁路大事记》，京沪沪杭甬铁路管理局总务处，1937 年，第 6 页；卓然、戚鸣鹤制：《宁沪杭甬铁路全图》，上海测绘建筑技术社舆图部1917 年版。

　　② 京沪沪杭甬铁路管理局总务处编：《京沪沪杭甬铁路大事记》，第 7 页。

　　③ 余绍宋、孙延钊纂修：《重修浙江通志稿》第 98 册，出版地点与时间不详，"交通"第 33 页，浙江图书馆古籍部藏。

欧战，中国的工商业界趁此良机加快发展，因此纺织业、面粉业、烟草业等都有较大程度的提升，对于新式交通的依赖更加强烈，这样沪杭甬铁路的运输业绩也有了很大的提升。同时我们不难发现，沪杭甬铁路客货运的收入比例是失衡的，每年的客货运收入之比都在 2.3∶1 以上，最高的年份甚至可以达到 2.9∶1，这就说明沪杭甬铁路运输收入的大头来自于客运，这一特点直到抗日战争爆发前都是如此。

二　沪杭铁路对区域经济的调节

有学者认为，在民国时期"我国农村经济是一个崩溃的过程"①。在这一过程当中，农民的生活实在是相当苦困："杭县农民，以租种地亩者居多，每年所产，完租以外，所得无多，终岁勤劳，尚不足以期温饱……生活程度，年见增高，农民生活，更有感觉困难之趋势。"② 在当时振兴农村经济的方式主要有两种，一是采用新兴技术来提高农业产量。例如国民政府也举办过如合作组、互助社等，并在杭嘉湖地区兴办了一批蚕业教习所；二是发展农村工商业，兴办一些现代企业，以增加农民收入。例如在嘉兴就有纬成公司，规模较大，主要以生产和加工丝织、棉织品为主。在 1936 年前后，湖州亦有绸厂 24 家，机户达 3000 人左右。③ 虽说政府有两大政策以扶植农村经济，但由于农产品的运销局限，导致了其经济产值不高。但是只要"一个地方，一经敷设铁路之后，则那地方的农产物就会增加

---

① 朱斯煌编：《民国经济史（银行周报三十周纪念刊）》，银行学会银行周报社 1948 年版，第 357 页。
② 铁道部财务司调查科编：《京粤支线浙江段杭州市县经济调查报告书》，铁道部财务司调查科，1931 年，第 62 页。
③ 《上海丝绸志》编纂委员会编：《上海丝绸志》，上海社会科学院出版社 1998 年版，第 172 页。

起来"①，这是对于铁路交通在促进农业经济方面作用的褒奖。沪杭铁路作为新式交通的代表，为城乡间搭建起了一座桥梁，并在城乡间货物运销的过程中发挥了相当大的作用，为其共同发展而起到了一定的促进作用。

（一）铁路对于城乡发展的调节——以货运为例

1. 从农村到城市

（1）茶叶的运输

浙江的茶叶产地主要有四处，种类则以产地而得名：第一为杭湖茶，主要出产于杭市、杭县、余杭、临安、长兴等地；第二为平水茶，主要出产于绍兴、新昌、上虞、余姚等地；第三为温州茶，主要出产于温岭、永嘉、平阳、丽水等地；第四为分水茶，主要出产于分水、淳安、开化等地。② 产地的不均和产量的差异造成了运输的困难，就使得茶叶的运输和销售大受局限，不利于其商品化趋势。但在铁路出现之后，这一情况已经有了一定程度的改善。在 1933 年，通过沪杭甬铁路运输的茶叶总量已达20776 吨，平均每天要运载 56 吨。单是茶叶运输一项的进款就达到了131201.85 元，超过了沪杭甬铁路全年货运进款的 1/4。③ 其中沪杭线的南星桥、闸口又是茶运兴盛的站点，这两个站点在 1932 年运输了近 12000 吨茶叶；1933 年运输了 13000 余吨茶叶，这些茶叶则大都转运到了上海。④高效的铁路运输促进了茶叶的商业化水平，由于供货量较充足，货源得到

---

① 邢墨卿：《中国经济衰落的原因》，《新生命》第 3 卷第 11 号，1930 年 11 月，第 5 页。

② 浙江省商务管理局编：《浙江之茶》，第 5—6 页。

③ 铁道部总务司统计科编：《二十二年份，中华国有铁路统计总报告，货物分等运输统计》，铁道部总务司统计科，1934 年，"说明"第 22 页。

④ 江波：《京沪沪杭甬铁路沿线茶叶产运销概况（六）》，《京沪沪杭甬铁路日刊》第 1287 号，1935 年 5 月 24 日，第 165 页。

了保障，于是在杭州城内便出现了不少茶庄，知名的有开在清河坊的翁隆盛、羊坝头的方正大、仙林桥直街的茂记茶号等。[①] 所以铁路运输同茶叶商品值提高是相辅相成的两个部分，铁路运输是茶叶商品值提高的动因，而茶叶商品值提高又是铁路运输的动力，两者紧密结合，缺一不可。

（2）食米的运输

众所周知"民以食为天"。稻米是沪杭民众的主要食物。但上海本身产米极少，食米大都来自他处。[②] 在 1932—1933 年的统计资料来看，上海每年大约需要食米 600 万石。[③] 在沪杭铁路出现之前，上海食米主要依靠江苏、安徽两省的供给，运输方式一般采取内河水运，运输工具一般以各类帆船为主，但帆船的运载量不大，大一些的帆船可运 300 石，小一些的就只能运 160 石左右，效率不高，需费较昂。[④] 这样就明显地提高了食米的零售价格，无形中增加了民众的生活开支。而到了 20 世纪 30 年代，沪杭铁路由于同京沪、津浦铁路实行了联运，于是由铁路运来的食米比重在 1932年时竟达到了 90%。[⑤]

表 2 　　　　　　　　　　**杭州的主要食米种类及价格** 　　　　　单位：元/担

名称	价格
一号尖米	9.6
二号尖米	9.4
三号尖米	9.2
晚米	9.0

资料来源：《浙江商报》1934 年 5 月 24 日，第 4 版。

---

① 　张光钊编：《杭州市指南》，杭州市指南编辑社 1934 年版，第 382 页。
② 　上海市社会局编：《上海之商业》，上海市社会局 1935 年版，第 180 页。
③ 　同上书，第 183 页。
④ 　同上书，第 185 页。
⑤ 　同上书，第 184 页。

　　杭州市亦属于食米无法自给，需要大量进口的地区。在 1933 年，杭州的人口数为 524012，据当时文献记载年需米约 150 万石。[1] 但由于硖石、嘉兴和嘉善同属于产米较丰的地区，所以通过沪杭铁路从这三地运入杭州的米量颇为可观。1932 年，嘉善一地输入的食米大约占到沪杭铁路输入量的 66.8%；1933 年，硖石一地输入的食米大约占到整条沪杭铁路输入量的 60.6%。[2] 铁路运输还降低了食米的运价。例如从硖石到杭州一般只需 2 小时，整车负责运输的费用为每吨 0.73 元，[3] 到了 1933 年津浦京沪沪杭甬铁路联运之后，食米的运价还降低了 15%，每吨只需 0.62 元。[4] 因此食米价格在很大程度上受到运输价格的影响，而运输成本的下降自然能够反映到食米的零售价格上（详见表 2）。20 世纪 30 年代时，杭州普通工人的月工资大体上在 15—20 元，[5] 相较他们的收入来说，米价大抵上还负担得起。充足的食米供应业使得杭州出现了如羊坝头、仙林桥、笕桥等几大食米市场，市场的不断出现也增进了食米的商品化，促进了产地的生产与交通的运输。

　　（3）土特产的运输

　　杭州自古以来就属于土地肥沃、物产丰富之地，这里有不少受到各地赞誉的土特产。西湖藕粉香飘万里，口感如脂，深受各地赞誉；西湖和湘湖有莼菜，除了杭州以外全国并无别处出产，因此产量较低，售价

---

　　① 实业部国际贸易局编：《中国实业志：浙江省》第 3 编，实业部国际贸易局，1933 年，"丙"第 12 页；建设委员会调查浙江经济所编：《杭州市经济调查》下编，建设委员会调查浙江经济所，1932 年，第 267 页。

　　② 社会经济调查所编：《上海米市调查》，社会经济调查所，1935 年，"第二表"。

　　③ 张多文：《浙江省食量运销调查表》（油印版），出版地点不详，1935 年，"第 2 节"第 12 页，浙江图书馆古籍部藏。

　　④ 铁道部联运处清算股编：《中华民国铁路货物联运特价表汇编》，铁道部联运处清算股，1935 年，第 30 页。

　　⑤ 杭州市政府社会科编：《杭州市十九年份社会经济统计概要》，杭州市政府，1931 年，第 36—39 页。

较高；位于杭州西北的法华山、余杭等地都是笋的出产地，其中以法华山出产的品质最佳……但这些土特产却有一些共同点：第一，出产不多，产量受到许多因素所影响，大小年现象相当明显。像莼菜在 1933 年出产了 9 万瓶，1935 年仅出产 4 万瓶。① 第二，保存时间大都不长。像杨梅的保存时间就很短。新鲜杨梅在采摘之后，在没有冰箱的情况下至多能保存五天。春笋在挖出后如不及时食用，保存期也是相当短。第三，运输要求较高。在传统交通的运输模式下，这些土产大都无法运抵稍远的区域。而当津浦京沪沪杭甬铁路联运之后，例如藕和莲子之类的土特产运输区域可达沪杭甬路所经的每个车站，而新鲜竹笋的运输区域则可达沪杭路所经的每个车站。② 因此，在交通运输工具还不甚发达的时代，采用铁路运输是这些土特产扩大其销售范围、缩短其运输时间、保障其运输安全的有效方式。

2. 从城市到乡村

上海在民国时期被冠以"金融中心""商业中心"的名号，其工业水平居于全国领先。到 19 世纪末，上海的工业重心转向了纺织工业，无论是棉、麻还是丝的制造都可谓独占鳌头。但是作为中西商品的集散地，上海还汇集了国内外现代部门所生产的大量工业制品，大到机械设备，小到火柴铆钉，都可谓一应俱全。如此多的工业制品，对于沪杭铁路沿线的乡村，辐射力度相当之大。从港口到内地的辐射工具，除了水路交通以外，主要就依靠沪杭铁路。

从表 3 中我们看到，从上海输出的工业制品主要都是销往杭州的，例如从上海北站运出的香烟，完全都是运到杭州。而在杭嘉湖地区的某些乡村中，也能找到一些现代产品的影子：例如从上海北站输出的棉纱，就完

---

① 余绍宋、孙延钊纂修：《重修浙江通志稿》第 21 册，"物产"第 25 页。

② 铁道部联运处清算股编：《中华民国铁路货物联运特价表汇编》，第 69、71、96 页。

全涌入了乡村，上海南站出产的棉纱，也有差不多一半数量流入乡村中；上海南站输出的纸烟，也有超过 30% 的数量直接运输到了广大乡村中。这就能够说明一个问题：现代工业制品已通过铁路向广大乡村和邻近城市渗透了。

杭州的绸缎早就是声名显赫的手工业制品。自唐时，杭州的绸缎已负盛名。到了民国时期杭州先后设立了几家绸厂，开始用现代化的方式进行生产。"其最著名之绸厂则为纬成、虎林、日新三公司，资本均三四十万不能。"① 杭绸的工艺先进、产品精美，广受各地客商的欢迎。在 1925 年和 1926 这两年间，每日销售绸缎高达 3500 余匹，到了 1930 年，杭州市内的绸缎店竟不下百家。② 在 1931 年，杭州所生产的绸缎约有近三成是通过沪杭铁路运输的，单是城站的绸缎出口量就达到了 30 万匹，价值为 1050 万元。③ 而当年上海就进口了 140841 匹绸缎，占杭州本年绸缎销售总额的 33.9%；④ 到了 1935 年，比例还在不断提高。⑤

表 3 上海的主要工业制品输出（由沪杭铁路）

站名	物产名	每年由本路运出数	运往地区
上海北站	棉纱	3500 件	枫泾 300 件，硖石 2000 件，王店 1200 件
	香烟	10000 箱	杭州 7000 箱，南星 3000 箱
	纸张	15000 件	全部杭州
	铁条	1000 吨	杭州 700 吨，南星 200 吨，闸口 100 吨

① 周公才：《周公才旅行笔记》，商务印书馆 1919 年版，第 8 页。
② 余绍宋、孙延钊纂修：《重修浙江通志稿》第 21 册，"物产"第 44 页。
③ 建设委员会调查浙江经济所编：《杭州市经济调查》上编，第 146 页。
④ 浙江省商务管理局编：《杭州之特产》，浙江商务管理局，1936 年，第 121—122 页。
⑤ 沈一隆、金六谦：《杭州之丝绸》，《浙江工商》第 1 卷第 1、2 期，1936 年 10 月，第 118 页。

续表

站名	物产名	每年由本路运出数	运往地区
上海南站	棉织品	600 万元	闸口 200 万元，南星 100 万元，杭州 200 万元，其他 100 万元
	棉纱	300 万元	闸口、南星各 50 万元，杭州、王店各 30 万元，硖石 40 万元，嘉兴 60 万元，其他 40 万元
	普通纸烟	320 万元	闸口 30 万元，南星 50 万元，杭州 200 万元，嘉兴 40 万元
	橡皮制品	350 万元	闸口、南星、杭州各 100 万元，其他 50 万元

资料来源：铁道部参事厅第四组编：《铁道年鉴》第 2 卷第 2 册，铁道部秘书厅图书室，1935 年，第 1832—1834 页。

（二）铁路对于城乡发展的调节——以客运为例

1. 劳动力资源配置矛盾

当中国的历史经过了半个多世纪的发展后，劳动力问题已成为严重制约社会进步、经济发展的一大弊害。拿沪杭地区来说，从事传统部门生产的人数远远大于从事现代部门的人数。据 1928 年的统计，上海工人比例只占到总人口的 12%。[1] 而杭州的情况也基本差不多，就 1930 年的调查，杭州共有产业工人 28804 人，差不多只占到当时总人口的 6%。[2]

民国时期，沪杭区域间的城乡差异突出地从一个问题中所反映，就是城乡劳动力资源配置不均的问题。在生产力还不甚发达的民国时期，利用旧式生产的第一和第二产业成了当时国家的支柱型产业。据统计，在 1914 年，利用旧式生产而获得的产值比重竟高达 98.11%，到了 1936 年，利用旧式生产而获得的产值比重也高达 93.65%[3]。利用旧式生产方式的一大特点是在生产

---

[1] 丁日初主编：《上海近代经济史》第 2 卷，第 492 页；上海市文献委员会编：《上海人口志略》，第 10 页。

[2] 铁道部财务司调查科编：《京粤支线浙江段杭州市县经济调查报告书》，第 66 页；实业部国际贸易局编：《中国实业志：浙江省》第 3 编"商埠及都市"，"丙"第 12 页。

[3] 转引自刘佛丁主编《中国近代经济发展史》，高等教育出版社 1999 年版，第 244 页。

过程中需大量的劳动力，生产的发展主要来自劳动力投入是否增长。所以说劳动力资源的丰富与否，将直接反映出其生产力发展水平的高低。据民国早年统计，杭嘉湖地区共有人口数 231 万余人，其中杭州市人口为 426916 人，城市人口比例约为 18.5%[①]。分布不均的人口使得农村经济涌现大量剩余劳动力，而城市中劳动力缺乏的状况日趋激烈。作为新式交通的代表之一，沪杭铁路在对劳动力资源的调配问题上，起到了突出的作用。

2. 以沿线民众为主体

沪杭铁路自开通以来，客运业绩就明显地强于货运业绩，客运比例就时常高达 60% 左右，进款也远远超过货运。到了 20 世纪二三十年代，这种情况更加凸显（详见表 4）。

表 4　　　　　　　　**沪杭甬铁路的客货运进款数额及比例**　　　　单位：元，%

年份	客货运进款总数	客运进款	货运进款	客运进款比重	货运进款比重
1929	5439192.51	3832925.22	1606267.29	70.5	29.5
1930	5879780.63	4102106.66	1777673.97	69.8	30.2
1931	6792464.19	4748273.69	2044190.50	69.9	30.1
1932	5785796.21	4217100.51	1568695.70	72.9	27.1
1934	6532443.70	4380995.69	2151448.01	67.1	32.9
1935	5666066.23	3977079.19	1688987.04	70.2	29.8

资料来源：铁道部总务司统计科编：《民国十九年，中华国有铁路会计统计总报告》，南京铁道部总务司统计科，1930 年，"说明"第 12—13 页；铁道部总务司统计科编：《民国二十年，中华国有铁路会计统计总报告》，南京铁道部总务司统计科，1931 年，"说明"第 11—12 页；铁道部总务司统计科编：《民国二十一年，中华国有铁路会计统计总报告》，南京铁道部总务司统计科，1932 年，"说明"第 28 页；铁道部秘书厅研究室编：《中华国有铁路民国二十四年度统计总报告》，铁道部秘书厅研究室，1935 年，第 27、30 页。

---

① 潘震球编：《浙江人口问题及其出路》，浙江省民政厅编：《浙江移民问题》第 2 编，浙江省民政厅，1930 年，第 14 页（总第 144 页）。

在了解到沪杭铁路的历年客运人数后，我们必须对于其客运的主体来做一定的考察，进而分析沪杭铁路在劳动力资源分配中所起到的作用。

表 5 沪杭甬铁路载运旅客统计（1932—1933） 单位：人

年份	等级						
	普通				优待	游览	总计
	头等	二等	三等	四等			
1932	13929	199568	3908260	984732	9273	16483	5132245
1933	17902	201010	3767291	1089208	13770	37378	5126559

资料来源：铁道部参事厅第四组编：《铁道年鉴》第 2 卷第 1 册，第 822、874 页。原表 1932、1933 年的总计数分别为 5197952 和 5240770，经核有误，现予更正。

金士宣博士曾说："京沪沪杭甬两路经过区域，人烟稠密，旅客运输，最为重要，但水路交通亦甚发达，故与水道竞争最烈，铁路为招徕旅客计，乃设立四等车。其票价按寻常三等收百分之六十五，几与轮船票价相等……逢站必停，吸收沿途贫苦工人及农民之运输，营业异常发达。"[1] 事实上，多年以来沪杭铁路的客运重心都在三、四等客运业务上，我们可以试举两年的客运概况来说明（详见表 5）。从这张表中我们可以看出，1932 年沪杭甬铁路的三、四等旅客人数为 4892992 人，约占总运载人数的 95%；1933 年沪杭甬铁路的三、四等旅客人数为 4856499 人，约占总运载人数的 94%。如此高的客运比重再次说明其客运业务主要是面向大多数沿线人民的。

3. 沪杭铁路客运业务的改进

（1）方便快捷。

首先，当时一般的铁路客车时速多为 26.1 公里，从上海至杭州全程需要近 8 小时，如碰到需要赶时间的，这样的速度就会误事。基于以上的原因，沪杭甬铁路在客运上便根据不同人群的需要开设了沪闸特别快车（上

---

[1] 金士宣：《铁路运输业务》，大公报馆出版部，1932 年，第 276 页。

海—闸口）、沪闸寻常快车、沪闸三四等慢车，其中沪闸特别快车虽然票价较贵，但是停站很少，例如莘庄、明星桥等小站一律不停，开行速度也较快，从上海北站到闸口也不过 4 小时 55 分（按时刻表准点到达）；而沪闸寻常快车则停站稍多一些，但梅陇、明星桥等小站亦不停，从上海北站到闸口需要 5 小时 55 分（按时刻表准点到达）；而慢车的话耗时就比较长，途中每站都停，需要用时 7 小时 25 分（按时刻表准点到达）。[①] 这样，如有急事的客人可以多花些钱，乘坐特别快车到达目的地，这样不容易误事。一般乘客则可以根据不同需要而选择寻常快车或是慢车出行，价钱较廉，也能到达。因此说因人而异制定不同的客运方式，既"方便"，又是"快捷"的良好体现，更是提高客运业绩的良好举措。

其次，如何减少中途停车时间，亦是铁路客运"快捷"二字的体现。在 1932—1933 年，客车误点的情况仍然比较严重。我们可以选取其中几个月的情况来作一简单的考量。

表 6　　　　沪杭甬铁路的误点情况（1932 年 7 月—1933 年 4 月）

时间	开驶列车	准点列车		误点列车										
				1—10 分		11—30 分		31—60 分		61—120 分		合计	
	次数（次）	次数（次）	百分比（%）	次数（次）	百分比（%）	次数（次）	百分比（%）	次数（次）	百分比（%）	次数（次）	百分比（%）	次数（次）	百分比（%）
1932.7	310	188	60.7	78	25.2	22	7.1	15	4.8	4	1.3	122	39.4
1932.11	300	235	78.3	35	11.7	20	6.7	7	2.3	2	0.7	65	21.7
1933.1	372	207	55.7	58	15.6	56	15	29	7.8	12	3.2	165	44.4
1933.4	360	221	61.4	71	19.7	34	9.5	26	7.2	8	2.2	139	38.6

资料来源：吴禄增：《过去一年沪杭干线旅客列车行驶成绩之回顾》，《铁道》第 4 卷第 60 期，1933 年 12 月 1 日，第 308—309 页（不考虑误点时间超过 120 分钟以上的情况，百分数采取四舍五入计）。

---

① 铁道部联运处编：《全国铁路行车里程、票价里程表》，铁道部联运处，1934 年，"沪杭甬行车时刻表""沪杭甬铁路票价及里程表"。

从表 6 可以看出，一般来说每月客车的误点率至少在 20%，误点时间大都在 1—60 分钟。晚点问题是铁路运输非常头疼的问题，它会在很大程度上影响到铁路的运营情况。当时的路局没有办法解决误点的问题，于是只得以提速来缓解这一矛盾。从 1937 年 1 月 1 日的时刻表来看，沪闸特别快车行完全程只需 4 小时 20 分;[①] 到了 1937 年 4 月 4 日，沪杭间的特快列车行完全程竟只需 3 小时 55 分,[②] 相比以前又提高了不少。

（2）安全。

就"安全"来说，当时的路局也是非常重视。首先，铁路警察成了保障旅客生命财产安全的最重要力量。就沪杭甬铁路来说，1932 年 7 月至 1933 年 6 月共有铁路警察 326 人，在当年处理了 2326 件违警案件，破获了 239 件盗窃案件，收缴了大量毒品，保障旅客出行安全。在列车运行中难免会发生人身意外事故，当出现这样的情况时，铁路警察就会对其施行救济，并将他们就近送往铁路医院进行救治。同年，沪杭甬铁路警察共救济伤亡达 59 人。[③] 这些救济行为，也为当时旅客出行带来了保障和安全，使得铁路警察真正意义上做到了"保民"和"治安"。

其次，加强铁路工务和机务的作业，经常维护沪杭甬铁路的通行顺畅和安全。铁路工务最主要的职能就在于维护和保养铁路线，扩充原有线路及抢修桥梁隧道等，以保证铁路线的畅通。[④] 各铁路管理局都有自己的工务处，下设负责文书案卷及全体人员考绩的总务科；负责施工、备料、考核、测量等事项的工程科；负责修理、装配轨道、号志、机件等事项的工务修理厂等等。[⑤] 在 1931 年，沪杭甬铁路的工务维持费支出达到了 1046308.39

① 《中华国有铁路现行行车时刻表：京沪沪杭甬线》，《铁道月刊》第 2 卷第 11 期，1937 年 7 月 1 日，无页。
② 《铁道月刊》第 2 卷第 9 期，1937 年 5 月 1 日，第 143—144 页。换算后得。
③ 铁道部参事厅第四组编：《铁道年鉴》第 2 卷第 1 册，第 427 页。
④ 李占才主编：《中国铁路史（1876—1949）》，汕头大学出版社 1994 年版，第 332 页。
⑤ 同上书，第 333—334 页。

元，占到了当年营业用款总费用的 19.5%。① 而铁路机务，最主要的任务在于检修、保养机车车辆，为列车的正常运行提供动力保证。② 同年，沪杭甬铁路的机务支出为 933747.29 元，占到了当年营业用款总费用的 17.4%，③ 这样机务与工务的费用支出比例总共为 36.9%，工务和机务的高比例开支，确实为保证铁路安全运行打下了坚实的基础。在 1932 年 7 月至 1933 年 6 月的行车事故中，总发生事故 259 件，其中受伤者 48 名，死亡者 49 名，④ 总体上呈较良好状况。

（三）沪杭铁路与水运、陆运的竞争

1. 铁路与水上交通的竞争

杭沪线是早期连接杭州与上海的一条很重要的水运线路，在经过很长时间的发展后，形成了自己的规模。线路总长 216 里，其间共设八站，分别为拱宸桥、塘栖（即塘栖）镇、崇德县、石门镇、嘉兴县、嘉善县、枫泾镇、上海市。⑤ 相对铁路运输来讲，水上运输因不受到固定轨道的束缚，所以可用最短的里程数来完成运输。例如就沪杭铁路来说，从杭州站到枫泾的距离约为 180 公里，而利用水路运输达到同样的目的地，行驶里程则为 108 公里，这就是水路能够"抄近道"的良好优势。但是就营运业绩来看，水运的收入仍然难以与沪杭铁路相抗衡。即使是居全省内河轮船行业之首的钱江商轮公司，在其最兴盛的 1928 年，总收入也不过 15.8 万元。⑥

相较铁路运输而言，水上运输又存在着天然的缺陷。首先，水上运输

---

① 铁道部业务司编：《中国铁道便览》，商务印书馆 1934 年版，第 202—203 页。
② 李占才主编：《中国铁路史（1876—1949）》，第 341 页。
③ 铁道部总务司统计科编：《民国二十年，中华国有铁路会计统计总报告》，"统计表"第 12 页。
④ 铁道部参事厅第四组编：《铁道年鉴》第 2 卷第 1 册，第 787 页。
⑤ 铁道部财务司调查科编：《京粤线浙江段经济调查总报告书》，"交通"第 29—30 页。
⑥ 周峰主编：《民国时期杭州》，浙江人民出版社 1997 年版，第 335 页。

的速率比铁路运输要慢。在 20 世纪 30 年代的环境下，航行在杭沪线上的轮船时速大都为 18—20 里，[①] 要从上海到杭州的话，至少需一日一夜。而如果采用铁路出行的话，沪杭铁路三四等慢车的时速一般在 25 公里上下，而快车的速度约为 32—35 公里上下，[②] 其速率明显更快。其次，水上运输受天气影响较大。杭沪线为内河航道，无论是遇到恶劣天气，或者是出现一些急流、旋涡，都会使旅客出行的安全性大打折扣。而天气变化对于铁路运输的影响，特别是对客运的影响则要小得多。最后，水路客运的运力也与铁路相距甚远。一般来说，民国时期客轮的载客数大都在 25—28 人。[③] 就沪杭甬铁路沿线的曹萧段来说，在 1933 年全年运输旅客数大约为 237600 人，[④] 但相比较同时期沪杭甬铁路的客运能力的话，差距就比较明显了。仅是 1933 年 1—4 月，整条沪杭甬铁路的载客量高达 1823058 人次。[⑤] 这样的运力是水路客运所难以比肩的。

2. 铁路与公路交通的竞争

当时与沪杭铁路竞争最激烈的陆上交通，就是沪杭公路。沪杭公路实际于 1932 年 10 月 16 日通车，初设平湖、乍浦、金山嘴、闵行等 14 站，每天往返于沪杭共两班。[⑥] 途中也设立了从乔司到临平等几条与沪杭铁路互通

①《浙西航运水利概况》，《浙江省建设月刊》第 4 卷第 4 期，1930 年 10 月，"统计"第 119、121 页。

②《浙江商报》1936 年 1 月 18 日第 2 张第 5 版。该数根据列车时刻表换算而成，不考虑临时停车。

③《浙西航运水利概况》，《浙江省建设月刊》第 4 卷第 4 期，1930 年 10 月，"统计"第 119、121 页。

④ 陈佐明：《沪杭甬线曹萧段沿线之交通》，《京沪沪杭甬铁路日刊》第 659 号，1933 年 5 月 3 日，第 172 页。

⑤《沪甬杭线营业统计比较表》，《京沪沪杭甬铁路日刊》第 699 号，1933 年 6 月 20 日，第 130 页。

⑥《沪杭公路后日营业通车》，《杭州民国日报》1932 年 10 月 14 日第 2 张第 3 版。

的干路，无论是使用公路出行，还是利用公路转乘铁路出行，都较为便捷。[①] 但即使在竞争下，沪杭甬铁路 1932 年客运进款为 4097750.05 元，1933 年则达到了 4193722.74 元。[②] 在沪杭铁路与沪杭公路并行竞争的环境下，整条沪杭甬铁路的客运进款却不降反升，其原因相当多样。首先，沪杭铁路的客票价格较为便宜。

表 7　　　　　　　　　　**上海至杭州铁路票价及里程**

		上海北	闸口	杭州
快车票价（元）	头等	0	7.15	7.05
	一等	0	4.8	4.7
	二等	0	2.65	2.6
特别快车票价（元）	头等	0	8.35	8.25
	一等	0	5.4	5.3
	二等	0	2.95	2.9
里程（公里）		0	195.83	189.74

资料来源：铁道部联运处编：《全国铁路行车里程、票价里程表》，铁道部联运处，1934 年，"沪杭甬行车时刻表""沪杭甬铁路票价及里程表"。

换算一下我们便可得知，如乘坐特别快车头等座、一等座和二等座的话，每百公里分别需要 4.26 元、2.76 元和 1.51 元；而乘坐快车头等座、一等座和二等座的话，每百公里分别需要 3.65 元、2.45 元和 1.35 元。京沪沪杭甬铁路局还为了体恤贫民、民工等低收入者，特设了三、四等座，其价格更为便宜。[③] 而据《武原镇志》记载："杭乍公路（为沪杭公路的一

---

① 全国经济委员会筹备处道路股编：《沪杭公路图说》，全国经济委员会筹备处道路股，1932 年，"插图 1"。

② 铁道部参事厅第四组编：《铁道年鉴》第 2 卷第 1 册，第 874—875 页。

③ 铁道部业务司编：《中国铁道便览》，第 91 页。

段）通车后……由于票价昂贵，乘客甚少"。① 其次，在出行时间的比较来看，选择铁路出行更为省时。从 1934 年 7 月 1 日实行的沪杭铁路行车时刻表来看，选择三、四等慢车出行的话，上海北站发车时间为 9 点 35 分，到达闸口车站的时间为 17 点，运行时间共计 7 小时 25 分，行驶距离为 195.83 公里②。如此换算下来，即使是慢车，其时速大约在 26.1 公里。而如使用公路出行的话，当时的客车时速一般只能达到 20—25 公里，③ 这样看来如果普通民众想要出行的话，一般来讲则会选择相对速度更快些的火车。再次，就舒适性来说，公路客运不如铁路。因为在民国时期，浙江省内一般都以石子路为主，路况不好，而且客车的舒适性、安全性也无法与火车相比。因此大多数人认为"公路道上颇为颠簸，舒适、安全性，均不及铁路"。④ 最后，就运力来讲。在当时的客车一般载客数为 20 人，⑤ 按每天发班两趟的频度来算，一天运输的旅客数不会超过 100 人。而沪杭甬铁路在 1932 年 12 月的客运总人次达到了 493244，⑥ 其中沪杭段平均每天运输旅客人数都在万人以上。这样明显的运力差距，就直接导致了公路运输在竞争中处于下风。

综上所述，即使有水运和陆运的共同竞争，但却对铁路的客运业绩构不成影响，这就说明了铁路在客运方面有着不可撼动的地位，它极大地促进了区域间民众的往来，为民众的出行搭建起来一条便捷的桥梁。

---

① 海盐县武原镇志编纂小组编：《武原镇志》，上海人民出版社 1991 年版，第 229—230 页。
② 铁道部联运处编：《全国铁路行车里程、票价里程表》，"沪杭行车时刻表" "沪杭甬铁路票价及里程表"。
③ 实业部国际贸易局编：《中国实业志：浙江省》第 10 编 "交通"，"癸" 第 47—51 页。
④ 《沪杭甬路沿线公路运输概况表：二十二年六月份制》，《京沪沪杭甬铁路日刊》第 727 号，1933 年 7 月 22 日，第 150 页。
⑤ 实业部国际贸易局编：《中国实业志：浙江省》第 10 编 "交通"，"癸" 第 47—51 页。
⑥ 同上书，第 9 页。

三　铁路影响下的城乡变化

在铁路运输的影响之下，商品流通促进了市场体系的健全与完善，并使得行业分工更加明确，城乡的传统作用被不断地弱化，城乡间的格局就在这种受铁路影响的作用下，而发生了显著的改观。

(一) 铁路过境城市的变化

1. 上海城市规模的扩大

上海自近代以来的变化是令世人咂舌的，在开埠以前，它只是江南地区的一个小城。然而在近代化的过程中，她却一跃而成为近代中国最为繁荣的城市之一。到了 1927 年，南京国民政府成立，随即上海特别市也于当年 5 月 7 日成立，"市政府之责职，不仅在改良南北市，最后之目的，乃在建设大上海，以贯澈（彻）先总理之计划"①。如此一来，订立并开展大上海计划便被提上了日程。

大上海计划于 1929 年 7 月正式通过，同年 8 月 12 日正式实施，建设项目有四大方面。①在中心区划地 1000 亩建设政治区，包括市府大楼、各局办公楼以及运动场、图书馆、博物馆、医院、公园等项目。②交通设施，包括铁路和港口。③在中心区的外围规划工业区和住宅区。④道路系统。第一批以市府大楼为中心，东、南两块呈棋盘形，北、西两块呈蛛网形。第二批，修筑中山北路、中山西路通往南市；修筑其美路、黄兴路通往租界。第三批道路 23 条，通往浦东和江桥等地。② 大上海计划实质上就是一

---

①　上海特别市工务局编：《上海特别市工务局十六年度业务报告》，上海特别市工务局，1928年，第 69 页。

②　上海市杨浦区志编纂委员会编：《杨浦区志》，上海社会科学院出版社 1995 年版，第1043—1044 页。

项城市发展的长远规划，为了能在浦东建设一座新城，以便同旧市中心遥相呼应。

沪杭铁路对大上海计划支持的最主要表现，就在于增进建设物资的运载效率，保证各类物资高效地输往沪地。上海并不足以产出自身所需之建设物资，所以大都依靠进口。上江沿线是梢木、松板、石材等的主要产区，其一般是经由水路将物资集中运往闸口，再由闸口通过铁路将其集中销往上海南站和日晖港等。① 沪杭铁路为了能够使得转运更为快速，规定了如梢木、松板、松段、煤油、各类石料运进闸口站后，不作堆栈，直接装运上车，销往沪地。② 同时，在大上海计划施行的几年间，由于市场的需要和当局的鼓励，沪杭铁路沿线出产和输送了更多的建材物资。据统计，在 1933 年中，嘉善地区总共出产了 3.5 亿块砖和 3.5 亿块瓦，闸口站共运出了 140 万根木材。③ 这些物资都在很大程度上帮助了大上海计划的顺利实施。到了 1933 年秋天，市政府大厦及其所属各局的新局所同时落成；1935 年中秋，运动场完成；1936 年初，博物馆、图书馆、市医院和卫生实验所等巍峨的大厦，都矗立在市政府的前面了。④ 上海城市建设的趋于完善、城市规模的不断扩大，与铁路交通有着密不可分的关系。

2. 杭州城市的变化

（1）地价的变化

自沪杭铁路开通以后，杭州成了人员频繁往来的交通要地，举家迁往

---

① 陈佐明等调查：《闸口——浙省上江、各埠货物之集中点》，《京沪沪杭甬铁路日刊》第 738 号，1933 年 8 月 4 日，第 31 页。

② 车务处营业科编：《京沪沪杭甬铁路货车运输价目表》，车务处营业科，1934 年，原书无页码。

③ 铁道部业务司编辑：《中国铁道便览》，第 137—139 页。

④ 雪芩：《到上海市中心区去》，《京沪沪杭甬铁路日刊》第 1609 号，1936 年 6 月 11 日，第 79 页。

杭州生活的外地人越来越多，据统计，1931 年时杭州人口已高达 48 万余人，[1] 由于这样的情况，所以杭州的地价和房价开始猛涨，涨幅较大的有两块，一块是市中心区域，另一块是车站附近。第一，拿市中心的地段来说。早在民国初年，杭州地价最高者为湖滨路附近，每亩约为 1500 元。而据 1930 年的统计，当时杭州地价最高者为每亩 40000 元，主要集中在太平坊、清河坊一带；其次为平海路、湖滨路、延龄路、仁和路一带，地价也高达每亩 30000 元。[2] 第二，拿车站边的地段来说，如雄镇楼为每亩 12000 元，清泰门附近为 12000 元每亩，就连拱宸桥也高达每亩 5000 元每亩，相比较而言，当时武林门附近的地价最高也不过 5000 元每亩，[3] 因此说车站边的地价也是相当高的。

除了地价上升之外，房租费也日渐升高。在 20 世纪 20 年代初，杭州的平房租金不超过每间 5 角钱，但是到了 1928 年，杭州的小楼屋价格普遍已达每间 1—2 元，小平屋价格也达到了每间 1 元。[4] 因此从萧山、绍兴而来杭谋生之车夫，有家庭的大都租住在城中的偏僻小巷；没有家庭的要不住在城外，要不就联合四五人共租一间小房[5]，生活状况实为艰难。

（2）旅游环境的变化

杭州自古便以大好风光闻名，但到了近代，杭州的区位优势和经济优势已为上海所取代，因此大力开发旅游业成了当时的重点，于是治理西湖、美化西湖便成为发展旅游业的重中之重。

---

① 建设委员会调查浙江经济所编：《杭州市经济调查》上编，第 31 页。
② ［美］汪利平：《杭州旅游业和城市空间变迁（1911—1927）》，朱余刚等译，《史林》2005 年第 5 期。建设委员会调查浙江经济所编：《杭州市经济调查》上编，第 25—30 页。
③ 建设委员会调查浙江经济所编：《杭州市经济调查》上编，第 24—30 页。
④ 《杭州市住宅类租价调查表》，《市政月刊》第 1 卷第 5、6 号，浙江图书馆古籍部藏，出版时间不详，第 73 页。
⑤ 王清彬等编，陶孟和校订：《第一次中国劳动年鉴》，北平社会调查部，1928 年，"第一编"第 622 页。

首先，杭州政府于 1927 年，将以前苏堤两旁栽种的桑树除去，改种杨柳以衬湖景，并改筑了沿湖的马路，可通行汽车；[①] 其次，在望山桥和压堤桥的中间建造了苏堤公园，使得气象再为之一新；[②] 最后，杭州市政府于 1928 年 10 月开展了取缔西湖周边违章建筑的行动，将西湖周边许多妨碍风景的建筑加以整改或取缔。[③] 这样一来，西湖的风景便更胜从前。

3. 嘉兴县城的变化

严格意义上说，嘉兴并不能归于"城市"的范畴，但由于其是杭嘉湖地区发展较早、规模较大的市镇，所以在此文中也将其归入"城市"进行研究。

嘉兴在沪杭铁路的影响之下，主要发生了三点变化。首先，由于商业更盛，因此建造了新市场。嘉兴属沪杭铁路中的一个站点，历来是江浙一带育茧产丝的重镇，在 1932—1934 年间，通过沪杭铁路共运输生丝达 25000 公斤。[④] 于是嘉兴政府在此基础上建造了南宫新市场，招请外埠企业家来此组设产业工厂。[⑤] 其次，由于精英外迁现象严重，所以加速城市改造的进程。在铁路通车以后，地方上却发生了一大不利之趋势：大多数富人家庭由于羡慕上海的生活，而通过沪杭铁路外迁，一般迁出了之后，便再不愿回到家乡来。[⑥] 嘉兴政府看到了"人才及资本外溢"的现象，于是加快了城市改造的脚步，准备从 8 月 28 日起先用两个月时间，把旧城垣拆竣，并从事筑路及布置新村与新市场[⑦]。最后，民众移风易俗，破除旧时陋

---

① 《西湖新气象》，《京沪沪杭甬铁路日刊》第 1153 号，1934 年 12 月 15 日，第 96 页。

② 同上书，第 96—97 页。

③ 《杭州市取缔西湖建筑规则》，《市政月刊》第 1 卷第 12 号，浙江图书馆古籍部藏，出版时间不详，第 15 页。

④ 静园：《京沪沪杭甬铁路沿线茧丝产运销概况（三）》，《京沪沪杭甬铁路日刊》第 1305 号，1935 年 6 月 14 日，第 90 页。

⑤ 《嘉兴月报》创刊号，1930 年 5 月 1 日，第 45 页。

⑥ 汪胡桢：《嘉兴城市之改造》，《浙江月报》第 1 卷第 6 号，1928 年 1 月，第 2 页。

⑦ 同上书，第 3 页。

习。在嘉兴县城经济趋好、城市改造的同时，破除民众的旧时陋习，也是当务之急。1929 年时，嘉兴县政府颁布公告，开始征收筵席税以赈济救济院；1930 年 10 月，嘉兴县政府发布公告，禁止在乡间进行赌博①。以上措施，在一定程度上制止了民众的铺张浪费和聚众赌博等行为，为民众破除陋习，趋于文明生活而做出了一定贡献。

（二）铁路过境乡镇的变化

1. 特色化乡镇

沿线乡镇在铁路影响下的变化主要就是：在铁路交通的影响下，表现出多种产业协调发展的局面，于是其经济功能普遍得到增强，被称为特色化乡镇。

王店镇位于嘉兴县东南部，旧称梅里，兴盛于明中叶，以丝绸业起家。早在万历年间，王店镇区就已形成了较有规模的商业坊巷。当地丝织业相当发达，可谓"蚕丝之利不下吴兴，户勤纺织，人多巧制"；造纸业同样出名，明代周陈侯首创梅里笺，供文人骚客作诗之用，一时间远近求购，名传四方。② 旧时的王店镇为我们呈现的是一派商业繁盛之景象。

在沪杭铁路修建之后，王店镇交通运输变得更为发达，形成了主以水路、辅以铁路的立体式交通网络。辛亥革命以后，虽然几经兵灾，但王店镇仍为浙北重要的货物集散地，商业发展持续快进。据民国时期的调查，王店镇的车运业务比较繁荣，每年约有 1092 吨土布通过沪杭铁路运抵上海，约有 1184 吨米通过沪杭铁路运到上海或闸口，约有 5000 吨土特产（如豆、柏子、大蒜）通过沪杭铁路运到上海、南星桥和闸口等地。③ 运输

---

① 嘉兴县政府编：《嘉兴县政府公报》第 1 期，出版地点与时间不详，浙江图书馆古籍部藏。
② 《王店镇志》编纂委员会编：《王店镇志》，中国书籍出版社 1996 年版，第 119 页。
③ 陈佐明等调查：《车运较旺之王店》，《京沪沪杭甬铁路日刊》第 719 号，1933 年 7 月 13 日，第 87 页。

业的发展同时带动了当地经济的发展，在经济发展的同时，王店镇更依托许多有利条件，逐步开始发展新兴产业，并依靠机器生产。1923 年，孙少卿创办了耀明电灯公司，1928 年出现了朱合兴碾米厂，1935 年，又出现了徐大茂等六家新式布庄。① 其中有一家叫褚永兴布庄的原料大都来源于上海，成品则集中通过车运销到申、苏、常等地。② 借助了铁路的优势，使得原料输入与产品输出变得更为便捷，王店镇的经济发展呈现出的是协调共生的景象。

长安镇为海宁县属的大镇，本是江南三大米市之一，但太平天国时期由于战乱，米市一落千丈，后竟为硖石所替代。③ 民国时期，长安主要发展蚕桑业。1921 年，海宁第一家新法缫丝厂在长安创办，1925 年，省办改良蚕种场在长安创建，1927 年，又创设蚕桑指导所。④ 据当时调查，"在旺年，可产出干茧二万余担……多运销上海……运输方法，以车运为多"。⑤加之长安又是当时交通发达之地，萧绍长途汽车公司、全益轮船局都在长安与沪杭铁路开办联运，⑥ 极大地促进了当地商业的发展。来往的客商多了，长安电灯厂、裕长钱庄、东悦来商号、赵裕丰饭店等各行业不断地兴起，无不说明了交通对于长安的深刻影响。

硖石镇是海宁县属的一个大镇，由于整个浙江大都属于缺粮之地，而附近的芜湖、巢湖、吴江、震泽等地则属于余粮地区，海宁的长安、硖石自然就成为粮食的集散地，旧时便以其米市所闻名。通过内河航运由苏皖

---

① 《王店镇志》编纂委员会编：《王店镇志》，第 120—121 页。
② 《京沪沪杭甬铁路日刊》第 1123 号，1934 年 11 月 8 日，第 52 页。
③ 《长安镇志》编纂领导小组编：《长安镇志》，当代中国出版社 1994 年版，第 156 页。
④ 同上书，第 182 页。
⑤ 陈佐明等调查：《长安—海宁茧产集中地》，《京沪沪杭甬铁路日刊》第 724 号，1933 年 7 月 19 日，第 126 页。
⑥ 《京沪沪杭甬铁路一览，二十二年度》，出版者与出版地点不详，1934 年，上海图书馆近代图书库藏，"京沪沪杭甬铁路与沿线水陆空联运概况表"。

两地运来的米，丰年时可达百万石。外来米船至硖，必停船过夜，全盛时期，硖石米市对上海米市影响较大。① 沪杭铁路在此设站后，商贸往来更加便利，商业亦更为繁荣。硖石商业繁荣的基础，其一在于农副、土产的出口，其二在于现代工业品的进口。硖石一直以来都是以米市闻名，但是在铁路的推动之下，柏子、桑叶的种植逐渐成了大头，每年通过车运输出柏子近 8000 担，输出桑叶 10 万多担。② 除此以外，硖石镇每年还通过车运从上海进口约 3000 箱香烟，10 余车洋货，40 余车洋纱，③ 在一定程度上使得当地的商贸趋于多样化，促进了当地商业的繁荣。

2. 传统化乡镇

所谓的传统化乡镇，是指在面对现代化的机遇与挑战时，仍墨守成规，延续其传统发展态势，最终导致衰落，丧失了其市镇原有的地位。在沪杭铁路沿线，出现了一种较特殊的形态：那里虽有铁路过境，但是出于某些原因，仍然延续了传统的发展态势。

许村是海宁县属的小镇，也是沪杭铁路其中的一个站点，但是它的发展却没有因为铁路交通的移植而迅速发展起来，相反，"居民均务农为业……镇上无商会"④。从这一点我们可以看出，即使在铁路的推动之下，但许村镇并没有开始以现代化的方式进行物资的分配交换，且仍然以传统的农业生产为主，这大概是由于许村的经济基础比较薄弱所致。

---

① 顾明江、沈松年：《硖石米市实况》，政协海宁县文史资料工作委员会编：《海宁文史资料》第 37 期，政协海宁县文史资料工作委员会出版，出版时间不详，第 1 页。

② 吴保卫调制：《海宁县属硖石镇主要农产物统计》，《京沪沪杭甬铁路日刊》第 1785 号，1935 年 1 月 24 日，第 143 页。

③ 陈佐明等调查：《硖石之交通及运输》，《京沪沪杭甬铁路日刊》第 720 号，1933 年 7 月 14 日，第 93 页。

④ 陈佐明等调查：《许村—海宁县属一小镇》，《京沪沪杭甬铁路日刊》第 727 号，1933 年 7 月 22 日，第 151 页。

（三）　无铁路过境地区的衰落

在近代社会，湖州是个物产丰富之地，"平均每年可产米二百万石……产丝二百余万两……销往上海及美国"①。可由于受到交通因素的制约，湖州的城乡发展逐渐缓慢，主要凸显在以下两个问题上。

第一，运时受限。众所周知，湖州是以产丝而闻名，即使到了民国时，吴兴县城中"藉丝、茧为生者，占全县人口百分之八十以上，乡民一年收入所恃，以及市面之繁荣，均系乎此"②。这句话说明丝对于湖州经济发展起到了相当大的制约，可谓是一荣俱荣，一损俱损。作为湖州经济发展的晴雨表，丝、茧的出口必然要仰赖于高效、便捷的交通工具。水路是湖丝出口的主要交通途径，依靠水路将丝、茧等物运去上海、杭州或者苏南等地区转口。但水路运输的效率实在有限，从湖州至上海短短 150 公里的路程，如果单依靠水路运输的话，至少需要 10 个小时，如果碰上天气不好或者水道异常，耗时就更多了。这样就不利于货物的转口，使得货物附加价值不断降低。除了丝、茧之外，竹笋也是吴兴的特产之一，但由于交通工具的相对不完善，鲜笋实在难以保存，所以大都制成笋干而运销沪、苏、杭等处③，相较鲜笋而言，笋干的商品价值量就明显下降了不少。从上述两个例子可以看出，湖州地区的交通运输效率比较低。

第二，运能受限。在 1933 年前后，湖州年产丝约 2000 包，每包重量约 100 斤；年产茧 3 万担，每担重量大约也是 100 斤④。如果我们不考虑别的因素，把它们当作全数出口，货物总重量应该在 320 万斤左右，换算成

---

① 钱公治编：《湖州新览》，湖州求文斋书局 1933 年版，第 7 页。

② 张泽香：《吴兴现状之调查》，《湖州月刊》第 5 卷第 9、10 号合刊，1934 年 4 月 1 日，第 1 页（在本刊中，每篇文章都采用独立页码）。

③ 同上书，第 3 页。

④ 《长兴县的物产状况》，《湖州月刊》第 4 卷第 9 号，1933 年 3 月 1 日，第 2 页（在本刊中，每篇文章都采用独立页码）。

公制的话最多也就是 1600 吨。在当时的中国，铁路运输主要采用载重量为 30 吨或者 40 吨的货车。但丝、茧等商品由于价值较高，不能采用大型货车装运，所以在沪杭路上，也有 21 吨或 25 吨的货车，用以运输价高和无法满载的商品①。但无论怎么说，1600 吨的货物如果用铁路运输的话，最多 80 辆货车装运就足够了。但湖州没有铁路交通，用船装运的话，1600 吨的货物至少需要 400 艘才够（按每船平均 50 石来算），所以运力不足也成为湖州经济发展缓慢的因素之一。

小结：沪杭铁路促进发达区域间的互动

（一）经济层面的互动

现今世界的多数国家在工业化发展伊始，主要存在两个"趋向"：第一个趋向是指城乡二元经济结构产生与不断强化的过程；第二个趋向是指城乡二元经济结构逐步弱化与向现代一元结构转化的过程。② 所谓城乡一元结构，是指在增进城乡产业关联度的同时，促进二者优势互补，最终实现一体化发展。当然从城乡二元结构向一元结构的发展路径相当不易。王国敏教授认为实现城乡发展的一元结构，其中必须要做到"建立城乡互动、工农互促的协调发展机制"③；庄荣盛教授认为实现城乡发展的一元结构，其中必须要做到"建立贸工农一体化的农业经营新体制"④。无论是哪一项论点，其中都谈到了"互动""一体化"的内容，而实现这些内容的途径之

---

① 金士宣：《铁路运输学》，商务印书馆 1948 年版，第 136 页。
② 邵峰：《均衡浙江：统筹城乡发展新举措》，浙江人民出版社 2006 年版，第 79—80 页。
③ 王国敏：《城乡统筹：从二元结构向一元结构的转换》，《西南民族学院学报》（哲学社会科学版）2004 年第 9 期。
④ 庄荣盛：《建立城乡一元体制，实现城乡和谐发展》，《上海农村经济》2007 年第 8 期。

一就在于有否良好的交通网络，以促进城乡互动和促进商业、农业和工业的联系。拿民国前、中期浙江省来说，促进城乡二元经济结构向一元结构转化具有许多优势，其中很重要的一项就是基础交通设施较为完善。20 世纪 30 年代前后，上海和杭嘉湖区域已建成了较为发达的交通运输网络，拿水路交通来说，单杭州内河的航线就达到了 50 余条，日发班次 60 艘以上，[①] 沟通了钱塘江、大运河、黄浦江等重要水系；拿公路交通来说，一条沪杭公路就将上海和整个杭嘉湖地区联动起来；拿铁路交通来说，以沪杭铁路为范例的交通运输部门，更是相当直接地扮演了该地区运输的主角。在民国时期，有铁路通过地区的城乡发展情况，与无铁路通过地区的城乡发展情况是不相同的，对于这两种不同发展情况的研究，有助于说明铁路交通在当时期对城乡发展问题所起到的作用。

沪杭铁路在旧中国算是一条比较特殊的铁路，其特殊性就是：沪杭铁路所经区域都是相对发达之地，它自然就属于一条沟通较发达区域间的铁路。这样一来，它与其他铁路所反映出的特性，或者对于沿线区域所使的力，都是大不一样。因此，将其作为一个特殊模型来进行考量，是具有一定道理的。

作为浙江省内另一条铁路——浙赣铁路来说，所展现的就是完全不同的风貌。丁贤勇在《浙赣铁路与浙江中西部地区的发展：以 1930 年代为中心》一文中曾提及这样一个概念："浙赣路……打破了内部小流域局限，市场随之重组，人员和货物流向改变。"[②] 从这里我们可以很明显地看出，浙赣铁路对于沿线区域的作用力在于"改变"二字，因为浙赣铁路所经，多为浙江中西部区域，那边相对于浙东地区可以说是一穷二白。据衢州调查

---

① 《杭州市交通志》编审委员会编：《杭州市交通志》，中华书局 2003 年版，第 450 页。

② 丁贤勇：《浙赣铁路与浙江中西部地区的发展：以 1930 年代为中心》，《近代史研究》2009 年第 3 期。

说："他们的生活品，几乎都是他们自己劳力做出来的，他们是生产者，又是消费者……至于他们穿的衣服，也是破碎不堪，他们要添点衣服，是一件很难的大事。"① 正因为浙江中西部地区较落后，所以更需要铁路所带来的变力，这种变力在相对不发达的地方，受到的阻力也较小。

沪杭铁路所经区域多为较发达区域，它在这一区域中所施加之力以"调和"为主，因为在这一区域中，无论是现代产品还是传统产品都比较充足，城乡工业化步伐也在不断向前，据1923年的调查，在浙江海宁县的范围内，新式轧棉机的数量已高达80—100架之多。② 所以在这样一个背景下，沪杭铁路的功用便是只需将区域资源（包括物资和劳动力）进行合理的整合，便直接可以促进区域间的发展。所以沪杭铁路对于区域发展的实效性贡献，就在于"调和"而非"改变"。

（二）社会层面的互动

沪杭铁路所经区域，大抵都属物阜民丰之地，上海与杭州的先后开埠，使沿线民众较早感受到近代风气。太平天国时期，徐家汇已是"市面大兴，既而电车行驶矣，邮政设局矣；电灯、路灯、德律风（电话）、自来水次第装接矣……日新月异，宛似洋场风景"③。在上海的带动之下，沪杭地区的民众在思想文化、生活观念、生活方式等早已有了启蒙。在沪杭铁路尚未出现时，杭州人民便开始"醵分旅行，春则普陀、天竺，秋则天目、法华，纵山海之奇观，夸都会之盛况"④。

《浙江月报》曾刊登一则广告："本路（沪杭路）各大车站，如松江、

① 孤芬：《浙江衢州的农民状况》，《东方杂志》第24卷16号，1927年8月25日，第57页。
② 朱逸之：《帝国主义与中国农村经济》，《新生命》第3卷第9号，1930年9月，第5页。
③ 转引自刘石吉《明清时代江南市镇研究》，中国社会科学出版社1987年版，第105页。
④ 丁世良、赵放主编：《中国地方志民俗资料汇编·华东卷》（中），书目文献出版社1995年版，第602页。

嘉善、嘉兴、硖石、长安、杭州等处皆为东南名胜菁华之区，风景之佳冠于全国。如乘车出行作竟日之郊游，必能快心悦目，于精神上当裨益匪鲜。"① 在此我们即可感受到沪杭铁路对民众生活方式的改变，并将近代的生活方式移植到他们的心中。

除了促进旅游业以外，沪杭铁路更是将近代教育系统与医疗系统通过铁路移植到了沿线地区，使得沿线民众在思想上继续接受近代新兴事物；沪杭铁路在一定程度上也改变了沿线民众的衣、食、住、用的习惯，使得传统的生活习惯和行为开始向近代的趋势转变；沪杭铁路还将近代的时间观念通过多种方式植入民众的心中，强行将他们带入近代化的生活观念及方式当中。

民国时期的沪杭铁路仅仅为沿线地区的经济、社会发展提供了一个平台，如何更好地整合区域资源，并在未来的发展中占得先机，是值得我们后人所深思的。上海在当前的时代中，已迈入国际化大都市的行列，以杭州、嘉兴等城市为代表的浙北地区，发展同样迅速。与民国时期铁路独当一面的交通方式不同，自改革开放以来，沪杭地区的公路建设成就卓著，公路运输地位不断上升。

2009年2月26日，沪杭客运专线（又称沪杭高铁）在上海开工，预计将于2010年10月完成建设。届时，沪杭间的交通往来将变得更为高效、快捷。沪杭铁路对区域经济社会将带来新的推动力。

---

① 《浙江月报》第1卷第6期，1928年1月。

1945—1949 年杭州市粮食危机探析

——以钟渭泉案为中心的考察

张　旭

国民党统治大陆后期，特别是抗日战争结束以后，国统区出现了恶性通货膨胀。究其根源在于市场上物品供给和消费出现了失衡状况。杭州市的粮食供求关系亦不能例外。在清末民初社会大变革之际，由粮食供求产生的问题给杭州市社会秩序的稳定带来了一些冲击。及至抗日战争爆发之际，杭州市的粮食供求虽存在一些问题，但是由于整个社会比较安定，统治者可以通过一些措施来进行弥补。战争爆发以后，社会秩序破坏，加之大量的军粮需求以及交通梗阻，使得至此之后杭州市粮食的供求关系问题出现恶化的趋势。供求关系失衡的直接后果便是粮食价格的剧烈上涨。价格波动之际，便是囤积居奇之风盛行之时。由此看来，战后杭州市粮食问题的恶化，给了粮商操纵粮价、囤积居奇的动机。钟渭泉案中，钟渭泉正是以操纵粮价的行为在杭州被判处死刑。

一　1945 年以前杭州市的粮食问题

清末至民国，杭州因为粮价上涨多次发生群众性的抢米风潮，比较激烈的有 1901 年群众捣毁方正和米店及 1913 年捣毁大有利米店。1927 年北伐军抵达杭州时工人借罢工之际掀起捣毁米店风潮，逼迫资方在工资方面进行让步。[1] 短短 20 多年间，杭城的多次抢米风潮显示出杭州甚至浙江的粮食供应一直存在着问题。

1935 年的《浙江粮食调查》开篇便提到"我国产米，浙江是七大产米省之一。查浙省产米，每年在 4700 万石（市石）以上，徒以人口众夥（每年需米 4900 余万石），不敷消费，即在丰稔之年，尚须补以杂粮，始可差强自给。故在平常年份，须仰给于苏皖湘各省。一遇荒歉，则更有赖于洋米之接济矣"[2]。这段话便总结了战前浙江省粮食的大致概况：人口众多，可耕地少，时常要忍受灾害的侵扰，粮食无法自给自足，需要外米接济。

浙江民政厅的调查显示"1933 年应缺三百零五万石，根据浙江建设委员会经济调查所报告粮食，常年约缺二百五十万石左右"[3]。

我们还可以参考抗战前杭州市城北的最重要的湖墅米市，它的运行状况反映了整个杭州市乃至周边地区的粮食供销情况。其中米市的来源，苏米占 60%，皖米占 15%，本省嘉湖地区占 25%，并且苏米的质量最佳。杭州常年食米输入量近 200 万市担。[4] 战前杭州市食粮调剂委员会及杭州市米业公会对 1930—1935 年杭州米粮运入之数量作了调查（详见表 1）。

表 1　　　　　　　　　1930—1935 年杭州米粮运入数量　　　　　单位：市担

年份	湖墅米行	杭州市米店	总计
1930	1212300	196665	1408965
1931	904659	505710	1410369

---

① 《杭州三次打米店风潮及钟渭泉案》，中国人民政治协商会议浙江省人民委员会文史资料研究委员会编：《浙江文史资料选辑》第十一辑，浙江人民出版社 1979 年版，第 171 页。

② 孙晓村：《浙江粮食调查》，上海社会经济调查所 1935 年版，第 1 页。

③ 此两项数据均来自《浙省粮食管理实施办法纲要草案》，浙江省档案馆藏，档案号：L029-002-0100。

④ 《我国米谷运销区域概述》，《粮政季刊》1947 年第 7 期。

续表

年份	湖墅米行	杭州市米店	总计
1932	918321	491663	1409984
1933	1140803	266903	1407705
1934	1068429	480000	1548429
1935	927458	630000	1557458

资料来源：《我国米谷运销区域概述》，《粮政季刊》1947 年第 7 期。

上表中关于运入数量年均分布在 140 万—160 万市担区间，与前文提到的常年食米输入量近 200 万市担，存在着每年 40 万—60 万市担的偏差。笔者查阅了 1935 年杭州市米行粮店输入来源及数量表（详见表 2），其总数额为 1927350 市担，接近于每年 200 万市担。

表 2　　　　　　　　　**1935 年杭州市米行米店米粮来源之分析**　　　　单位：市担

米类	外省			本省			总计
	江苏 1	安徽 2	合计	外区 3	本区 4	合计	
籼米	270000	150000	420000	713850	240000	953850	1373850
蒸谷米	—	—	—	—	480000	480000	480000
粳米	30000	—	30000	18000	—	18000	48000
糯米	—	—	—	18000	7500	25500	25500
总计	300000	150000	450000	749850	727500	1477350	1927350

注：1. 包括：上海、无锡、宜兴、溧阳、芦江等地；2. 包括：梅渚、东坝、巢县等地；3. 包括：嘉兴区、温州区及金华区等地；4. 包括：湖州、长兴、泗安、荻浦等地。

资料来源：综合各产地市场运往杭州市米粮总数及其他资料之估计。见张培刚、张之毅《浙江省粮食之运销》，商务印书馆 1940 年版，第 19 页。

综合上面三个数据可知，在战前杭州的粮食已经入不敷出了。外米对于杭州整个粮食供应起着重要的作用。

抗日战争爆发后，杭州的粮食问题更加严峻。日军的掠夺，交通的破坏与封锁，进一步威胁着浙江与杭州粮食的供应。战争造成的大量流动人口无疑增加了社会秩序管理的困难以及粮食供应的紧张。[①] 1938 年，浙江省需米 77448607 市担，生产量 65248972 市担，缺 12199635 市担。[②] 浙江省政府田赋管理处 1948 年的资料记载："依本省粮食消费习惯就用作主要食用之稻谷、小麦、玉米、甘薯共计折米 74304569 市担，全年消费量计 76326882 市担，计不敷 2022313 市担。"[③] 况且里面也提到了产量为 1945 年之调查，而消费量则是根据 1942 年人口统计数量得出的。而这三年中，人口的数量是在增加的，因此，实际的缺口应该更大，浙江无疑是一个缺粮省份。

但是，根据黄绍竑在 1941 年率领各厅处检阅人员实地视察所得出的粮食盈虚情况报告，浙江的粮食盈多于缺。[④] 不过这种整体的盈缺并不能反映浙江省粮食的实际情况，其中一个重要的因素便是粮食的调剂。余粮的县份报予省里的往往要比实际的余粮数量要少，这里面掺杂着一些自保的因素，即希望本县能够有更多可以支配的粮食。特别在战时，突发的灾害会比平常造成更为巨大的危害性以及更为严重的后果。民间恐慌的心理与商人投机的心理互相作用，抑制着粮食的流通。在战时，外省和洋米可谓几近断绝，而浙江省却不注意省内的调节。[⑤] 浙江缺粮的县份，往往首先想到的便是希望向省外购米或是直接依赖洋米，绝少向省内余粮县份进行采购。

因此在战时，无论浙江省的粮食是盈抑或是缺，缺乏有力的调剂，

---

① 唐佳娟：《抗战时期国统区的粮荒与地方政府的因应》，硕士学位论文，杭州师范大学，2013 年。

② 《浙江省粮食志》编纂委员会：《浙江省粮食志》，当代中国出版社 1999 年版，第 8 页。

③ 同上。

④ 该篇文章提到浙江省余粮县份有 17 县，完全自给县份有 22 县，勉强自给县份有 11 县，稍缺县份有 6 县，缺粮县份有 7 县，有 13 县是游击区，暂且不计。以人口言，缺粮县份之人口约为 605 万人，余粮及勉可自给县份人口为 1120 万人，自给自足的数字多超过了缺粮的数字。黄绍竑：《浙江粮食问题之最后决策》，《浙光》1941 年第 7 卷第 21—22 期。

⑤ 黄绍竑：《浙江粮食问题之最后决策》，《浙光》1941 年第 7 卷第 21—22 期。

依赖外米，交通不便阻碍流通，粮商囤积居奇①，这些因素均对浙江的粮
食安全构成了威胁，并进一步恶化浙江省的粮食问题。杭州市作为浙江
省最大的粮食消费市场，浙江战时粮食问题在战后影响杭州市的粮食
运行。

二　战后杭州市粮食问题：供求失衡、粮价飞涨

这一时期，无论是国际还是国内普遍存在着粮食供应不足的问题。欧
洲成为战后粮食重要的输入地。这一状况直接影响了联合国善后救济总署
调拨我国的粮食数量。② 受到洋米供应减少，本国自身自然环境限制以及战
后社会环境动荡等因素的影响，战后我国粮食问题日益严重。"中国现在，
正是民穷财尽……全国人口，现在都是不够饭吃，每年饿死的人，大概过
千万，这种是平时估算的数目，如果遇着了水旱天灾的时候，饿死的人数，
更是不止千万了。"③ 这便是战后全国粮食问题的真实写照。杭州作为当时
全国一个重要的粮食消费市场，深受国内粮食供给状况的影响。笔者虽没
有杭州战后粮食供销直接数据，但是浙江省 1947 年粮食产消盈亏估计统计

---

① 《浙江粮食涨价和闹荒的剖视及其对策》，《胜利》1939 年第 58 期。

② 原计划粮食部与联合国善后救济总署代表于 1945 年 12 月间在渝商定，1946 年 1—6 月间
由联总拨米 720000 吨，小麦与面粉 750000 吨救济我国灾民。结果该项数字先减为只有米 209000
吨，之后又减为 67900 吨，与原来数字相去甚远。1946 年 7—12 月，除由联总购运济华 200000 吨
外，我国政府可自购暹米 30000 吨，越米 50000 吨，共为 280000 吨，不过购取外米有诸多限制，截
至 1946 年底，联总部分尚有 64000 吨未购。1947 年上半年的食米配额，我国原经要求最低限度须
有 500000 吨，后经国际粮食会议议决为 245000 吨，其中由联总购运 57400 吨，政府购运 187600
吨。参见谷正伦《一年来的粮政——自三十五年三月起至三十六年四月止》，瞿韶华、侯宏坤：
《粮政史料》（第六册），台北"国史馆"1992 年印行，第 413—415 页。

③ 尹静夫：《战后粮政》，自由西报社 1945 年版，第 3 页。关于战后全国粮食供应的状况还
有"纵无人为的及自然的因素，即在平时，粮食产额已感不敷，如值天灾（如旱涝）人祸（如战
争）则粮产锐减，饥馑骤至"的描述。参见关吉玉《中国粮食问题》，经济研究所 1948 年版，第
18 页。

表（详见表 3）对于杭州市粮食状况是有一些参考价值的。

表3　　　　　　　　　**1947 年浙江省粮食产消盈亏估计**　　　　　单位：千市担

粮食种类	产量	消费量	盈（+）亏（-）
稻谷	86240	90737	-4492
小麦	15714	15554	+160
杂粮	44032	43873	+159
合计	145986	150164	-4178

注：产量为粮食部会同农林部根据民国三十六年调查资料估计，消费量系参照当地人口数字暨粮食消费习惯估计。

资料来源：关吉玉：《中国粮食问题》，经济研究所 1948 年版，第 92 页。

从 1947 年的估算数据显示，整个浙江省的粮食缺口有 400 多万市担，省会杭州的状况也不那么乐观。战后政府还治杭州时提到 "浙省素患缺粮而粮荒时期往例每当四月间开其端而青黄不接之际则最为严重"①。1945 年年底时杭州存米不足 20000 余石，尚不能维持一周，特别是米潮②之后，"供应顿感竭蹶"，"粮荒日重，影响社会秩序"③。当时粮食仅余 20000 余石，以全市每人每日以食米半升计算，只能维持十日。④ 粮店大部分关门歇业，整个粮食市场几乎陷于瘫痪。在 1946 年初粮食公司发动组织目的中也提到了 "米市供应负担之愈益加重" 的情形。⑤ 杭州市政府鉴于

---

① 魏思诚：《浙江田赋粮食管理处公布浙江省会及重要消费市场民食调节计划》（1946 年 3 月 6 日），浙江省档案馆藏，档案号：L037-000-0050。

② 指 1946 年 2 月 24 日发生在杭州的一次大规模打米店抢米风潮。

③ 杭州市政府：《代电行政院善后救济总署浙闽分署准田粮处电送调剂民食意见书转请鼎力协助由》（1946 年 3 月 26 日），杭州市档案馆藏，档案号：旧 3-2-256。

④ 《米店捣毁损失详情》，杭州《大同日报》1946 年 3 月 2 日，第 3 版。

⑤ 经据杭州市米业同业公会报称：在战前，历年年终，全市粮食存底平均约三四十万石之谱，目前杭州市存粮不过二万余石，谨就现有人口一周之食。更以省会所在，治安无虑，农村人口大量涌入，再则公教人员禄米制度又复废止，上述因素加剧了杭州市的粮食供销问题。《为调节民食拟发动组织官督商营粮食公司呈请》（1946 年 1 月 15 日），浙江省档案馆藏，档案号：L029-002-0106。

本市产粮有限①，民间存粮为数亦少，为明了该市粮食供销情形，曾于1946 年底对杭州市的存粮数目做过一次调查。至 12 月底止，计：①本市粮食市场现有存粮计米 3176 市石，玉蜀黍 1500 石，大豆 3114 石；②四行仓库堆存质押品食粮，计米 36022 石，谷 1621 袋（每袋 130 斤），计 21073斤，绿豆 400 石；② ③本市粮食行号存粮，估计每月存量，米 3 万石；④估计民间存粮，共存米 5 万石；⑤根据粮食市场每月交易，及粮商自行向外埠购运粮食，每月经常流入本市粮食月 5 万石。③ 当时杭州的存米在 15 万石左右，但是其中的 5 万石是依赖外埠米的输入，对外依赖性极大，存底极不稳定。1947 年 4—5 月，杭州市的粮食存底又几近枯竭④，近来因产区粮价又高猛涨，复以到源稀少，供销失衡。⑤ 正值此次杭州市粮源稀少，存底日薄之际，5 月 2 日爆发了战后第二次大规模的米潮。当时政府已经预感到杭州市粮食问题的严重性，"窃查杭州市食粮自发生剧烈波动后，存粮日见薄弱。际此青黄不接，供不敷求严重状况之下，若不未雨绸缪，存粮势将枯竭"⑥。1947 年 11 月下旬—1948 年 1 月杭州市粮食供销有具体的数据可以参考。

---

① 杭州市系粮食消费市场，非产粮地区。历来民食，端赖向嘉兴、硖石、芜湖、泗安等产粮地区购运接济。参见《杭州市民食调节委员会总字第 66 号训令》（1946 年 12 月 24 日），杭州市档案馆藏，档案号：旧 3-2-256。

② 四行仓库堆存质押品食粮是杭州粮商贷款向外购米的质押物，提出需要经过贷款方四联总处浙江分处及实际贷款的中国银行杭州分行、中央银行杭州分行、交通银行杭州分行、中国农民银行杭州分行的同意，政府不能轻易将其流入市场以供应市场需求。

③ 周象贤：《半年来之杭州市政（第八章田粮）》（1946 年 7 月—12 月），浙江省档案馆藏，档案号：L030-000-0050。

④ 杭州市民食调节委员会：《电为请求以就近县份征存省谷项下配售稻谷五万石以作本市调剂民食之需祈鉴察赐准由》（1947 年 4 月 4 日），杭州市档案馆藏，档案号：旧 3-2-256。

⑤ 杭州市民食调节委员会：《为本会定四月十一日下午三时名开扩大民食调节会议云准时出席与议由》（1947 年 4 月 9 日），杭州市档案馆藏，档案号：旧 3-2-256。

⑥ 杭州市政府：《代电为据本市粮商呈请核发粮食采购证以便向产粮省份购运等情转请鉴核准予制发由》（1947 年 5 月 2 日），杭州市档案馆藏，档案号：旧 3-2-380。

表4　杭州市主要粮食消费旬报表（1947年10月21日—1948年1月31日）

日期	人口（人）	粮食种类	米（市石）	面粉（市斤）	大豆（市石）
1947年10月 21—31日	477519	上旬末日存粮	6540	150000	1278
		本旬各地输入	24197	360000	—
		本旬消费	21447	180000	—
		本旬存粮	9290	330000	1278
1947年11月 1—10日	477519	各地输入	20281	140000	—
		消费	23601	230000	259
		存粮	5970	240000	1019
1947年11月 11—20日	477519	各地输入	24309	60958	—
		消费	23893	190000	322
		存粮	6386	110700	697
1947年11月 21—30日	477519	各地输入	24222	94200	958
		消费	24728	192000	270
		存粮	5880	12900	1385
1947年12月 1—10日	477519	各地输入	21825	346500	509
		消费	20824	245100	415
		存粮	6881	114300	1477
1947年12月 11—20日	477519	各地输入	20327	268300	323
		消费	20284	256900	421
		存粮	6924	125700	1379
1947年12月 21—31日	477519	各地输入	24290	198300	757
		消费	20382	234600	701
		存粮	10832	89400	1435
1948年1月 1—10日	477519	各地输入	14215	265400	675
		消费	18411	231200	246
		存粮	6636	123600	1824
1948年1月 11—20日	477519	各地输入	16172	243200	276
		消费	18042	251400	414
		存粮	4766	115400	1686

续表

日期	人口（人）	粮食种类	米（市石）	面粉（市斤）	大豆（市石）
1948 年 1 月 21—31 日	477519	各地输入	17192	258100	—
		消费	16174	271500	284
		存粮	5764	102000	1402

资料来源：根据 1947 年 10 月 21 日至 1948 年 1 月 31 日的《杭州市主要粮食消费旬报表》整理所得，杭州市档案馆藏，档案号：旧 3-2-381。

　　1948 年杭州市粮食供应仍未见复苏。该年 1 月 11 日，通过对杭州市粮行、粮店存粮的普查，本市实际所自存食米仅为 13832 石[①]，该数据与表 4 的数据相比出入比较大，笔者推测可能是普查当日有粮运到，而该日是该旬的第一日，故消费计算较低。总之，这些数据呈现了门售食米日见空虚。该日粮食市场仅成交 956 石。[②] 1948 年 1—2 月间杭州市市场粮食交易数量（详见表 5）总体呈现疲态，日成交数量稀少，反映了该段时间杭州市粮食供应缺乏的状况。

表 5　　　　　　　**1948 年杭州市 1—2 月粮食交易数量**

时间	粮食交易数量
1 月 11 日	米 956 石
1 月 14 日	米 943 石
1 月 16 日	米 1775 石，杂粮 19 石（本日店方逢低尽吸，故成交量较大）
1 月 17 日	米 1087 石，杂粮 120 石
1 月 18、19 日	两日成交米 2167 石，杂粮 112 石
1 月 20、21 日	两日成交米 2872 石，杂粮 73 石
1 月 23、24 日	两日成交米 2723 石，杂粮 74 石

---

　　① 据统计存粮为粮行 24456 石，粮店 15376 石，共计食米 39832 石。但其中须除去缴仓 20000 石（粮贷振粮 20000 石本月十七日到期），上年提运省赋谷米 6000 石，划付办理平粜，故实际可支配的实际存粮为 13832 石。

　　② 《浙江省民食购销委员会签呈浙江省政府》（1948 年 1 月 11 日），浙江省档案馆藏，档案号：L029-002-0236。

续表

时间	粮食交易数量
1 月 30 日	米 756 石，杂粮 40 石
2 月 13—20 日	一周成交米数仅 2262 石，平均每日仅 320 石（2 月 10 日是旧历春节，粮食市场关闭，2 月 13 日复开）

资料来源：笔者根据 1948 年 1 月 11 日、1 月 14 日、1 月 16 日、1 月 17 日、1 月 19 日、1 月 21 日、1 月 24 日、1 月 30 日、2 月 20 日浙江省民食购销委员会签呈浙江省政府资料整理所得，浙江省档案馆藏，档案号：L029-002-0236。

  通过表 4 和表 5 数据分析，杭州市 1947 年 10 月—1948 年 1 月间每日供应米大约为 1000 石，估算整月粮食供应量约为 30000 石，与上文 1946 年底的调查统计数据相比，问题显得更为严重。该年 8 月，南京国民政府颁布《财政经济紧急处分令》，发行金圆券代替法币，同时加强经济管制。该政策并未给杭州市的粮食供销问题带来转机，反而随着江西省粮食禁运政策的实行，杭州市的粮食供销失衡问题更为显著。杭州市大部分粮食供应来源于赣省，赣省禁运粮食出境影响本市民食供应巨大。如长期禁运来源断绝，难免刺激粮价，关系着杭州市整个民食调节问题。① 到了 10 月份情况更为危急，粮食市场日常供应已由自由开售改为硬性派货，存底空虚，情势日形严重。截至 10 月 11 日，各粮行仅存粮 4300 石（自用饭米一并在内）。杭州为消费市场，拥有 50 余万人口，月需食米最少 10 万石，市民随时有断粮的威胁，民食前途堪虞，可谓巧妇难为无米之炊。② 日来粮店无米应市，情形严重。③ 由于食米缺乏，市民每人凭身份证仅能限购 2 升。④ 11

① 杭州市粮食店商业同业公会《为赣省禁运粮食出境影响本市粮食供应来源颇巨仰祈》（1948 年 8 月 30 日），杭州市档案馆藏，档案号：旧 3-2-380。

② 杭州市政府：《代电为据签呈以粮源困难请予疏导等情核饬知照由》（1948 年 10 月 16 日），杭州市档案馆藏，档案号：旧 3-2-380。

③ 杭州市人力货车业职业工会：《为粮源缺少民食恐慌本会拟自行采办以济会员自食呈请》（1948 年 10 月 20 日），杭州市档案馆藏，档案号：旧 3-2-380。

④ 杭州市粮食行商业同业公会：《为呈请发给采购食米执照以利民食》（1948 年 10 月 25 日），杭州市档案馆藏，档案号：旧 3-2-380。

月底，赣米仍未抵达，杭州市民食恐慌尚未解除。① 这也引起了杭州市政府的忧虑，杭州市民食一向依靠外埠，粮米断供使得食粮存底日薄。② 1949 年民食依旧匮乏，需要不时紧急拨借食米来为市府员工配米。③

　　除去通胀因素，这些资料反映了战后杭州市一直遭受着粮食供应匮乏的困难。杭州人口众多，是重要粮食消费市场，但其本身产粮有限，需要外埠供应。

　　粮食问题，就发生之形态言之，可分为数量与价格两方面，粮源之有无多寡，固影响国计民生至巨，而粮价之高低，尤为人民经济生活中之一个现实问题。④ 粮食的价格，大部分决定于粮食之供求运输与成本。就一般状况而言，每年春末夏初正值青黄不接之际，粮价会呈现上涨趋势，每年秋收后，新谷上市，粮价会呈现下跌的趋势，整个粮食价格每年受季节性影响，作周期运动。但是，战后的杭城的粮价并不是呈现正常的周期性变化，而是波动性上涨（详见表 6、表 7、表 8）。

表 6　　　　　　　**1945—1948 年法币下杭州市米价**　　　　　单位：万元/石

时间	米价	备注
1945 年 8 月	0.68	—
1946 年 2 月	1.65	—
1946 年 7 月 6 日	4.47	—

---

① 杭州市粮食行商业同业公会：《代电为本市民食恐慌尚未解除拟请迅电省政府转电赣省府将已准出运之五千石从速放行济急由》（1948 年 11 月 30 日），杭州市档案馆藏，档案号：旧 3-2-380。

② 杭州市政府：《代电为据本市粮食行商业同业公会呈为本市粮商在赣省采购待运之米五千石人未蒙该省允准放行等情电请鉴赐转电从速放行以济本市民食由》（1948 年 12 月 9 日），杭州市档案馆藏，档案号：旧 3-2-380。

③ 杭州市政府：《电划拨物资运用会食米五千石以便发放员工食米由》（1949 年 4 月 6 日），杭州市档案馆藏，档案号：旧 3-2-380。

④ 关吉玉：《中国粮食问题》，经济研究所 1948 年版，第 16 页。

续表

时间	米价	备注
1946 年 7 月 13 日	4.72	当日有特号米、一号米、二号米三个价格，笔者为便于统计取三者的平均数
1946 年 9 月	4.5	同上
1946 年 10 月	4.85	一号米价格
1946 年 12 月	5.9	同上
1947 年 1 月 10 日	6.2	同上
1947 年 1 月 30 日	6.5	同上
1947 年 2 月 4 日	7.35	同上
1947 年 2 月 26 日	8.8	同上
1947 年 3 月 21 日	9.2	同上
1947 年 4 月 5 日	9.7	同上
1947 年 5 月 26 日	31	一号米、二号米平均数
1947 年 9 月 3 日	36.5	同上
1947 年 12 月 31 日	93	同上
1948 年 1 月	134.5	
1948 年 2 月 14 日	85	政府限价
1948 年 2 月 18 日	159	限价下的黑市价格
1948 年 2 月 27 日	200	2 月 26 日政府取消限价
1948 年 8 月 20 日	5375（折合金圆券 17.92 元）	

资料来源：根据《杭州市物价志》编纂委员会编《杭州市物价志》（中国物价出版社 2002 年版）整理所得。

表 7　　　　　　　　　**1948—1949 年金圆券下杭州市米价**　　　　单位：万元/石

时间	米价	备注
1948 年 11 月 30 日	0.034	资料选取粳米
1948 年 12 月 31 日	0.051	
1949 年 1 月	0.195	
1949 年 3 月底	1.45	

续表

时间	米价	备注
1949 年 4 月 1 日	9	
1949 年 4 月 9 日	25	
1949 年 4 月 16 日	58	
1949 年 4 月 18 日	98	
1949 年 4 月 20 日	140	
1949 年 4 月 21 日	165	
1949 年 4 月 21 日	295	

资料来源：根据《杭州市物价志》编纂委员会编《杭州市物价志》（中国物价出版社 2002 年版）整理所得。

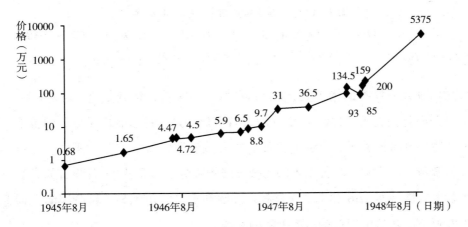

图 1　1945—1948 年法币下杭州市米价

说明：（1）由于该段时间内价格数据相差过巨，为了方便视图，笔者将纵坐标轴刻度改为基数为 10 的对数刻度，实际粮价涨幅比该表所显示更为剧烈。

（2）1948 年 2 月份价格有回落是因为政府出台了限价政策，其实际价格要较限价高。

从表 6 和表 7 以及图 1 和图 2 中的分析得知，杭州市在 1948 年 8 月 19

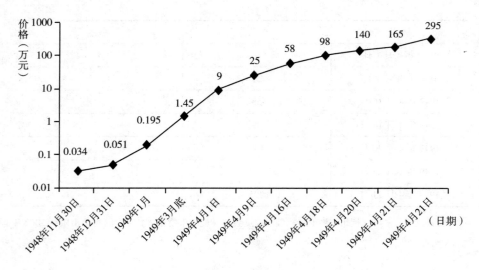

图 2　1948—1949 年金圆券下杭州市米价

说明：由于该段时间内价格数据相差过巨，为了方便视图，笔者将纵坐标轴刻度改为基数为 10 的对数刻度，实际粮价涨幅比该表所显示更为剧烈。

日法币改金圆券时的米价是抗战结束时的 7904 倍，特别是进入 1948 年，价格开始急剧上涨。1948 年 2 月的政府限价只是一种强制性手段，限价下的黑市将米价推到了一个新的高度。国民政府原寄希望改革金圆券，通过限价政策，国家管控物价来遏制物价飞涨的趋势。但是从 11 月限价放开后米价的走势（见表 6 和图 2）来看，金圆券实与法币无异，自身因滥发而不断贬值，米价依旧保持高速上涨的态势。

　　米是粮食的一部分，米价的上涨对于其他粮食作物的价格势必有着影响。如果一个地方对于主食的偏好性忽略不计，那么米和其他粮食作物在经济学的意义上来说是一对替代品。按照替代品的概念来说，米的价格上涨会增加其他粮食作物的需求量。但是在战后的杭州，由于其他粮食作物的供求也是有限的，因此在上述假设中所得到需求量增加的情况下，其他粮食作物的价格受到粮价的影响而上涨变得不可避免（详见表8、表9）。

| 表8 | 1946—1948 年杭州市面粉价格 | | | 单位：千元/斤 |

日期	面粉种类及价格			
	一号粉	二号粉	三号粉	平均值
1946 年 3 月 25 日	0.24	0.22	0.18	0.21
1946 年 4 月 23 日	0.28	0.26	0.22	0.25
1946 年 5 月 14 日	0.44	0.4	0.32	0.39
1946 年 6 月 24 日	0.36	0.32	0.28	0.32
1946 年 10 月 17 日	0.51	0.46	0.26	0.41
1946 年 11 月 28 日	0.57	0.5	无价	0.54
1946 年 12 月 24 日	0.64	0.55	无价	0.60
1947 年 1 月	1	0.9	—	0.95
1947 年 2 月	1.2	1.1	—	1.15
1947 年 4 月	2.1	1.8	—	1.95
1947 年 6 月	3	2.2	—	2.60
1947 年 12 月	9	7.6	—	8.30
1948 年 1 月 28 日	17	16	13	15.33
1948 年 3 月 3 日	31	30	25	28.67
1948 年 7 月 20 日	340	300	240	293.33
1948 年 8 月 13 日	480	420	360	420.00

注：平均值是根据三种面粉价格得出，三号粉无价格时取一号粉与二号粉平均值，平均值结果四舍五入保留两位小数。

资料来源：根据《杭州市物价志》编纂委员会编《杭州市物价志》（中国物价出版社 2002 年版）整理所得。

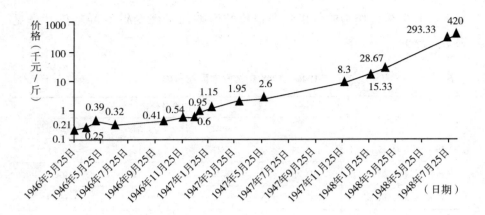

图 3   1946—1948 年杭州市面粉平均价格

说明：由于该段时间内价格数据相差过巨，为了方便视图，笔者将纵坐标轴刻度改为基数为 10 的对数刻度，实际面粉价格涨幅比该图所显示更为剧烈。

表 9	1947—1948 年杭州市黄豆价格	单位：万元/石
时间	黄豆价格	备注
1947 年 1 月	5.6	—
1947 年 2 月	9.6	—
1947 年 3 月	11	—
1947 年 4 月	15	—
1947 年 5 月	26.3	—
1947 年 6 月	28.7	—
1947 年 7 月	27.7	—
1947 年 8 月	32	—
1947 年 9 月	36.4	—
1947 年 10 月	46	—
1947 年 11 月	47.3	—
1947 年 12 月	75.3	—
1948 年 3 月 20 日	243.5	当日批发价为 242 万元，门售价为 245 万元，笔者取平均数

续表

时间	黄豆价格	备注
1948 年 8 月 1 日	2500	—
1948 年 8 月 19 日	5050	—

说明：（1）1947 年原数据单位为斗/元，笔者按一石等于十斗的关系进行换算。

（2）为方便作图，1947 年 5—12 月数据笔者按四舍五入保留一位小数。

资料来源：根据《杭州市物价志》编纂委员会编《杭州市物价志》（中国物价出版社 2002 年版）整理所得。

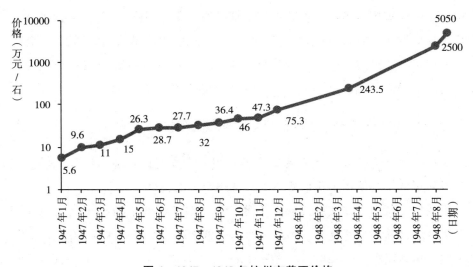

图 4　1947—1948 年杭州市黄豆价格

　　说明：由于该段时间内价格数据相差过巨，为了方便视图，笔者将纵坐标轴刻度改为基数为 10 的对数刻度，实际黄豆价格涨幅比该图所显示更为剧烈。

　　纵观战后杭州市的粮食价格，正是战后中国通货膨胀这一问题的一个缩影。战后的通货膨胀问题，最先是在几个主要城市中显现，接着扩散到城市地区，最后波及农村。货币价值下跌的趋势使得内地农民开始囤积农产品，伺机物物交换。贩到城市的粮食及其他产品减少，粮食供应的缺乏便使得城市的压力更加巨大。① 这便是一条恶性循环的通货膨胀道路。恶性通胀下引起的价格波动时，许多生产资金化为游资，从事投机行为，可以获得厚利或者保持币值。② 战后杭州市遭受着恶性通货膨胀所带来的问题，粮价上涨，货币贬值，人为囤积后粮食供给减少触及粮价再上涨。

三　战后杭州市抢米风潮

由于战后杭州市粮食供求状况恶化，粮食问题严重，因此该时段杭州市零星的小规模抢米风潮不断。如湖墅民伙攘夺起卸粮食③等类似的事件充斥于战后杭州市的各类报刊资料中。这些小规模的抢米风潮如同涓涓细流，汇聚成了一股洪流。这些米潮充分暴露了由于粮食问题而引发的民众与粮商之间的矛盾。尤其是1947年5月的米潮的规模以及影响均是空前的。

（一）希望落空：1946年2月抢米风潮

1945年战争甫定，人民希望能够获得一个安定的环境来恢复经济。但是战后军队移驻使得军粮任务繁重，杭州粮食危机显现。

战后，蒋介石曾核准闽赣赋谷各价拨50000石调节浙省民食。原计划在2月前，赣谷抵达杭州，闽谷经海运运抵宁波，储备起来作为调节杭州、宁波、绍兴民食之用。但是"截至1946年2月底，这批粮食中只有一部分闽谷在2月19日由海路运抵宁波。而赣省之粮商因浙赣路迄未修复，仍在

---

① 张公权：《中国通货膨胀史（1937—1949）》，杨志信译，文史资料出版社1986年版，第66—67页。

② 《十年来之物价》，谭熙鸿主编：《十年来之中国经济——1938年至1947年》下，南京古旧书店复制发行，1990年6月影印，第M31页。

③ 杭州市粮食店商业同业公会呈：《总字第317号为据会员函以湖墅大关区域脚伕工会脚班非法滋扰请制止由》（1948年3月28日），杭州市档案馆藏，档案号：旧3-2-373。

设法提运中"①。

外省的米运浙无望，杭州便把目光放到了省内的产粮区嘉兴、湖州等地。省田赋粮食管理处陈诒副处长会同审计处代表赴嘉属按照市价购买食米 18500 石。但是嘉兴受上海的粮价以及一般物价的刺激，粮价开始上涨，嘉兴的余粮也开始向高价的上海外流。与此同时，一向为粮食产地的台湾地区在此时也宣告粮食不足，温州及其下属的一些市因为粮食流通管制解除而将粮食运往价更高的台湾。② 这对于浙江包括杭州的粮食供应来说无疑是雪上加霜。

杭州市的粮食存底愈发减少，这不可避免会引起粮商的囤积行为与一般市民的恐慌心理。粮商经常只在上午把少量米拿出来应付门市。这使得一些市民跟着粮店从粮行里提米的车子后面，一等车子到店便疯狂争购。对于大部分的市井小民来说，这无疑是一场灾难。这些人的习惯一般是购足一天的食米，而不是购买大量的食米。粮店限制米的出售或者无米出售，使得这些家无隔宿之米的小民来说，带来的是随时断炊的威胁。③ 杭州市战后的第一次大规模打米店抢米风潮就是在这样的背景下发生的。

1946 年 2 月 22 日，东街路一带的粮店只是在上午出售了少量的食米，到了午后便宣称米已售完。东街路是当时杭城手工业的集中地区，工人较多，对于米的需求较大，并且对于米供应的敏感性比较强。这次米潮的导火索是顾客发现宣称无米的粮店店内私堆着许多白米，纷纷向米店问责。对于群众的质问，粮店方面推三阻四，拒不出售，这便引起了群众的公愤。

---

① 魏思诚：《浙江田赋粮食管理处公布浙江省会及重要消费市场民食调节计划》（1946 年 3 月 6 日），浙江省档案馆藏，档案号：L037-000-0050。

② 同上。

③ 《杭州三次打米店风潮及钟渭泉案》，中国人民政治协商会议浙江省人民委员会文史资料研究委员会编：《浙江文史资料选辑》第十一辑，浙江人民出版社 1979 年版，第 172 页。

"群众动手捣毁器具什物，拆散米袋，倒米于地。接着从东街路发展到现解放桥、建国中路、龙翔桥、中山北路等处的粮店。"一位米店老板见到饥民从东街路打过来时，加固了店面，再叫上店伙在门上挡了几十袋米，但是仍被民众一抢而空。

此次米潮的损失，粮商理事长张堃元报告"全市被毁米店共损失食米七千余石，现在全市仅存粮二万余石，各粮店损失数字约计二十万〔亿〕元（包括各种损失在内）"。另据浙江粮食公司筹备处"钱主任"报告"〔浙江粮食公司〕所存食粮实际仅 8784 石，另有黄豆 96 石，苞谷 460 石，面粉 800 包，此次损失食粮经清查后计四百十九石，保险箱内法币五百七十万元〔亦不见〕"。3 月 13 日的调查统计，据核和丰米行等一百九十价损失调查表，合计损失国币 359598999 元。一对米店夫妻的交谈中"我们这次损失多少？至少也得七百万，还有房子门面，生财□具……唉，半年辛苦，尽付东流"一语体现了此次抢米风潮对一般米商的影响。米潮过后，粮店大部分关门歇业，整个粮食市场几近陷于瘫痪。

米潮发生后，市长周象贤立即命令市田粮科长陈孝感召集各有关机关、单位、团体的负责人在市府楼上的会议室举行紧急会议。为了规范粮商的销售，市府决定在杭州成立粮食市场，禁止场外买卖，要求粮店尽快恢复营业，并且要求大小粮商逐日将粮食的进、销、存各项数字造表报予民食调节委员会。市政府根据情况将粮价定为最低每石 17000 元，最高每石 23000 元。关于粮食的限价，一面要顾到消费者的负担，一面又要顾到米商的合理利润，假定定之过低，米商裹足不前，米荒立刻可以造成。① 政府的限价损害了粮商的利益。粮商原本想以闭市使得民众买不到米，借以报复民众的行为。但是政府的一纸令下使他们不得不以低廉的价格折本将粮食

---

① 《论当前粮食问题》，杭州《大同日报》1946 年 3 月 5 日，第 2 版。

应市，加重损失。因而，一些米商认为政府是有意为难他们。当然，仍有一些粮商以身犯险，有传闻黑市仍到处发现，城站方面有每担 27000 元米价之说。①

除了对粮价的限制，政府还需要充实杭州市的粮食存底。因为情况紧急，杭州市政府优先考虑较近的地方。恰逢上海在嘉兴收购的军粮还未运出，于是便将这两万军粮紧急改运杭州济急②，在 3 月 8 日至 17 日之间可以尽数运抵杭州。这些从嘉兴紧急调运过来的军粮仅是征借，待杭州渡过难关，有余粮后再行归还。另一面，命令嘉兴、嘉善、平湖、长兴各县政府按照市价赶速购济。③ 同时，挑选一些有经验的粮商们凭借自身的能力凑款 4 亿元的资金，指定殷实米号赴就近余粮县份分头收购，可望即能购到米 2 万石。④ 先运到的粮食，从 3 月 8 日起，政府按照 2 月 24 日的价格，指定 57 家米店代售。规定糙米每石价 19800 元，白米 22000 元，每人限购一升。⑤ 此时，有一批洋米也悄然抵沪。据沪报刊报联合国善后救济总署，以 3 万吨食米运沪援济。沪市如有大量食米到达，联合国善后救济总署浙闽分署表示杭州可分到一部分。⑥

从消费的角度考虑，同时鉴于春荒将至，省政府希望"整个为不足在局部为不均的情况下，拟借助善后救济之输入食物，配合运用，使之发挥高度之作用，以普遍救济，补不足以提前救济，弥不均既符善后之

---

① 《米价虽趋平落，黑市仍有发现》，杭州《大同日报》1946 年 3 月 4 日，第 3 版。
② 魏思诚：《浙江田赋粮食管理处公布浙江省会及重要消费市场民食调节计划》（1946 年 3 月 6 日），浙江省档案馆藏，档案号：L037-000-0050；《积极开发粮源，调度杭州市民食》，杭州《大同日报》1946 年 3 月 7 日，第 3 版。
③ 《嘉湖军米，收运济急》，杭州《大同日报》1946 年 3 月 7 日，第 3 版。
④ 《积极开发粮源，调度杭州市民食》，杭州《大同日报》1946 年 3 月 7 日，第 3 版。
⑤ 《公司存粮，悉数发售》，杭州《大同日报》1946 年 3 月 7 日，第 3 版。
⑥ 《善救署将拨米运杭》，杭州《大同日报》1946 年 3 月 8 日，第 3 版。

意旨，且尽救济之能事"①。具体来说便是用面粉来代替一部分大米，希冀浙江人能够改变以往的主食结构，逐渐养成面食之习惯，以便将来可以用面粉来调节民食。

政府制定的一系列善后措施，只是延后或减缓粮食供销失衡问题的发生，也无法消除民众与粮商之间的矛盾。在某一个节点，特别是青黄不接的时候，这样的危机仍有可能发生。

（二）规模浩大：1947 年 5 月抢米风潮

1947 年 2 月中旬，在杭州突然出现了黄金与白米的价格都高涨的情况。白米的价格与贫民的关系更为密切，米价升高可威胁着贫民。此次风波平息后，政府不以为然，认为"杭州市粮食并不匮乏，此次杭州市米粮少起波动，皆属外来影响，人心虚弱所致，绝非本身问题。而杭州市民食调节委员会办理议价调节工作，至为负责，更可放心"②。

1947 年 4 月 5 日，杭州市一号米价格为每石 96000 元，与 1946 年 7 月13 日的每石 47500 万元相较涨了一倍。可以说在 4 月份之前，杭州市的粮价还是控制得比较好，虽然其中也出现过 2 月份的危机，但还不至于爆发大规模的群众运动。但是过了 4 月 5 日，杭州市的粮价骤涨，这给了政府当局一个措手不及。"在一个月前（四月），本市的米价，仅八万余元，而最近的米价则飞涨到二十五、六万元。"③《大同日报》在 1947 年 5 月 3 日中刊登了一则以一个农民的名义发给编者控诉粮价的信，信中提到"最近门售店的价格已达十六万元，黑市到了二十万元大关"④。这封信描绘了当

① 《浙江省配合善后救济工作调节民食意见书》，杭州《大同日报》1946 年 3 月 13 日，第3 版。
② 《全省粮政报告》，浙江省档案馆藏，档案号：L037-000-0061。
③ 《杭州又闹打米店风潮（社论）》，杭州《大同日报》1947 年 5 月 3 日，第 2 版。
④ 《米价高涨生活逼人，我们活不下去了》，杭州《大同日报》1947 年 5 月 3 日，第 3 版。

时农民的生活状态与内心的失望恐慌。① "四月下旬，黑市米价十分猖獗，罗尖米被炒到二十五万元并且显示无货，无法向市场出售。还有报道提到除了数量极少的平价米仍维持在十二万七千一石外，白米黑市有高至三十余万元一石者。"②杭州周边绍兴市的米价也反映这一区域在该时段内的飞涨情况。"绍兴自四月中下旬以来半个月间，米价由原来的十一、二万元直冲出了二十万的大关，甚至黑市也售二十三四万的。"③

粮食外流与粮商囤积居奇是造成这段时间粮价飞涨的两个重要原因。1947 年 2 月 16 日国民政府颁布了"经济紧急措施方案"要求在行政院指定的若干地点为严格管制物价之地。④ 三月中旬产区价格上涨后，杭州市的粮食价格并未跟随产区粮价同步上涨。⑤ 田粮处王副处长在 5 月 5 日的省府纪念周中总结了米潮发生的原因中提到"杭州市周围各地，因受沪市影响，粮价暴涨，本市粮价过低，遂致发生倒流。本市粮商因产区价高售出后，不敷采购成本，外县粮商不愿将粮食运销本地"⑥。粮食外流，使得杭州市的米又出现日渐减少的情况，同时本地粮商无法从外地购取粮食。面对这一问题，政府旋即将杭州市的粮食限价进行调整。在 4 月下旬，为防止米

① 在这封信中，农民表达了其对目前生活状况的担忧。在平常年月，粮食价格稳定的情况下，他们还是勉强可以生活下去的。他们对于生活的要求并不是很高，只要能菜饭饱与布衣暖，其中米为最大的问题。在这其中，也表达了对于政府的空头政策的不满。政府曾经洋洋地发表"耕者有其田，抑平物价，开发农村经济，改善农民生活……"等等的目标，但是到了现在却是活不下去的状态。同时他们希冀政府对于囤积居奇的奸商予以惩办而迅速抑平米价。（《米价高涨生活逼人，我们活不下去了》，杭州《大同日报》1947 年 5 月 3 日，第 3 版。）

② 《昨日杭州市区，重演打米风潮》，杭州《正报》1947 年 5 月 3 日，第 2 版。

③ 《记绍兴米潮始末》，杭州《大同日报》1947 年 5 月 9 日，第 2 版。

④ 《经济紧急措施方案》，上海《申报》1947 年 2 月 17 日，第 1 版。

⑤ 笔者虽没有直接的史料可以证明杭州市被列为指定的地点，但是根据田粮处王副处在做米价上涨原因分析时，我们可以得知在杭州确实出台过一些限价措施，并且在 4 月下旬的时候，杭州市政府却将限价进行放宽。

⑥ 《田粮处王副处长报告，米潮处理情形》，杭州《大同日报》1947 年 5 月 6 日，第 2 版。

商将食米隐匿逃避，杭州市政府特将 127000 元一石之限价放宽为 16 万元。①

5 月初时，粮价已经到了一个令人恐惧的水平，并且供市粮食稀少。危机下的恐慌与愤怒还是在 1947 年的 5 月 2 日凝聚成为一场震惊全城的米潮。关于米潮的导火线或是起源有很多争论。② 无论是哪种情况，无米可售，即粮店不向购米市民出售平价粮食是引起这场打米风潮的一个导火线。5 月 3 日召开的民食调节委员大会中总结了昨日（5 月 2 日）致引起打米风潮的原因是市上无米供应。③

这一日，一幕幕的惨剧在杭州上演。米潮是上午开始的，开始便出现了激烈的冲突。④《大同日报》记者描绘了亲看见睹的景象：

> 白米像放花筒似的在半空中撒散，落到地上，被拥挤的人们践踏

---

① 《昨日杭州市区，重演打米风潮》，杭州《正报》1947 年 5 月 3 日，第 2 版。

② 从能够查到的资料显示，杭州市米潮爆发的导火索或是起源有三种：（1）东街路大成米店便因为有许多人来米店买平粜米，店方拒绝出售，并要求市民去规定平粜米的市政府去购买而引发群众愤怒。《米潮再度发生 全市粮行被捣毁》，杭州《大同日报》1947 年 5 月 3 日，第 2 版。（2）还有传闻打米风潮的起因是这样的：正好工厂停工，一个工人上午来到米行去买平粜米，老板说平价米早卖完了，并且态度不是十分友好。这位工人急着要买米，于是约了一些工友将该米店打了。《米风潮目睹记》，杭州《大同日报》1947 年 5 月 3 日，第 2 版。（3）其他的描述中认为中国银行每日抛售应市的两千包食米在二日这天突停止抛售，各米行均以中行米未到，自存米不愿以平价售卖。人们比较恐慌，焦急地聚集在米店门口，见庆春街大兴米店内粮食堆积如山，而店主拒绝售卖，引发激愤，酿起米潮。《求生的信号：杭州发生抢米风潮》，《经济周报》1947 年第 4 卷第 19 期。

③ 《购销调节两会，昨开紧急会议》，杭州《大同日报》1947 年 5 月 3 日，第 2 版。

④ 东街路的大成米店门窗、板壁、火表、市招、篮升斗等，均无一完整，街上则称食米遍地，任人践踏。东街路与庆春街的这些店（"源泰协"等）除被毁糙白食米百余担外，店内地板，亦均被打破多处。官巷口的中正街源裕丰米店，被捣时间比较长，交通被阻塞一小时以上。平津桥裕和祥米店，哭喊之声，震天动地，惨不堪闻。惠民巷回记米店亦被打。该店的数百担存米藏得极为隐秘，储藏在地窖内，用柴火覆盖在上面。但是藏得如此隐秘还是被邻近的市民查得，捣毁得更加严重，混乱中，许多人被践踏受伤，由附近岗警送博爱医院就治。详见《米潮再度发生，全市粮行被捣毁》，杭州《大同日报》1947 年 5 月 3 日，第 2 版。

着，小孩们、穷人们则用篮子袋子在地上扒取。人们像疯狂似的挣着这幕闹剧。店堂里的米篮、电灯、桌子、凳子、账簿、柜台……打碎了，被抛到街道上来，整个杭州好像是在疯狂的状态中。在混乱中，许多人受伤了，许多人在混水中摸鱼，也有许多人在快意的报复着仇恨。打完了这家又转移到了另外一家，围聚着的观众，也跟着呐喊、奔逃。①

　　午后 1 时，《正报》的记者沿着中山北路走着，两边的各种疯狂景象震撼着他。② 清泰街有一家叫聚源的米店，白米存得很多。有一个妇人进去想背一袋白米出来，白米叠得很高，妇人只能从中间抽，结果上面的米压下来把她的脚骨压断了。当时虽然人多，但大家只顾拿米，不管人的死活。直到米尽人散，这位妇人才被发现，已奄奄一息了。③ 下午二时，湖墅受城内米风潮影响，同样发生了捣毁米店事件。④

　　杭州市战后的两次大规模抢米风潮揭示了粮食问题下商民矛盾的状况。粮商和民众之间的关系正是在一次次的冲突中恶化了。刊于 1948 年 11 月 19 日《东南日报》上的一篇社论非常形象地说明了商、民之间的矛盾：

---

　　① 《米风潮目睹记》，杭州《大同日报》1947 年 5 月 3 日，第 2 版。

　　② 两边米店不是挤满了人就是正在捣毁、散米或是拿米。路面很湿，路上都是泥浆，米散出来之后，与泥浆混在一起了。年老的婆婆，年幼的姑娘，带泥带米得在捞，用盆用桶用衣服的，装满了就匆匆带回家去。有些米被不慎抛入了河中，好些人脱了衣服和裤子跳入水中捞。中山北路的一家米店，家具已毁光，群众在楼房后面一袋袋一包包拿去，他们之间还有非明文的规定，妇女可以随便多少，男子却不能整袋的拿。沧海：《米潮目击记》，杭州《正报》1947 年 5 月 3 日，第 2 版。

　　③ 沧海：《米潮目击记》，杭州《正报》1947 年 5 月 3 日，第 2 版。

　　④ 自卖鱼桥大盛协、兴昌米行起，延及珠儿潭之同泰、公信、鼎昌、永大祥，婆婆桥大隘、永隆、益丰、大发、万泰、大开源太，拱宸桥大马路裕康、恒昌、正和、祥丰，大夫坊之陈公义等十八家米行号，所有存米及家具器材，均被捣毁一空，无一幸免，损失惨重。当地警局亦被捣毁，唯未闻有死伤情事发生。《米潮再度发生，全市粮行被捣毁》，杭州《大同日报》1947 年 5 月 3 日，第 2 版。

"大多数的市民，一提到米商，就说这是米蛀虫，是米蠹。"[1]

四 收购摊米、操纵米价

1945 年以后，全国包括杭州市米价出现了剧烈上涨，杭州市在 1946 年和 1947 年发生了两次打米店抢米风潮。面对战后的恶性通胀，南京国民政府于 1948 年 8 月颁布《财政经济紧急处分令》，发行金圆券代替法币，同时加强经济管制，全国物价冻结在 8 月 19 日水平。在不足三个月的限价期间，出现了货物抢购与断档的状况。物资紧张，人心恐慌，整个社会陷入一片混乱之中。[2] 11 月 1 日，国民政府不得不撤销全面物价管制，以稳定市场。

（一）限价放开与米潮

1. 限价开放后的杭州米市

开放限价后三天，杭州市粮商开货甚少，整个市场便出现了供不应求的现象。11 月 4 日，同春坊源泰协售米因购米者过多，极为拥挤几遭意外。市民食调节委员责成粮商尽快开业，全面应市。[3] 市政府要求粮商一律在 4 日开市，否则吊销营业执照，如有违反请市长予以惩处。[4] 据市府田粮科统计，几日来杭州市 50 家粮行，340 家粮店正式恢复营业的仅 2/10，8/10 还在停业中。[5] 市政府派员查明自限价放开后，许多粮店存观望态度，有 149 家粮店停业，想从中牟取暴利。于是市长周象贤手谕田粮科吊销这些粮店的营业执照，

---

[1] 《社论：民以食为天》，《东南日报》1948 年 11 月 19 日，第 2 版。

[2] 虞宝棠：《简论一九四八年国民党政府的金元券与限价政策》，《民国档案》1985 年第 2 期。

[3] 《杭州全市民食，责成粮商供应》，《东南日报》1948 年 11 月 5 日，第 4 版。

[4] 《未开业粮店将予以惩处》，《东南日报》1948 年 11 月 5 日，第 4 版。

[5] 《限价开放后仍停业，百余粮店吊销执照》，《东南日报》1948 年 11 月 6 日，第 4 版。

令其永远停业。① 同时，为了消除供市粮商无粮售卖的顾虑，省市政府电请产地当局对于粮商购粮的便利以及与江西洽谈米源。但是，整个杭州米市场紧张日甚。

2. 黑市高价、配售混乱致米潮发生

限价开放后杭州粮食市场短时间内无法恢复，黑市与政府公卖成为杭州市民买米的两条渠道。黑市的米价从 11 月 6 日的每石 160—180 元不等蹿升到第二日（7 日）的 270 元，到了 11 月 8 日，黑市已经暗中喊出最低 360 元、最高 400 元的高价了。并且这黑市米多来自乡间，没有关系难以购到。② 11 月 9 日杭州城站"特殊分子"所经营的黑米市场区短短两分钟，每石米价便被炒高了 100 元。③

黑市米的供应只是整个杭州市粮食供应的小部分，大部分市民选择政府粮食公卖。市府本为安定人心，于 11 月 7 日开始配拨公粮。6 日，各组公卖食米便开始照常供售。当日，排队轧米的人数骤增，秩序甚乱，部分公卖组被扰，纠纷百出。7 日，公卖的价格受黑市的影响，价格提高至每石 120 元，每人限购 5 升。④ 7 日公卖食米的挤购民众较 6 日更多，秩序也更为混乱，并且各配米组均认为食米不够。面对这种情势，粮行粮店公会开会决定公卖米 8 日继续发售一天，但是粮价提高为糙米每石 150 元，数量上每人减为限购 2 升，并且商请当局增强警卫力量维持秩序。因为米价不断上调，几处平价公卖处的队伍越来越长。许多妇孺因为排了半天队却仍旧买不到米而口出怨言，如"饿死不如犯法"等。⑤ 黑市米和公售米价

①　《限价开放后仍停业，百余粮店吊销执照》，《东南日报》1948 年 11 月 6 日，第 4 版。

②　黑市米价参见《食米涨得凶，公卖价与黑市赛跑》，《东南日报》1948 年 11 月 7 日，第 4 版；《黑市奔腾喊二百七十圆》，《东南日报》1948 年 11 月 8 日，第 4 版；《米市混乱，每石喊出四百》，1948 年 11 月 9 日，第 4 版。

③　《米价是这样跳起的》，《东南日报》1948 年 11 月 10 日，第 4 版。

④　《食米涨得凶，公卖价与黑市赛跑》，《东南日报》1948 年 11 月 7 日，第 4 版。

⑤　《轧米队员的怨气》，《东南日报》1948 年 11 月 10 日，第 4 版。

格的上涨，公售米配售混乱，限价开放后的第一次打米店抢米风潮便是在这样的因素影响下爆发了。

此次米潮，是 8 日傍晚开始的。冗长的买米队伍被驱散，队尾的群众离泰成米店较近，便将里面囤积的五六十包米一抢而空。大家看到了米，不管是否是民调会的平价米，认为一定是米商囤的，于是争先恐后地把一包包米都打开了。大丰米店由于里面没米导致一些用具被破坏。① 9 日上午，购米队伍见鸿运菜馆内有五包米，要求警员将其平卖。二分局警员将米带至龙翔桥菜场边东坡路口发售，一时间有 1000 多人来买米，这五包米便被一抢而空。日前陈火生、钟渭泉等六人在安吉采购的 13 石粮食在延龄路天北运输公司寄存处提出过程中遭到市民围抢。幸得到二分局保护，保存三石五斗米，直至下午始由陈等取回。② 此次米潮与 1946 年和 1947 年的米潮不同。该次并非发生在粮食青黄不接之际，而是正值秋收季节，新谷登场之时，农村存粮正丰，但全国消费城市竟普遍发生粮荒。因此，此次米潮的原因为人为限价。③

对于此次打米店抢米风潮，省保安司令部对于抢米者予以严办，同时政府协助粮商，改善配售方式。浙省保安司令部九日布告称如再有人趁抢米风潮之机强行抢购米或捣毁器具等事情发生，定将扰事人犯严行究办，绝不姑息。省会警察局市区各分组配米处巡察。④ 市府协助粮商积极采购，并请省府指定本省各产粮县份（二十八县）每月供应六万石，作为基本来源，其余田粮处向省外产地采购资金，当由中央银行杭州分行张忍甫面允借贷。关于杭州市的民食配售方式，省政府饬市政府予以改进，要求将全市的民众组织化，分工人、学生、贫民等单位，由各区区公所以十人或十

---

① 乙公：《米荒问题》，《东南日报》1948 年 11 月 10 日，第 4 版。
② 《征购粮食昨续有纷扰》，《东南日报》1948 年 11 月 10 日，第 4 版。
③ 陆平：《如何解决粮食问题》，《东南日报》1948 年 11 月 15 日，第 4 版。
④ 《保安司令部布告，抢米必予严办》，《东南日报》1948 年 11 月 10 日，第 4 版。

人以上为一组，每组发给公民证，市民持证可向指定粮店一次配给十日或半月的用粮。①

（二）取缔与收购摊贩米

1. 赣米抵浙粮价下跌

面对日益严重的民食问题，省政府为了从根本上解除杭州市的民食来源问题，特派顾问陈诒先于 11 月 7 日去江西接洽。当时，浙江收购的大量粮食滞留在江西省，被当地政府以收购军粮名义硬性收购。杭州市粮商恳请省主席陈仪派大员与赣省交涉。② 他们希望江西省当局放运浙省粮商订购的 2 万石食米，③ 同时商讨浙盐换赣米。④ 到了 13 日，粮商自赣所购之粮食中一部分先行运杭，乡米在此时也源源运市，杭州市的米荒已有缓解迹象。而且，浙盐易赣米方案江西方面已经接受，双方已商谈交换手续。⑤ 政府层

---

① 《协助粮商力量，改善配售方式》，《东南日报》1948 年 11 月 10 日，第 4 版。
② 当时杭州市粮食行商业同业公会电杭州市政府，请求市政府签呈省政府派大员与赣省沟通准予放行粮食以济杭州市民食。详见杭州市粮食行商业同业公会代电《电为在赣省办就食米遭当地官署之阻运或收购请赐派大员前往交涉以利民食由》（1948 年 11 月 2 日）；杭州市政府签呈：《为本市各粮商在赣购就之粮食现均遭当地政府阻运出境请予指派大员赴赣洽商准予放行以济民食由》，杭州市档案馆藏，档案号：旧 3-2-380。
③ 此前江西省禁止食米出境，并且有扣留浙省粮商在赣采购的粮食的情形。详见杭州市粮食店商业同业公会《为赣省禁运粮食出境影响本市粮食供应来源颇巨仰祈》（1948 年 8 月 30 日）；杭州市政府代电：《为奉电以赣省粮食仍应自由流通希转饬各会员经往洽购电饬知照由》（1948 年 10 月 9 日）；浙江省政府代电：《准粮食部电复本省粮商赴赣省购粮应予自由流通嘱经行洽办等由转电知照由》（1948 年 10 月）；杭州市政府代电：《为本市粮源困难请叩电饬本省各产粮县份对本市粮商购运粮食应准自由流通并饬转电江西省政府准许粮食出境以疏粮源而济民食由》（1948 年 10 月 16 日）；杭州市粮食行商业同业公会代电：《代电呈送在赣已购未运粮食报告表乞电请省政府及省田粮处转电立饬放行由》（1948 年 10 月 17 日）；浙江省政府代电：《为杭州市粮源困难电饬产粮县份便利购运并转电赣省府准许粮食出境以济民食等情复电知照由》（1948 年 10 月 31 日），杭州市档案馆藏，档案号：旧 3-2-380。
④ 《陈诒今赴赣疏导食米来源》，《东南日报》1948 年 11 月 7 日，第 4 版。
⑤ 《粮食来源充沛，杭州市米荒解除》和《浙盐易赣米商洽成功》，《东南日报》1948 年 11 月 14 日，第 4 版。

面的赣米虽然未能及时运到杭州，但是两省政府的合作使得两省间的粮食禁运有所松动。

两省间政策松动使得许多"单邦"① 往来于江西和浙江之间，从事货物交换。他们将江西的米贩运到杭州，就地设摊售卖。与此同时，粮食市场也开始营业，粮食开始流通。这些因素使得杭州市的粮食价格逐渐下降。13 日，摊贩米一般均售每石 300—320 元，低者更有 280 元甚至 240 元，远较粮店门售的 350 元低廉。② 先前粮商订购的江西米已汇聚鹰潭 5000 石，待车运杭。由于江西米的价格最高不过 130 元，这使人们乐观地认为杭州市的米价将会跌破 200 元大关。③ 15 日，杭州糙米最低价到了每石 180 元。④

2. 摊贩米被肃清

摊贩米的存在与粮商的门售米形成了价格上的竞争。摊贩米以低廉的价格引起了粮商们的担忧与愤恨。为了对付摊贩米，粮食行会通过请求政府取缔与自身直接收购两个途径将杭州市面上的摊贩米肃清。

首先是摊贩米被政府取缔。11 月 14—17 日四天内，有摊贩米被警察局取缔的现象发生。涉及的摊贩米有一部分是之前被市政府吊销营业执照的 149 家粮号，他们在无证的情况下混入粮食市场参加交易。⑤ 这也成为政府饬令警察局对他们进行取缔的重要依据。杭州市警察局第一分局接到了杭州市政府粮字第 573 号代电，其中详细说明了信来、大来等 149 家粮店因无账册或账册不齐，已由政府电请警察局吊销执照勒令停业。鉴于吊销执照之粮店仍有自行继续经营情事，希望警局对于这些粮商依

---

① 单邦：也作"单帮"，指从一地到另一地贩卖商品的个体商贩，下同。

② 《食米供过于求，价跌至二百四》，《东南日报》1948 年 11 月 14 日，第 6 版。

③ 《赣米待车运杭可能进二关》，《东南日报》1948 年 11 月 14 日，第 6 版。

④ 《各地步跌杭州市继续下跌，糙米售一百八》，《东南日报》1948 年 11 月 16 日，第 5 版。

⑤ 《一四九家粮号，勒令不得复业》，《东南日报》1948 年 11 月 18 日，第 4 版。

照非常时期违反粮食治罪暂行条例以囤积居奇论罪。① 警察局收到政府的代电后便取缔了违章的摊贩米商。根据城站商贩的口供称："11 月 16 日前两天一分局来了警察并带了公事来取缔我们，禁止我们摊贩卖米，而其他东西没有禁止。"② 这使得这些摊贩们联想到了是否是米业有公事让田粮处去取缔他们。这个猜想是有一定根据的。一名摊贩提到："16、17 日他们根本没有卖米，因为警察在这两天来这里全体取缔过两次，警察和我们说我们不能卖米，卖米要归米商。"③ 警察的口风中已经让摊贩们探测出了粮食公会是背后的主要推动者。另一名摊贩的口供"16、17 两日有警察来取缔，他们说要卖米要登记否则就不能卖米，并叫我们具结。警察带来的公事他看到有米业公会几个字"④ 使这个推测得到了印证。此外，城站市场管理的负责人根据事后米价暴涨的情况也论证了这个事实，他提到"三天（11 月 14—16 日）中警察共来过两次。第一次来口头通知他们没有执照不准卖米。第二次是第一分局派员十人拿了公事说没有执照不能卖米。取缔过后米价的情形如何，在他来取缔我卖米后，米价就暴涨"⑤。在钟渭泉的判决书中，我们看到了这位名叫刘公济的管理人员供称"我听说是米业公会给田粮处，转到警察局来取缔我们卖米的"，并有通商、民生、公义等摊贩负责人蒋□、楼斌、王荣等到庭供明，结证在卷。⑥ 对于其他没有被吊销营业执照的摊贩米商，警察局以妨碍交通与市容为名将一部分取缔。⑦ 而粮食的口供中对于是否有要求政府

---

① 《警政字第 1810 号代电》（1948 年 11 月 18 日），杭州市档案馆藏，档案号：旧 10-3-301。
② 《钟渭泉案笔录》，杭州市档案馆藏，档案号：旧 10-3-301。
③ 同上。
④ 同上。
⑤ 《钟渭泉案笔录》，杭州市档案馆藏，档案号：旧 10-3-301。
⑥ 《钟渭泉判决书原文》，《东南日报》1948 年 12 月 21 日，第 4 版。
⑦ 《社论：民以食为天》，《东南日报》1948 年 11 月 19 日，第 3 版。

取缔摊贩米的情事均是全盘否认。由此推测，虽然我们不能以摊贩的片面之词就断定取缔摊贩米与粮商有关，但是就动机来说，摊贩米带来的竞争是可能引发粮商向政府提出此类诉求。

就在政府下令警察取缔的同时，粮商们也在加紧收购剩余的摊贩米。首席检察官裘朝永描述了当时的情形："11月1日限价开放后，粮食自由买卖，米摊林立，价既平稳，迨至十七日上午，全市米摊，被鲸吞消除。"① 关于摊米是为何人所收购的，许多传闻和线索将矛头直指粮行米店和粮商，甚至是粮商的总代表钟渭泉。这些传闻主要有三：其一为连日来城站、南星桥等地的米贩聚集使得米价下跌因之米店的零售生意被摊贩夺取了。粮商密谋后将其收购并且匿米囤积，短时间内造成了杭州的白色恐怖。② 其二为11月20日，一个自称是本市粮商业内人的读者在《当代晚报》上发表了一篇文章，直称民食严重问题的造成，完全是出之于本市粮行业理事长（钟渭泉）之手。③ 其三为何创夏说："钟某曾让他购米，称不久米价将上涨。逾时，渠至各米行。所有之米皆被匿藏，而米价亦冲出四百大关。"④保安司令部移送钟渭泉囤积居奇原卷中提到了"关于本月十五、六日，［钟渭泉］密邀米业公会会员商讨抵制地摊米□请求政府取缔办法，'结果有经济大力者，先将各地区摊米收购，再行调整同业价格'钟渭泉拥有经济大力，即派自己□员工四十余人，分往抢购地摊米，在17日上午十一时将全市地摊米一起收购肃清"⑤。印证了上述这些传闻。此外，还有其他一些证据也显示着以钟渭泉为首的粮商收购了这些摊米。准刑事警官队电复11月17日在城站市场有汪子良、封九龄、朱警吾、郭方、周半秋等

---

① 《妨害戡乱违反粮管，钟渭泉判死刑》，《东南日报》1948年12月17日，第4版。
② 《米风潮有内幕》，《东南日报》1948年11月19日，第4版。
③ 《谁操纵了米价》，《当代晚报》1948年11月20日，第2版
④ 《何创夏曾目睹收购摊米》，杭州《大同日报》1948年11月25日，第2版。
⑤ 《钟渭泉判决书原文》，《东南日报》1948年12月21日，第4版。

五人之米 96 石，价为 235—240 元，被钟渭泉派人收购而去，均有签名盖章之单据送该队为证[①]（详见表 10）。

表 10　　　　　　　被收购地摊米者之姓名、数量、地点

姓名	收购数量（石）	日期	地点	附记（每石金圆券）
汪子良	80	11 月 17 日	城站	235 元
封九龄	3	11 月 17 日	城站	240 元
朱警吾	4	11 月 17 日	城站	235 元
郭方	4	11 月 17 日	城站	230 元
周半秋	5	11 月 17 日	城站	235 元

说明：这五人均系杭州在乡军官运销食米为生，直接向本队报告并附单据盖章为证，但均不能到庭作证。

资料来源：浙省保安司令部：《为检送钟××案证人名单电请查照由》，杭州市档案馆藏，档案号：旧 10-3-301。

一些人力车夫的口供中，提到了他们曾替钟渭泉所开的源泰协米行从城站拉了 6 石米。[②] 一位在乡军官说："十七日他们卖出的米价白米每石是二百三十元，但收购的人却愿意增加十元，因此，大部分的米摊的米，都被搜□以去。不料几小时后，米店挂牌白米每石三百元。"[③] 以上种种传闻与证据无疑证实了钟渭泉等粮商收购摊米的行为。

（三）操纵米价囤积居奇

摊米被肃清后，随即便发生了米价飞涨的情况。从午后二时起，全市米价每石涨了 40 元。当下午三时许，各米店一齐喊高每石 380 元至 400 元

---

① 《钟渭泉判决书原文》，《东南日报》1948 年 12 月 21 日，第 4 版。

② 参见《钟渭泉案笔录》，杭州市档案馆藏，档案号：旧 10-3-301；《透视钟案》，《东南日报》1948 年 12 月 6 日，第 4 版。

③ 《透视钟案》，《东南日报》1948 年 12 月 6 日，第 4 版。

不等，甚至拒不出售。① 市民们认为这次涨价是有预谋的，他们听到钟渭泉计较与上海的米价"16 日这天已卖到六百元一石，17 日要卖七百元一石"。他们认为钟渭泉希望杭州的米价能与上海看齐。

一些市民认为米店收米，又将闹成米荒，而米价又是较前略高，致流言又起，纷纷向米店买米。② 当晚有几个市民走向钟渭泉所开设之源泰协米行，每人要求价购食米二升，被拒绝后发生了争吵。这一争吵引发了路人驻足观望。源泰协伙计坚持不卖，引起众愤。③ 当时其实在该行内间尚有数多藏存之米。④ 六时许，购米群众集聚该粮店。钟渭泉之后在被侦讯描述了此次打米店的情形。11 月 17 日晚上被打了三次，分别为六点钟一次，八点钟一次，九点钟一次，但未能进入米店内部。18 日，千余民众先后捣毁源泰协、生生、永和、增盛新四米店，两次闯进源泰协店，并至钟渭泉豆腐巷住处捣毁。⑤

钟渭泉的源泰协米行被市民捣毁与其操纵米价、囤积居奇有着密切关系。据省保安司令部人员调查米潮发生的原因时提到了："钟渭泉为了一己之暴利，用手段将全市摊米收购运储，突然将门售价格在三、四小时内高涨到 400 金元大关，将自己行店及会员行店之存米在 17 日上午他运秘藏，刹时间造成人为的恐怖米荒，欲扰乱社会秩序。"⑥ 而同为粮商的薛再安，在侦讯阶段也供称："钟渭泉店被捣的事，听说是收米摊的米而操纵米价的

---

① 《钟渭泉案，提起公诉》，《东南日报》1948 年 11 月 27 日，第 4 版。
② 《杭又发生米潮》，《东南日报》1948 年 12 月 18 日，第 4 版。
③ 《钟渭泉案，提起公诉》，《东南日报》1948 年 11 月 27 日，第 4 版。
④ 省保安司令部：《为呈报十七日杭州市发生米潮事实由》（1948 年 11 月 18 日），杭州市档案馆藏，档案号：旧 10-3-301。
⑤ 《钟渭泉判决书原文》，《东南日报》1948 年 12 月 21 日，第 4 版。
⑥ 省保安司令部：《为呈报十七日杭州市发生米潮事实由》（1948 年 11 月 18 日），杭州市档案馆藏，档案号：旧 10-3-301。

缘故。"①

此次米潮与之前全市性的米潮不同。其最大特点便是有了特定的打击对象。粮食行业同业公会理事长钟渭泉因为有收购摊米、囤积居奇，进而操纵米价上涨的具体行为而引发了民众的愤怒。虽然其随后刊登的启事②及在侦讯过程中都竭力否认有上述行为，但是众多证据以及群众的反映均显示了他正是这一系列事件的幕后主使者。米潮的发生使得当时民意与社会舆论要求严惩粮商钟渭泉的呼声很高。

治安当局在事后迭接密告，谓钟渭泉有唆使各米店收购摊米，企图操纵米价牟取暴利。保安司令部也认为钟渭泉罪嫌重大，乃于 11 月 19 日上午将钟拘捕。经过讯问后，于下午四时解送特刑庭侦查。③

五　粮食危机下各方势力的角逐

1948 年 12 月 16 日，温暖的阳光使得白衣寺大殿里布置的法庭缺乏肃然的气息。④但是当日 11 时 55 分，在该寺内的杭州特种刑事庭上，庭长王家楣对轰动一时的钟渭泉案宣读了宣判文："钟渭泉，意图妨害'戡乱'，扰乱治安，处死刑，褫夺公权终身。庭上被告如有不服，可在十日内向中央特刑庭请求复判。"被告庭上的钟渭泉惊疑地问道："何，死刑？"⑤ 这便是钟渭泉被判处死刑时的画面，钟渭泉似乎并未想到自己会被判处死刑。从 11 月 19 日钟渭泉被捕到 12 月 16 日被判处死刑这近一个

---

①　《钟渭泉案，提起公诉》，《东南日报》1948 年 11 月 27 日，第 4 版。

②　《源泰协粮行钟渭泉启事》，《当代晚报》1948 年 11 月 21 日，第 1 版。

③　《操纵米价企图暴利，钟渭泉昨被捕，罪嫌重大已解特刑庭讯办》，《东南日报》1948 年 11 月 20 日，第 4 版。

④　赵崇海：《钟案听审记》，杭州《大同日报》1948 年 12 月 17 日，第 2 版。

⑤　《妨害戡乱违反粮管钟渭泉判死刑 特刑庭昨日公审当庭宣判》，《东南日报》1948 年 12 月 17 日，第 4 版。

月时间内，杭州的官、商、民各方势力在粮食危机中表现出了不同态度，围绕着钟渭泉案展开了角逐。关于钟案的各方势力分析，在文史资料①中已有所提及。

（一）省、市政府对粮商的态度

1. 省政府主席陈仪严惩粮商平民愤

钟渭泉案发生后，省政府主席陈仪曾对这个案子有个表态，他对粮商垄断市场、抬高米价的行为十分愤慨，力主严办，以平民愤。② 陈仪的这个表态有两个原因：其一，当时民众对于钟渭泉案的关注度比较高，对于钟渭泉十分痛恨，陈仪借此可以获得民众的支持；其二，陈布雷逝世后，当灵车抵杭时，许多首都要员集聚杭州。在此期间，陈仪与刚打完"虎"的蒋经国在寒暄中涉及了此案，这使得陈仪更加重视此案。③

从省政府主席陈仪的角度分析，对于钟渭泉案，他表现出了政府在面对粮食危机时表现出保障人民生活，管制粮商、打击囤积的一面。

就保障市民的日常生活而言，战后政府政策主要表现为办理公粮及贫户平粜米。1946 年初浙江省政府向四行局先行借贷分配杭州、宁波、温州、绍兴四地 10 亿元的贷款中，杭州市大兴粮行等十家认购食米 35000 石，贷款 6.155 亿元。截至 7 月底，特约粮商运杭交验进仓食米共 29785.72 石，由杭州市民食调节委员会按照成本酌加合法利润核定价格逐日比例配销。这些米中，分配粮食市场供应杭州民食米为 15265.72 石，平粜米 4360 石，杭州各机关平价米 10250 石。此项调剂杭州市民食对于杭州市人心安定，

---

① 《杭州三次打米店风潮及钟渭泉案》，中国人民政治协商会议浙江省人民委员会文史资料研究委员会编：《浙江文史资料选辑》第十一辑，浙江人民出版社 1979 年版。

② 《陈主席对粮奸表示愤慨》，《东南日报》1948 年 11 月 23 日，第 4 版；《陈主席主严办》，《当代晚报》1948 年 11 月 23 日，第 2 版；《陈主席力主严办以平民愤》，《工商报》1948 年 11 月 22 日，第 4 版。

③ 《陈主席力主严办以平民愤》，《工商报》1948 年 11 月 22 日，第 4 版。

勉强度过粮荒起到了重要的作用。[①] 公教人员的粮食配给也向粮商借贷。公教人员公粮自 1946 年 1 月废止后，待遇菲薄，生活清苦。浙江省田粮处向浙江地方银行息借资金 2 亿元，以民食名义购进垫拨军粮食米 34000 石，悉数拨充调剂省会各级公教人员食米之用。粮价高涨后，向办理粮贷的粮商以每石 40200 元价格借垫糙米 10250 石，用银行 10 亿元贷款暂先购供。截至 1946 年 8 月 17 日，共计签发省会各级公教人员 3 月份平价米 10761.095 石，4 月份平价米 11126.1 石。[②] 1947 年 5 月，公教人员、职员每人每月配 8 斗，工役 5 斗，技工 3 斗 4 升，全市需米 10200 石，每石价格为 115000 元，由省田粮购销委员会直接配售[③]，其来源是粮商质押在仓库的粮食。由此可见，杭州市粮商的粮贷在公教人员公粮配售取消后的粮食配给中扮演了重要的角色。1947 年底，浙江省参议院以维持公教人员的最低限度生活，并加强工作效率为由建议恢复公粮制度，该提议经行政院决议通过。[④]

政府的粮食配售中除了公教米之外，为了保证杭州市贫户维持生活，杭州市政府指定粮商办理贫户平粜米。战后，调剂民食中的一部分粮食用来举办平粜。1946 年 5 月 21 日杭州市政府鉴于最近一般物价扶摇直上刺激了粮价上涨使得平民生活堪虞的情况，令粮食商业同业公会将四联分处贷款购备的粮食内提出 3000 石试办平粜米以救济平民。该平粜米的发放对象为杭州市赤贫户，价格为每石 36000 元。[⑤] 在具体的办法中，杭州市政府明

---

① 《自三十五年一至六月省府工作报告·捌·田粮》，浙江省档案馆藏，档案号：L037-000-0050。

② 同上。

③ 《公教配粮已开始领提》，杭州《大同日报》1947 年 5 月 6 日，第 2 版。

④ 《浙省参议会建议恢复公粮制度（1947 年 12 月 27 日）》，瞿韶华、侯宏坤：《粮政史料》（第六册），台北"国史馆"1992 年印行，第 346—347 页。

⑤ 杭州市政府训令：《社 3 字第 2219 号令仰于四联分处贷款购备之粮食内提出三千石办理平粜由》（1946 年 5 月 21 日），杭州市档案馆藏，档案号：旧 10-3-310。

确限定了各区的贫户总数，分别为一区 2400 户，二区 873 户，三区 3000 户，四区 687 户，五区 737 户，六区 655 户，七区 448 户，八区 1200 户，总数为 10000 户。① 1947 年 2 月 14 日杭州市民食调节委员会决定举办该年度的贫户平粜米，就粮店大小及附近地段人口疏密程度将所需分区支配（详见表 11）。

表 11 　　　　　　 杭州市民食调节委员会办理 1947 年春季平粜

各区米店应备粮食数量

区别	贫户数（户）	米店（家）	应配米数（石）
第一区	3721	8	2232.6
第二区	1569	7	941.4
第三区	5007	11	3004.2
第四区	780	1	46 8
第五区	959	1	575.4
第六区	1955	2	1173
第七区	745	1	447
第八区	1493	3	895.8
总计	16229	34	9737.4

资料来源：浙江民食调节委员会：《社三字第 391 号为通知办理平粜各区米店速备米粮数额由》（1947 年 2 月 13 日），杭州市档案馆藏，档案号：旧 3-2-256。

表 11 与 1947 年 5 月的数据显示杭州市办理平粜的贫户共有 16229 户，比 1946 年限定的 10000 户多了 6229 户，每月需米 9728 石，每日配售 2 升。② 1948 年 1 月，新一年度的贫户平粜米（见表 12）开始，杭州市政府订定《杭州市举办三十七年度贫户平粜实施办法》以明了办理平粜手续。关于贫户的对象依照 1947 年第二次发给的平粜证之贫户为限，其数量控制

① 《发售平粜米注意事项》（1946 年 5 月 21 日），杭州市档案馆藏，档案号：旧 10-3-310。
② 《田粮处王心锦副处长报告》，杭州《大同日报》1947 年 5 月 6 日，第 2 版。

在 20000 户。配售平粜米数量为每户每月配售糙米 3 市斗，价格由杭州市民食调节委员会按月议定，杭州各区平粜事项由各区区长负责，市政府起指挥、监督办理之责。如果该月内贫户未购满则当作放弃不予补购。①

表 12　　　　　杭州市平粜办事处指定各粮号代发

平粜米数量（1948 年 1 月 15 日）

区别	代办平粜米商号	所辖保数	贫户数（户）	每月应配米数（石）
第一区	长源	5	895	268.5
	隆盛源	8	1364	409.2
	大泰	5	915	274.5
	洽和祥	4	749	224.7
	泰盛	4	627	188.1
	小计	26	4550	1365
第二区	王盛	8	703	210.9
	五昌泰	9	583	174.9
	寅丰	7	305	91.5
	瑞济	5	379	113.7
	小计	29	1970	591
第三区	大丰泰	4	898	269.4
	大成	5	1046	313.8
	永大祥	5	823	246.9
	新昌信	4	964	289.2
	德昌	5	741	222.3
	泰记	5	908	272.4
	增盛新	5	880	264
	小计	33	6260	1878

---

①　杭州市政府：《粮字第 237 号为订订本市举办三十七年度贫户平粜实施办法一种电仰遵照办理并转饬遵照由》（1948 年 1 月 6 日），杭州市档案馆藏，档案号：旧 10-3-310。

续表

区别	代办平粜米商号	所辖保数	贫户数（户）	每月应配米数（石）
第四区	协兴祥	10	667	200.1
	金城	4	313	93.9
	小计	14	980	294
第五区	成丰	3	215	64.5
	裕和仁	7	425	127.5
	宋钊记	9	560	168
	小计	19	1200	360
第六区	大同	6	839	251.7
	勤余	5	929	278.7
	元大发	9	682	204.6
	小计	21	2450	735
第七区	久和祥	8	500	150
	义兴	4	440	132
	小计	12	940	282
第八区	裕康	11	784	235.2
	永大祥公记	11	726	217.8
	小计	22	1510	453.00
	合计		19860	5958.00

资料来源：《杭州市平粜办事处指定各粮号代发平粜米数量表》（1948 年 1 月 15 日），浙江省档案馆藏，档案号：L029-002-0236。

表 11 和表 12 反映了 1947—1948 年杭州市粮商在政府的指派下办理贫户平粜米的状况。1948 年 11 月，经历了金圆券改革后，贫户平粜米每月每户仍为 3 斗，上半月配购 1 斗，下半月配购 2 斗，价格为每石 56 元，较市场 200—300 元的价格低廉。①

就管制粮商、打击囤积而言，战后政府政策主要体现在国民政府在

① 《粮食来源充沛，杭州市米荒解除》，《东南日报》1948 年 11 月 14 日，第 4 版。

1946 年 5 月 12 日颁布了《非常时期违反粮食管理治罪暂行条例》来打击粮商囤积居奇的行为。其中根据粮商囤积数目不同而给予不同的量刑，如囤积谷 5000 石以上或小麦 3000 石以上便可以处以死刑或无期徒刑。同时该条例对公务人员及军警提出了不得徇私舞弊的要求。浙江省政府曾在 1948 年 5 月奉电严惩粮商囤积以疏导粮食流通以提高自然调节的效率。为了更好地管制粮商，政府还通过对粮食进行资格登记而监察管理。对于一些资本不足、信誉不好的粮商，政府不给予其继续经营粮食的许可证。1948 年 3 月，政府对于粮商的资格进行了一次审核，共有荣泰仁、源泰协等 41 家粮商合格。6 月，鉴于近期粮食价格暴涨可能引发米潮，政府除了要求警察局严格防范粮食外运外，还要求粮商不得为了图利而有任意抬高粮食价格或借此来源困难而不供应市面的囤积行为。1948 年 8 月，政府为了加强管制该市的粮商及市场，订定了五项办法。对于没有申请的粮商仍旧经营粮食购销的依照《非常时期违反粮食管理治罪暂行条例》中规定的囤积居奇行为处理。登记的粮商如有囤货不售或有擅自抬高价格的行为将依法惩处。此外，各粮行当日到粮后应于第二日开市时列表报由粮食行业公会列表转呈政府。①

　　战后政府还通过建立粮食市场来规范和管制粮商。1946 年 3 月 27 日，杭州市粮食商业同业公会呈请于 4 月 1 日在庆春路显真道院成立试办的粮食市场以便利粮食交易。② 粮食市场内由粮食行 50 家、粮食店 350 家构成，凭借粮食市场所发的入场证入场交易。成交后立刻将户名、种类、价值分别登载于市场印发的粮食成交登记簿上，由粮行送交市场核印，并造具成交报告单交由市场，随时接受市场和政府备查。每日成交及到销数量逐日

---

① 《杭州市政府为加强管制本市粮商及市场起见特定五项办法》（1948 年 8 月 24 日），杭州市档案馆藏，档案号：旧 10-3-310。

② 杭州市粮食商业同业公会：《呈报粮食市场成立日期由》（1946 年 3 月 27 日），杭州市档案馆藏，档案号：旧 10-3-301。

均由市场列表呈报政府主管部门。①

综上所述，以省政府主席陈仪为代表的省政府对于钟渭泉案的表态更多地体现了战后政府管制粮商、打击囤积、保障民众生活这一施政方针。从这一角度说，省政府这一级和民众的关系比较密切，而对于操纵粮价的粮商则是坚决严惩。

2. 市长周象贤袒护粮商

就市长周象贤而言，他对于钟渭泉案的表态似乎比较温和。从周象贤的身份考察，他在战后除了市长这一职务外，还兼任省会民食购销委员会主任委员，主管杭州战后的粮食购销。战后杭州市问题严重，周市长往往需要依赖粮商贷款购粮来缓解粮荒。

具体而言，战后庞大的军粮任务是造成杭州市粮食问题的重要原因。1945 年 12 月起军粮奉令由省军粮筹购委员会购拨现品，其数额巨大，为94 万石②，同时复奉令购拨外运军粮共计 40 万石（因需搭配熟米而分配各县一律以糙米为计算标准，受到折率关系，故实际收购数为 66.56 万石），两者相加共计需要军粮糙米 134 万石。该军粮分为两期，第一期为 64 万石，第二期为 70 万石。这一数额超过了浙江省所能承受的范围，省政府呈请减拨，粮食部徐堪部长考虑到浙省军粮负担过重，同意后期 70 万石粮食部会提请计核会核减。但是第一期收购的 64 石必须勉为其难，不得短缺。截至 1946 年 4 月底，大部分县份未能及时购足，但军粮关系甚大，粮食部不断催拨。该阶段驻浙部队所需的 24 万石军粮已基本购足，购运上海华北的 40 万石，已由嘉兴运上海 44000 石，温州开始交拨 20000 石，尚欠336000 石。经与粮食部交洽，准予免购 66000 石，其余 27 万石粮食不得减

---

① 《杭州市粮食行、店商业同业公会粮食市场概况》，杭州市档案馆藏，档案号：旧 10-3-301。

② 浙江田赋粮食管理处：《军粮问题》（1946 年 4 月 19 日），浙江省档案馆藏，档案号：L029-002-0100。

少，以维持华北军粮。① 面对巨大的缺口，在一次军粮问题座谈会上，参会人员提到了目前筹购军粮数额巨大，4—7 月需要 18 万石，但是省田粮处资金不足，每石只摊价款 13000 元，远低于市价。他们的意见趋向于向各县"大户"征购或请中央免购，甚至向省外采办。② 自 4 月起，驻浙部队的粮食亦开始不敷，截至 7 月，供给量与需求量两相结抵，共不敷 50000 余大包（详见表 13）。

表 13　　　　　　　1946 年 2—7 月驻浙部队军粮供需情况

年月	供给量	需求量
1946 年 2 月	20963 大包	32261 大包 49 斤
3 月	3 个月平均每月 20542 大包 100 斤	32538 大包 69 斤
4 月		33674 大包 144 斤
5 月		31293 大包 121 斤
6 月	23275 大包	22045 大包 29 斤
7 月	13537 大包	18777 大包 16 斤
总计	119401 大包 300 斤	170588 大包 428 斤

注：1946 年 2 月计划拨供 18330 大包，又自新军 2633 大包。1 大包 = 200 石。

资料来源：《自三十五年一至六月省府工作报告·捌·田粮》，浙江省档案馆藏，档案号：L037-000-0050。

从表 13 中可以看出 1946 年上半年粮食部配浙军粮与驻军实需数量相差巨大，并且临时来浙招兵及过境部队所需军粮数量尚不计在内。考虑到军粮的重要性，浙江省政府不得不暂为借垫，以寅吃卯粮方式于额内提前拨交以资接济。

民国三十五年度（1946 年 10 月—1947 年 9 月）浙江省外运军粮共计

---

① 浙江田赋粮食管理处：《军粮问题》（1946 年 4 月 19 日），浙江省档案馆藏，档案号：L029-002-0100。

② 《军粮问题座谈会记录》（1946 年 5 月 6 日），浙江省档案馆藏，档案号：L029-002-0100。

为 41 万大包（其中外运军粮 30 万大包，收购省县赋谷 30 万市石折合军粮 11 万大包），至 1947 年 3 月已交运约 21 万大包。① 浙江省政府主席沈鸿烈曾手谕浙江省田赋粮食管理处处长陈诒："本省运粮仅百分之五十余，在各省为最少，饬即速催运并将各区县交运或短少情形详细列表以凭稽核等因奉查本省外运军粮。"陈诒回复截至 3 月 28 日田粮处缴由南京总仓 19000 大包，上海粮食总仓库 140000 大包，山东田粮处接收 40000 大包，共计 199000 大包，另有 5000 余包在运输途中，较外运部分 30 万大包的总量尚缺 95100 大包。② 杭州市周边的一些县份，除萧山外，均属于军粮交运短少行列（详见表 14）。

表 14　浙江省各县外运军粮交运短少明细（节选）（1947 年 3 月 28 日）

县名	配定应交数（大包）	已交运数（大包）	短少数（大包）	成数
杭县	15000	7000	8000	四成七
富阳	4000	2200	1800	五成
余杭	4000	2500	1500	六成
萧山	3000	3000	——	十成

说明：笔者仅截取杭州市周边县市。

资料来源：陈诒：《田粮处签呈为呈报本省外运军粮情形列表报》（1947 年 3 月 28 日），浙江省档案馆藏，档案号：L029-002-0192。

至 1947 年 7 月 1 日，浙省三十五年度需调运的 40 万包军粮已交运 35 万包，其余 5 万包业已购足，但因散存于山区，故交运尚需时日。③ 浙省能够将此项军粮凑足，依靠消耗下一时段的配米来完成，各县粮食存底耗竭。

---

① 陈诒：《田粮处签呈为拟垫款收购军粮实施调拨以减少运输上之困难而节省人力物力祈核示由》，浙江省档案馆藏，档案号：L029-002-0192。

② 陈诒：《田粮处签呈为呈报本省外运军粮情形列表报》（1947 年 3 月 28 日），浙江省档案馆藏，档案号：L029-002-0192。

③ 陈诒：《浙江省田赋粮食管理处呈为呈报本省调运军粮奉部电核减为 40 万大包祈核鉴由》（1947 年 7 月 1 日），浙江省档案馆藏，档案号：L029-002-0192。

当该年9月新一期军粮任务10万大包下达，要求农历九月十五日和农历十月十五日各交半数时，田粮处感到异常急迫。当时军事紧急，预计10和11月份军粮迫切而新一年的征赋开征伊始，难以利用。因数量多时间紧，浙省田粮处拟在赶征新赋内先交2万大包。其余数量，不得不向粮商押借4万大包，而押借对象均为杭州市粮商，这6万大包限于9月20日前交3万包，10月12日前交3万包。[①] 关于向杭州市粮商商借4万大包，共计契约47份，具体情况详见表15。

表15　浙江省田赋粮食管理处奉部电向粮商借粮令各粮行承办数量清单

粮行别	粮行地点	第一次（9月8日）押借数量（大包）	第二次（9月11日）押借数量（大包）	第三次（9月15日）押借数量（大包）	合计	合约份数
永丰	杭州	2400	1000	1500	4900	4
广源	—	1600	2400	1000	5000	4
通济协	—	160	300	—	460	2
荣泰仁	—	1500	300	—	1800	2
大来	—	1600	600	1000	3200	4
源泰协	—	2600	1000	1500	5100	6
稔丰	—	1200	300	—	1500	4
新德泰	—	540	—	500	1040	4
宏大	—	400	—	—	400	1
信丰	—	3000	—	2500	5500	3
大隆	—	800	2700	—	3500	3
复泰	—	800	—	—	800	2
长兴诚	—	200	—	1000	1200	3
成丰	—	3200	1000	1000	5200	4
聚源新	—	—	400	—	400	1

①《田粮处代电为报奉部电催交军粮办理押款借粮情形抄呈合约由》（1947年9月22日），浙江省档案馆藏，档案号：L029-002-0192。

续表

粮行别	粮行地点	第一次（9月8日）押借数量（大包）	第二次（9月11日）押借数量（大包）	第三次（9月15日）押借数量（大包）	合计	合约份数
合计	—	20000	10000	10000	40000	47

注：1. 第一次：南京解（12700包），上海解（4500包），嘉兴解（2800包）；第二次：南京解（7850包），上海解（2150包）；第三次：南京解（2000包），蚌埠解（3000包），上海解（5000包）。

2. 总计南京解22550包，上海解11650包，嘉兴解2800包，蚌埠解3000包，共计40000包。

3. 第一次限9月20日前缴仓，第二次9月20日，9月30日前各缴半数，第三次限10月15日前交清。

资料来源：《为电报奉部电办理押款借粮情形捡呈合约清单祈鉴核由》（1947年9月22日），浙江省档案馆藏，档案号：L029-002-0192。

从表14和表15中可知，浙江省的军粮收购巨大，严重影响到了杭州市的粮食供给。杭州市周边区县为了满足军粮已经呈现出粮食供销失衡的状况。而省田粮处向杭州市粮商借粮，其中很大一部分原本是供应杭州市市民日常生活。剩余的4万大包，考虑到当时杭州的粮食状况，选择主要从嘉兴、湖州等新谷新收地区筹措，计温台3000包，宁波10000包，杭嘉27000包。[①] 省田粮处所借的4万包粮食分两期由各县征谷返还粮商，分别为1947年12月15日返还2万包，1948年2月11日返还19949大包。[②]

纵观该段时间的军粮调拨，受到战时需要，数量十分巨大。虽然1948年因资料缺乏，无具体统计数据，不过就战争的发展来推测军粮数字亦应

① 陈诒：《为呈报本处筹拨军粮十万大包交拨情形祈鉴核由》（1947年11月），浙江省档案馆藏，档案号：L029-002-0193。

② 《为本处前办押款借粮四万大包一案已届还粮日期兹□拨还半数列表电请鉴核备查由》（1947年12月15日），浙江省档案馆藏，档案号：L029-002-0193；浙江省田赋粮食管理处：《呈报杭州衡泰粮行等押款借粮奉还》，（1948年2月11日），浙江省档案馆藏，档案号：L029-002-0193。

十分庞大。对于中央的军粮任务，鉴于其重要性，省市政府不敢怠慢，尽力优先满足。1945 年和 1947 年，军粮均是足额完成任务，其中 1945 年超拨原定计划 6 万余包，1947 年超拨原定计划 8500 余包①，这些数据不仅体现了军粮的不确定性，根据实际情况随时增加或核减，并且体现了地方政府对于军粮的重视性。

庞大的军粮任务使得政府依赖粮商将粮食运到杭州供给。战后粮商资本短绌，自身没有能力购粮。此时，政府出面作担保，与银行一起贷款给予粮商购粮充实杭州市的粮食存底。

1946 年 2 月底杭州市发生米潮之后，政府考虑到粮商置办省外余粮的重要性，拟定了《浙江省采办省外余粮暂行办法》，3 月 12 日经浙江省政府委员会第 1445 次会议决议通过。该暂行办法的目的在于广开粮源，捷足先得外省之余粮。该办法中关于粮商采办粮食规定了两种方式：一为通常承办，由省田粮处介由重要消费市场之民食调节委员会依照惯例订约承办；二为特约承办，由粮商向省田粮处直接订约认办，粮商将粮食运到约定地点按市价配销市场。粮商特约认办的粮食运抵浙江境内时，由浙江省田赋粮食管理处遵循银行规例办理押汇。接收押汇的粮食照押汇当地市价七折计算，如遇粮商资金不敷周转时，向浙省田粮处申请借款，但要以在杭州开设的商铺具保。对于承办的粮商，浙省田粮处给予证明文件，军警、检查、交通、粮政等机关均要尽量予以协助便利。②

就政府贷款方面，1946 年 2 月 2 日，浙江省政府曾向四行局③借款 20 亿元，④ 并将已借得的 10 亿元分配杭州、宁波、温州、绍兴四地，分别为

---

① 《本省历年军粮配额及拨交数统计表》，浙江省档案馆藏，档案号：L037-000-0050。

② 《浙江省采办省外余粮暂行办法》，杭州《大同日报》1946 年 3 月 14 日，第 3 版。

③ 为三行一局，分别是中国银行杭州分行、交通银行杭州分行、农民银行杭州分行和邮政储金汇业局杭州分局。

④ 浙江省政府签呈：《浙江省政府呈请调拨购粮周转金（1946 年 2 月 2 日）》，瞿韶华、侯宏坤：《粮政史料（第六册）》，台北"国史馆"1992 年印行，第 302 页。

绍兴、宁波各 1 亿元，永嘉 6000 万元，吴兴 5000 万元，杭州 6.9 亿元。截至 6 月 21 日，杭州市归还贷款 7.41 亿元，外县 3.1 亿元。① 1947 年 1 月，浙江省政府又借贷了 50 亿元调剂全省粮食。② 1947 年 10 月，四联总处核拨 200 亿元粮款交由省政府统筹支配。

相比政府，杭州市粮食的实际供应源应是该市的粮商。他们以杭州市粮食粮店同业公会组织为依托，承办了战后杭州市大部分的粮贷。1946 年 2 月，浙省各地粮荒严重，给予杭州市的借款根本不敷用。杭州市人口众多，消费量大，加之米潮过后许多米店被捣毁，资金周转困难，前项浙省 20 亿元贷款项下余下 10 亿元专济杭州市民食之用，由粮食公会承接。③ 该笔借款由甲方杭州市粮食业同业公会与乙方四行局签订契约，总额为国币 10 亿元，三家银行各占 30%，邮政储金汇业局占 10%。月息为四分，采用利滚利的方式，期限为三个月，自 1946 年 3 月 23 日至 6 月 23 日。此次借款的性质为透支借款，由甲方将质物（抵押物）食米放入指定仓库后再由乙方将款借出，鉴于各商号资金缺乏、存粮不足的实际状况，乙方给予了适当通融，先以甲方的地产为担保，借给甲方 1 亿元作周转资金。同时甲方要负担管理质物仓库人员的薪金，承担质物损耗的风险以及投保的保金。一旦甲方到期无法偿还，乙方有权终止契约，并要求甲方全额还款，如甲方无法偿还，由担保人连带偿还。④ 4 月 16 日，徐大森、荣泰仁、新泰、元大等四家粮行向四行联合办事处预借法币 2 亿元拟向省外无锡、南京、芜

① 浙赣铁路局会计处：《杭州市粮贷情形》（1946 年 1—6 月），浙江省档案馆藏，档案号：L031-001-0941。

② 中中交农四行联合办事处浙江分处公函：《浙字第 6503 号准浙省府代电为商定粮贷款五十亿元请迅予贷放等由希洽办见复由》（1947 年 1 月 7 日），浙江省档案馆藏，档案号：L078-002-0678。

③ 《杭字第 5841 号电为杭州市府调节民食需款商由职处贷借十亿元经勉允□办报请核备由》（1946 年 3 月 15 日），浙江省档案馆藏，档案号：L077-002-0118。

④ 《杭州市粮食商业同业公会购粮借款契约》（1946 年 3 月 23 日），浙江省档案馆藏，档案号：L077-002-0118。

湖等处采购糙白籼米 10000 石于 41 天内运抵杭州四行联合仓库，以供杭地民食不时之需。四家粮行以殷实铺保或不动产为抵押品。[①] 四行联合办事处于 4 月 18 日以杭字第 5900 号公函给予了回复，准予四家粮行的借款请求，并在该处第 314 次委员会中决议将该项借款归入前项购粮借款 10 亿元案内。[②] 浙江省政府在 4 月 19 日举行粮食座谈会后，续贷 10 亿元交与杭州市米公会收购余粮。这 10 亿元贷款中有 2 亿元已由杭州市粮食公会先行借去。原先杭州市粮食商业同业公会以原借款 10 亿元已支借告尽，因米价高昂，难以周转来维持杭州市民食，请求贷款 5 亿元。[③] 该项申请经四联总处提会讨论，鉴于该会前刚借款 10 亿元，但是该会提出的今日米价高昂原借数目未能周转确属实情，为协助救济粮荒起见，勉再增借，只是增借款额由 5 亿元减为 2 亿元。[④] 为了缓解杭州市粮荒，省政府希望将剩余 8 亿元尽先支用，并提请四联总处浙江分处予以准许。[⑤] 此外，杭州市粮食行商业同业公会还向地方银行质押透支了 2 亿元。

该项 10 亿元[⑥]借款照原契约应于 6 月 23 日到期。该项贷款总共由三部分组成，分别为先缴粮存仓质押周转贷款共 12 亿元，实际累计贷出 164158.8

---

① 《联字第 6104 号函为拟具备殷实铺保（或不动产抵押品）恳为预借购法币二亿元向省外购办食米万石请鉴核赐准由》（1946 年 4 月 16 日），浙江省档案馆藏，档案号：L077-002-0118。

② 《杭字第 5900 号公函为准徐大森粮号负责人徐学轩等函请预借购粮国币二亿元经本处会议决定归入粮食商业同业公会前借购粮款十亿元案内代表行负责办理函达照核办由》（1946 年 4 月 18 日），浙江省档案馆藏，档案号：L077-002-0118。

③ 杭州市粮食商业同业公会公函：《总字第 120 号函为续请放宽贷额五万元由》（1946 年 5 月 6 日），浙江省档案馆藏，档案号：L077-002-0118。

④ 《联字 6140 号：总 120 函为米价高涨前借十亿元不敷周转续请宽贷五亿元由》（1946 年 5 月 7 日），浙江省档案馆藏，档案号：L077-002-0118；《杭字第 5946 号公函为准杭州市粮食商业同业公会函请宽放贷额五亿元以资接济由经委员会议决勉再增二亿元函达洽照由》（1946 年 5 月 8 日），浙江省档案馆藏，档案号：L077-002-0118。

⑤ 《浙字第 6042 号准浙省府代电嘱将续贷购粮款十亿元内未提余款惠予尽先支用等由函请酌办由》（1946 年 6 月 27 日），浙江省档案馆藏，档案号：L077-002-0118。

⑥ 该项贷款实际数额已不止 10 亿元，但是当时为了方便叙述，统将该项贷款称为 10 亿元贷款，下同。

万元；信用贷款共贷出 9801 万元；原订透支额度内办理垫款购粮运粮归仓借款计先后贷出 52600 万元。截至 6 月 21 日，先缴粮存仓质押周转贷款累计收回 110805.8 万元，还欠 53353 万元；信用贷款未归还；原订透支额度内办理垫款购粮运粮归仓借款已归还后，第二次续贷了 3 亿元，已有一部分缴米归仓。① 因此，粮食商业同业公会以杭州市粮荒仍待筹储接济为由商请展期三个月。四联总处经职处 6 月 25 日第 324 次委员会议决准展期两个月，函代表行中国银行重订新约，该次展期从 7 月 23 日开始至 9 月 23 日截止。② 由此次展期申请可以印证杭州市粮商资金短绌的状况，我们还可以通过杭州市粮商的资本额于认借额统计表（详见表 16）来看杭州市粮商的资本状况。

表 16 购粮借款粮商转借金额清单

行号名称	经理姓名	资本额（万元）	认借额（万元）	备考
鼎丰泰信记	沈欲昌	600	1000	—
振丰隆	诸汉洲	500	1000	—
德丰	赵烈□	500	1000	—
二和	黄冠□	500	1000	—
伟丰年	盛乐安	500	1000	—
德大	倪汉儒	500	1000	—
元大	金维宝	600	1000	—
协记	黄耀威	500	1000	—
大兴	张堃元	1000	1000	—
永丰	邵钧龙	1000	1000	—
源泰协	钟渭泉	300	1000	—
复大	华□卿	500	1000	—

① 浙赣铁路局会计处：《杭州市粮贷情形》（1946 年 1—6 月），浙江省档案馆藏，档案号：L031-001-0941。

② 《为本处委员会议核准粮食商业同业公会购粮借款展期情形希洽照由》（1946 年 6 月 27 日），浙江省档案馆藏，档案号：L077-002-0118。

续表

行号名称	经理姓名	资本额（万元）	认借额（万元）	备考
久丰隆	华继文	500	1000	—
聚源新	吕锡麟	500	1000	—
大泰丰	沈荣光	500	1000	—
同泰新	王炳生	500	1000	—
正大众	周炳章	500	1000	—
荣泰仁	薛再安	600	1000	—
大吉祥	朱□帆	150	500	—
新泰和	谢馥珊	500	1000	—
大□	朱德宝	500	1000	—
新昌信记和	周正珊	200	500	—
开源	杨静山	500	1000	—
德昌	钱志富	150	1000	—
裕丰生	周虹生	200	500	—
陈民泰	沈光炎	150	500	此户暂不愿承借
长源	陈树功	500	500	—
合计	27 户	12950	24500	—

资料来源：《联字 6256 号中 643 函为检送杭州市粮食公会购粮借款十亿元新约抄本二份请察转备案附还承借是项借款粮商牌号及金额单并请洽照由》（1946 年 7 月 12 日），浙江省档案馆藏，档案号：L077-002-0118。

表 16 反映了 4 月签订契约时整个杭州市登记借粮的粮商及其资本的状况。登记借粮的商户共有 27 户，实际借款粮商 26 户，陈民泰粮行暂不愿承借。据借款契约第五条所述透支款项需由各会员商号将质物食米放入指定仓库后，按采购成本七折由商号会同借款银行核定借款。即粮商的借款额需要与自身所拥有的粮食数量相匹配，故从表格所展示的粮商认借额数据来看，粮商所存的粮食并不富余。粮商的认借额 2.45 亿法币与总借额额度 10 亿元相去甚远。粮商的资本额仅为认借额的一半，其资本能够达到

1000 万元的仅有两家。除了大兴、永丰和长源三家粮行外，其余的资本额均少于认借额。一旦遇到粮价上涨，购粮成本提高或是购到粮食出现问题，这些贷款都是极为危险的。在展期期间，7 月 11 日起，杭州市粮商开源、德丰、大发等 17 家又承贷 5 亿元，计购米 17000 石。[①]

上述提到的贷款问题在厚生粮食公司以及鼎丰泰等粮行的借贷中得到了显现。厚生粮食公司曾分两次借得 15000 万元，运抵上海时被上海市当局的封存使得该公司无法在承诺交米日期交米，不得不呈请延长交验时间。[②] 鼎丰泰等粮行在 7 月 10 日及 7 月 14 日先后申借之垫款购粮运米归仓借款共 5 亿元以购运食米，原依约于一个月内运杭归仓。但是鉴于南京、芜湖一带交通困难，粮食难以运输导致拖延时日。这些粮行无法按期将所购的食米按期运抵杭州市指定粮仓，依照契约不能以现金偿还这项借支款项。[③]

以上两个借款粮商购粮个案证明了粮贷下粮商资本短绌，抗风险能力脆弱。1946 年 8 月 17 日，时值 10 亿元贷款展期两月截止期限还有一月之际，借贷方粮食公会商请四行代表中国银行将原有贷款 10 亿元于到期后再延长三个月。前粮商凭借此笔借款源源运粮艰难渡过难关。该时段正值新谷登场，米价渐趋平稳，粮食公会下属各粮商需要大量资金购买新谷以待为杭州市粮食调剂盈虚以备可能的粮荒。但是考虑到各粮商行号资本短绌且杭州市存货空虚，粮食大宗买卖超出粮商的周转资金，故由杭州市民食

---

　　① 周象贤：《半年来之杭州市政（第八章田粮）》（1946 年 7 月—12 月），浙江省档案馆藏，档案号：L030-000-0050。

　　② 《联字 6268 号据厚生粮食公司呈为贷款承购民食为浙沪警备司令部扣封请延长交验期间等情电请查照见复由》（1946 年 7 月 18 日），浙江省档案馆藏，档案号：L077-002-0118。

　　③ 杭州中国银行：《联字第 6323 号：中 731 为准粮食公司函复借款各会员有未依约在一个月运米归仓其逾期原因多因运输困难已由会随时催归等由转达查照由》（1946 年 8 月 20 日），浙江省档案馆藏，档案号：L077-002-0118。

调节委员会带粮食公会呈请此次延期申请。① 四联总处鉴于目前新谷即将登场，粮价普遍下跌，粮贷原为当时应急的权宜措施，所有杭州市粮食商业同业公会购粮借款 10 亿元之前已经准延期两个月，现在不得再延期，应尽快偿还，并函代表行中国银行转催清偿。② 对于四联总处的决定，杭州市民食调节会经提付该会 25 次常务委员会议决定令饬粮食公会如期归还不得拖延。③ 中国银行接到四联总处的公函后转饬各贷款粮商尽快将粮食归仓，借额与粮额相符，即给予质押归偿垫款。限承借周转金各会员在 9 月 18 日前将本息等额的粮食存入仓库，如果逾期未清派员催收。一切款项必须在 9 月底前一律赎清，逾限另作处置。④ 该笔借款于 9 月由各粮商偿还完成，具体偿还状况我们可以根据各粮商质押在四行指定仓库的粮食数量表来说明。

表 17　　　　　　　四行存放粮食业公会购粮借款质押仓库
库存粮食表（截至 1946 年 9 月 16 日）

堆存库名	粮食种类	数量	备注
德里总库	糙白米	8407 石	—
德里总库	稻谷	416 袋	每袋毛重 125 斤
葵巷分库	糙白米	5166 石	—

---

① 杭州市民食调节委员会：《田字第 2 号为据粮食公会呈请购粮贷款十亿元准予转商四行展延三月等情相应函请见复核办由》（1946 年 8 月 17 日），浙江省档案馆藏，档案号：L077-002-0118。

② 《杭字第 6173 号为杭州市粮食公会购粮借款十亿元前准展期两个月业已届满现奉敝总处核商列期不得再展除另函代表行转催清偿外函复洽照由》（1946 年 8 月 30 日），浙江省档案馆藏，档案号：L077-002-0118。

③ 杭州市民食调节会：《粮字第 12 号为杭州市粮食公会购粮贷款十亿元到期不得再展一案函复查照由》（1946 年 9 月 10 日），浙江省档案馆藏，档案号：L077-002-0118。

④ 《联字 6395 号：中 794 函为粮食公会购粮借款经催偿去后准复已转饬各质户限九月底前一律赎在办等情转请查照由》（1946 年 9 月 13 日），浙江省档案馆藏，档案号：L077-002-0118。

续表

堆存库名	粮食种类	数量	备注
湖墅分库	糙白米	200 石	—
各行栈存	糙白米	9500 余石	—
各□行号存	糙白米	8500 余石	—
总计	糙白米稻谷	31773 余石 416 袋	—

资料来源：《四行存放粮食业公会购粮借款质押仓库库存粮食表》（1946 年 9 月 16 日），浙江省档案馆藏，档案号：L077-002-0118。

1946 年 9 月的粮价为每石 4.5 万元，表 17 所统计的粮食约为 143000 万元，偿还了所欠的贷款。粮商能够如此顺利地偿还此笔借款，其目的是再次向四行局借贷款项。1946 年 9 月 17 日，杭州市粮食公会接到杭州市民食调节委员会粮字第 12 号要求尽快清偿，不得再延期的代电。鉴于杭州市粮商资本短绌，无大量周转资金，多家粮行已宣告停业的情形，公会请求代表行中国银行再贷 10 亿元以便粮商抓住新谷登场米价下跌这一时机分赴产区踊跃采购来满足杭州市的需求。① 这一请求被送达四联总处，四联总处认为应该等原贷款清偿后再行洽办。因为前项借贷资金期限已久。如果前项借款在 9 月 22 日以前归还，总处考虑到粮商资金短绌的实际情形以及自身应当予以协助办理杭州市民食的职责，准予继续贷放粮商以资金采购粮食维持民食。② 杭州市粮食公会得知四联总处的借款条件后便加紧对前项借款的偿还，为顾全信誉起见，在 9 月 22 日之前将借款所购食米按照契约全数归仓。杭州市粮食公会理事长张塈元因借款已偿清向四联总处浙江分处申请以实物抵押方式借贷 10 亿元，期限为 3 个月。该笔贷款将用于粮商去

---

① 杭州市粮食商业同业公会公函：《总字第 302 号函请转商续贷十亿元由》（1946 年 9 月 17 日），浙江省档案馆藏，档案号：L077-002-0118。

② 《浙字第 6223 号准函为杭州市粮商资金短绌请予续贷十亿元一节应俟原借之款清结后另再商洽洽办理由》（1946 年 9 月 19 日），浙江省档案馆藏，档案号：L077-002-0118。

产米区域购米应市以杜绝严重粮荒。① 四联总处也按照之前的承诺，于 9 月
26 日开始和杭州市粮食公会洽谈该笔借款。

　　该笔借贷在洽商过程中发生了一个插曲，使得新贷款的合约签订遇到
了障碍。四联总处发现之前借款案内第二次 5 亿元的借款中还有德丰、开
源两家共 5000 万元尚未清偿，故未能新贷。② 对于这一意外变故，粮食公
会紧急寻找解决办法。当时杭州市民食每日需求量浩繁，粮食存底并不丰
厚。杭州市粮商都在等着该笔新的借款到位，以资供应杭州市民食。资金
一旦脱节，恐会引起杭州市民食的恐慌。而前项 10 亿元借款，除德丰、开
源二家尚未归还外，余均遵期清缴在案。鉴于这个状况，粮食公会提出了
一项解决办法，将续贷借款 10 亿元中内指定的 1 亿元周转金减为 5000 万
元。公会全力清缴德丰、开源二家借款，待借款还清再贷与剩余 5000 万元
周转金。③ 该项解决方案四联总处经会讨论后，决定杭州市粮食商业同业公
会函请续借购粮质押借款十亿元勉予照办。周转金一项以 5000 万元为限，
并规定德丰、开源两家借款在一个月内还清。④

---

　　① 杭州市粮食商业同业公会：《总字第 309 号购粮借款十亿元已清偿拟再续贷十亿元以便源
之采购藉应需要而杜粮荒希见复由案准》（1946 年 9 月 23 日），浙江省档案馆藏，档案号：L077-
002-0118。

　　② 参见杭州市政府《田粮字第 41 号函为转请紧急贷方粮食抵押贷金十亿元如何祈见复由》
（1946 年 10 月 21 日），浙江省档案馆藏，档案号：L077-002-0118；《杭字第 6311 号为准杭州市府
函据粮食公会呈请转商紧急粮贷十亿元祈见复等由应转转催该公会将前借之款清偿后报可办理希察
照由》（1946 年 10 月 26 日），浙江省档案馆藏，档案号：L077-002-0118；杭州市粮食商业同业公
会：《总字第 339 号函请续贷质押借款十亿元购运米粮接济本市民食由》（1946 年 11 月 1 日），浙
江省档案馆藏，档案号：L077-002-0118；《杭字第 6336 号准杭州市粮食商业同业公会函请续贷质
押借款十亿元勉准照办周转资金应以五千万元为限仍将德丰开源两家借款先行偿还希查由》
（1946 年 11 月 7 日），浙江省档案馆藏，档案号：L077-002-0118。

　　③ 杭州市粮食商业同业公会：《总字第 339 号函请续贷质押借款十亿元购运米粮接济本市民
食由》（1946 年 11 月 1 日），浙江省档案馆藏，档案号：L077-002-0118。

　　④ 《杭字第 6336 号准杭州市粮食商业同业公会函请续贷质押借款十亿元勉准照办周转资金应
以五千万元为限仍将德丰开源两家借款先行偿还希查照由》（1946 年 11 月 7 日），浙江省档案馆
藏，档案号：L077-002-0118。

耽搁了一月有余，杭州市粮食商业同业公会与四行局在 11 月 9 日就续贷借款签订了契约。该项借款契约与前一项借款契约大致相同，总额为国币 10 亿元，三家银行各占 30%，邮政储金汇业局占 10%。月息为四分，采用利滚利的方式每月结算。借款期限为三个月，自 1946 年 11 月 9 日至 1947 年 2 月 8 日截止。该份契约列出了担保人为杭州市政府与杭州市商会，并且就德丰、开源两粮行的欠款附上了一条"周转金以五千万元为限期以一个月还清"①。此项借款契约一经签订，各粮商便积极借贷该笔贷款，向外购储新谷。截至 11 月 19 日，该项借款已全部支尽，堆存在仓库的质押物为米 31578 石，谷 1946 袋，黄豆 400 石。②

借款契约中提到的条件中有德丰、开源两家借款在一个月内还清。就实际情况而言，该笔欠款的偿还远超过一个月的期限。1947 年 1 月 10 日，即借款近两月后，中国银行杭州分行发函中提到德丰、开源两行欠款还未还清。前中国银行杭州分行催促该粮行及其保证人大兴粮行、源泰协粮食号及永丰粮行等从速交粮或归还现款，但还没有解决办法。现在暂决定在德丰、开源为解决前暂准保证人在押贷金额内加每石 10000 元，暂偿付两粮行之欠款，以 5000 石扣清为限。③ 四联总处浙江分处在 1 月 13 日发函同意中国银行杭州分行所拟定的还款方案。该笔欠款经中国银行杭州分行函催一次后便又失去了音信。直到 3 月 21 日，粮食公会称鉴于德丰、来源两粮行已无力偿还该项欠款，原保证人大兴、永丰、源泰协三家既已负责赔

---

① 《杭州市粮食商业同业公会粮食质押借款契约》（1946 年 11 月 9 日），浙江省档案馆藏，档案号：L077-002-0118。

② 《杭字第 6368 号为粮食公会请于续准粮贷十亿元之内划拨五千万元为周转资金一节已准予照办期以一个月归清复备洽照由》（1946 年 11 月 22 日），浙江省档案馆藏，档案号：L077-002-0118。

③ 《联字 6714 号中 31 函为准粮食业公会函以德丰开源两行欠款 5000 万元请暂准其保证人交仓质押之粮食中每石提高押贷金额一万元作为扣收等情修属支行请核复由》（1947 年 1 月 10 日），浙江省档案馆藏，档案号：L077-002-0118。

偿拟之。但是大兴等粮行本身资金短绌，又加上要代为偿还德丰、开源两行的欠款，困难不言而喻。该项欠款最终在 4 月 20 日敲定解决方案。对于德丰、开源两行欠款 5000 万元，经行店双方于 4 月 20 日下午二时召开理监事联席会议，提议讨论。经决议"欠息准由仓库负担，但因仓库盈余一时不敷，周转清偿时由仓库向原保证人张堃元、邵钧龙、钟渭泉借垫九百万元，月息八分，俟仓库□息有盈余时陆续归还"①。1947 年 1 月，浙江省政府也借贷了 50 亿元调剂全省粮食。②

新的 10 亿元借款依旧在到期之时需要展期。该项贷款原于 1947 年 2 月 8 日到期，代表行中国银行函催粮食公会如期清偿。粮食公会以现在杭州市粮荒甚急，这笔贷款暂时难以筹还为由拟请酌予办理展期。③ 四联总处在 3 月 19 日发函核示准予展期三个月。④ 1947 年 4 月份又值青黄不接之时，需款购粮借资储备。4 月 3 日杭州市粮食公会理事长张堃元向四联总处浙江分处恳请扩展借 10 亿元，且贷款准自 4 月 8 日起续展订期三个月，使粮商可以分赴产区各方运济。⑤ 浙江分处接到杭州市粮食公会的申请后经决议分别函复杭州市粮食公会及中国银行。对于各粮食行的资金状况以及当时青黄不接的实际情形总处酌情考虑，准予展期三个月。但是关于展期从 4 月 8 日起开始计算的申请，总处认为殊有不符，应该

---

① 杭州市粮食行店商业同业公会：《为决议德丰开源两行欠款办法祈查照由》（1947 年 4 月 20 日），浙江省档案馆藏，档案号：L077-002-0118。

② 中中交农四行联合办事处浙江分处公函：《浙字第 6503 号准浙省府代电为商定粮贷款五十亿元请迅予贷放等由希洽办见复由》（1947 年 1 月 7 日），浙江省档案馆藏，档案号：L078-002-0678。

③ 《联字 6873 号为合贷粮食公会购粮借款十亿元列□准函请予展期等由请核议见复由》（1947 年 2 月 22 日），浙江省档案馆藏，档案号：L077-002-0118。

④ 《京业字第 9500 号代电为杭州市粮业公会借款十亿元请展期三个月一节经奉核示照准希查照由》（1947 年 3 月 19 日），浙江省档案馆藏，档案号：L077-002-0118。

⑤ 《联字 7013 号函为粮贷十亿元到期请续展三个月并请增额十亿元共为二十亿元由》（1947 年 4 月 3 日），浙江省档案馆藏，档案号：L077-002-0118。

仍以 2 月 8 日起开始计算，至 5 月 8 日截止。因为于德丰、开源两行旧欠未经解决故代表行中国银行对粮食公会尚未办理正式展期手续，粮食公会各会员应尽快向代表行中国银行迅行洽办展期手续。至于在增借 10 亿元一节，从缓置议。① 由于距离 5 月 8 日展期后截止日较近，中国银行与杭州市粮食商业同业公会就展期手续暂免达成一致，按原订契约办理。同时，杭州市粮食商业同业公会有续请展期的打算，想等 5 月 8 日期满后再行酌情会商。②

1947 年 5 月 2 日杭州市发生的大规模米潮使得杭州市粮商的境遇较之前更为恶化。他们曾于 5 月 22 日向四联总处浙江分处拟请在前粮贷 12 亿元③的基础上追加 38 亿元，连同共 50 亿元以便度过粮荒。④ 四联总处对于该项贷款请求并未立即同意，而是表态需要再讨论。⑤ 从 10 月份粮贷文件看，此笔贷款并未下贷。杭州市粮食公会所借 12 亿元的还贷情况，笔者未查到有关其具体偿还的资料，故存在两种可能性。一种为已由粮商还清，另一种可能性为并入到了 10 月份的 88 亿元的新贷款中。

1947 年 10 月，按照粮食拨配周期来说，是新的一个年度的伊始。上文提到的由省府得到的 200 亿元额度经该府斟酌情形分配省属各县外，杭州

---

　　① 《浙字第 6766 号为杭州市粮食商业同业公会贷借粮款已准予展期三个月自二月八日起至五月八日止应迅行洽办展期手续函复查照由》（1947 年 4 月 10 日），浙江省档案馆藏，档案号：L077-002-0118。

　　② 《中字第 354 函为贷款十亿元应办展期手续暂予办理一节准予照办》（1947 年 4 月 25 日），浙江省档案馆藏，档案号：L077-002-0118。

　　③ 12 亿元的数字根据四行总处浙江分处查三十五年度粮贷所得，即杭州市粮食公会押借 10 亿元和杭州市粮食公会续押借 10 亿元（此款实际支用 2 亿元）。四行联合办事处浙江分处公函：《浙字第 7337 号为浙省卅六年度粮贷奉敕总处核准照借二百亿应如何分配贷放》（1947 年 10 月 2 日），杭州市档案馆藏，档案号：旧 3-2-382。

　　④ 《联字 7236 号粮公 68 函为拟粮食行（店）商业同业公会呈请转商扩充粮贷卅八亿连前合共五十亿以便购运接济等情□查□办理见复由》（1947 年 5 月 24 日），浙江省档案馆藏，档案号：L077-002-0118。

　　⑤ 《浙字第 6925 号函请扩充粮贷三十八亿元可否照贷之处祈核示电，已特陈核示复希查照由》（1947 年 5 月 29 日），浙江省档案馆藏，档案号：L077-002-0118。

市将得到剩余的配额，该数目已由省会民食购销会作为办米 20000 石之用。由于粮价上涨，粮食行公会为维持杭州市粮食稳定，请总处核拨质押贷款 100 亿元最少要求 60 亿元以八折作抵，作为采购粮食充实民食的资金。[1]省府将该 200 亿元粮贷分为杭州市配拨 88 亿元，其余各区县 112 亿元。[2]具体杭州市 88 亿元借款粮商承贷情况详见表 18。

表 18　　浙江省会民食购销委员会 36 年度 [注] 粮食贷款承购粮商统计

粮食行号	承购数量（石）	每石单价（万元）	总价（万元）	预付九成价款（万元）
成丰	1800	49.6	89280	80352
广源	1800	49.6	89280	80352
荣泰仁	900	49.6	44640	40176
永丰	1800	49.6	89280	80352
信丰	2500	49.6	124000	111600
大来	1400	49.6	69440	62496
鼎丰泰	900	49.6	44640	40176
庆丰	100	49.6	4960	4464
永大祥公记	100	49.6	4960	4464
宏大	700	49.6	34720	31248
慎泰	350	49.6	17360	15624
长兴诚	450	49.6	22320	20088
通济协	600	49.6	29760	26784
复泰	950	49.6	47120	42408
复兴泰	350	49.6	17360	15624
久丰隆	250	49.6	12400	11160
恒丰源	250	49.6	12400	11160
新德泰	900	49.6	44640	40176
稳丰	1300	49.6	64480	58032
源泰协	1400	49.6	69440	62496
德泰恒	900	49.6	44640	40176

---

①　《总 183 函为储备民食请核拨质押贷款 100 亿最少要求 60 亿元以八折作押俾陆续采购由》（1947 年 10 月 21 日），浙江省档案馆藏，档案号：L077-002-0119。

②　《为浙省卅六年度粮贷奉敝总处核准照借二百亿元》（1947 年 10 月 30 日），浙江省档案馆藏，档案号：L077-002-0119。

续表

粮食行号	承购数量 （石）	每石单价 （万元）	总价 （万元）	预付九成价款 （万元）
鼎丰	300	49.6	14880	13392
合计	20000	49.6	992000	892800

注：36 年度为 1947 年 10 月—1948 年 10 月

资料来源：《粮商承贷粮食统计表》（1947 年 10 月 30 日），浙江省档案馆藏，档案号：L077-002-0119。

通过表 18 我们看到了杭州市有 22 家粮商承贷了此次贷款，共计食米 20000 石，总计价款 99.2 亿元，预付九成价款为 89.28 亿元。该贷款每石单价 49.6 万元由浙江省民食购销委员会于 10 月 16 日下午 3 时召集杭州市各粮行比价结果决定。① 有七家粮行承购数量超过 1000 石，总计为 12000 石，占到了整个承借总额的 60%，由此可见，该次粮贷主要还是由一些资本比较雄厚的大粮行主导的。该笔 88 亿元借款和总的 200 亿元借款分别由浙江省会民食购销委员会和浙江省政府在 10 月 15 日与中国银行杭州分行（承担 25%）、交通银行杭州分行（承担 25%）、中国农民银行杭州分行（承担 20%）、中央信托局杭州分局（承担 15%）、邮政储金汇业局（承担 15%）杭州分局等五行局签订。这笔 200 亿元借款（包括杭州 88 亿元借款）月息定为 5 分，期限为 8 个月，即从 1947 年 10 月 15 日至 1948 年 6 月 15 日，总的借款可以最迟到 1948 年 7 月底。杭州市的 88 亿元借款特别说明是专供购储 20000 石粮食以调节省会民食之用。②

不过粮商似乎对于这个数字并不满足，因为在短短半个月间粮食价格由

① 浙江省民食购销委员会公函：《粮公字第 501 号为杭州市奉拨粮贷款现由本会与粮商比价订约》（1947 年 10 月 17 日），浙江省档案馆藏，档案号：L077-002-0119。

② 《浙江省民食购销委员会购粮借款契约》，（1947 年 10 月 15 日），浙江省档案馆藏，档案号：L077-002-0119；《浙江省政府、中中交农四行联合办事处浙江分处粮食贷款协议书》，（1947 年 10 月 15 日），浙江省档案馆藏，档案号：L077-002-0119。

10 月 17 日议定的每石 49.6 万元涨到 10 月 30 日的每石 54 万元。按照当时的食米市价，购办 20000 石粮食共需价款 108 亿元，与原配拨 88 亿元之数相抵，有着 20 亿元的缺口。因此，粮商要求追加杭州市粮贷国币 20 亿元。[①] 四联总处为维持民食起见，勉允照借 20 亿元，但是粮贷总额 200 亿元已分配确定，无法腾挪，待所有粮贷契约签订完毕后再行调拨。[②] 12 月 12 日四联总处浙江分处以浙字第 9573 号公函续准杭州市粮贷 20 亿元已由浙江省购销委员会照数支取。截至 12 月 30 日，购销委员会已向四联总处浙江分处支领该项续贷款 13 亿元存库备支。[③] 加上之前的 88 亿元贷款，该笔贷款总计为 101 亿元。

关于该笔贷款的期限，总处与政府之间存在过分歧。当时总处认为贷款期限 8 个月似乎有点长，应改为 3 个月或最多展期一次共 6 个月。[④] 该建议立刻遭到了两个承贷方浙江省政府和浙江省会民食购销委员会的抵制。此项粮贷购储粮食其本意为在该年青黄不接时救济粮荒之用。青黄不接之时为每年的 4—6 月，如果粮贷期限改为 6 个月，则到期之日为 4 月 15 日，各县市购储粮食势必于 3 月以前全部出售。而到了青黄不接伊始的 4 月份，承贷方手中可能没有存粮，难以救济粮荒，这样便与贷款的本意相违背。[⑤] 四联总处浙江分处考虑到该情况，代电总处是否准贷款期限维持原议。总处最终应允维持原 8 个月期限。

杭州市的 101 亿元贷款在 1948 年 7 月 19 日连本带息还清。最后贷款期限自

---

① 《浙字第 7430 号为追加杭州市粮贷国币二十亿元除陈请总处核备外函达洽照由》（1947 年 10 月 30 日），浙江省档案馆藏，档案号：L077-002-0119。

② 《浙字第 7418 号为准省购委会函请续贷粮款二十亿元经勉允增借请予照数追加赐准备案由》（1947 年 10 月 30 日），浙江省档案馆藏，档案号：L077-002-0119。

③ 浙江省政府：《田字第 62958 号为杭州市续准粮贷款二十亿元已由省购委会洽借并支领十三亿元复请查照并存作证明由》（1947 年 12 月 30 日），浙江省档案馆藏，档案号：L077-002-0119。

④ 《浙字第 7652 号公函为奉四联处电示为本省卅六年度粮贷期限应改为三个月或至多展期一次共六个月》（1948 年 1 月 21 日），浙江省档案馆藏，档案号：L077-002-0119。

⑤ 浙江省政府：《田字第 4023 号代电为粮贷期限仍请维持原议电查照由》，（1948 年 2 月 2 日），浙江省档案馆藏，档案号：L077-002-0119。

1947 年 10 月 15 日起至 1948 年 7 月 18 日，杭州市民食调节委员会共偿还 157.61599051 亿元。① 这次贷款能够按期归还，除了其贷期略长之外，很重要的一个因素便是粮价在该借期内涨势剧烈。7 月中旬米价每石大约为 1500 万元，较签订契约时的 49.5 万元大概涨了 30 倍。米价的上涨使得同样数量的米总价更高，法币贬值，实际上偿还的金额远较借款时金额要低许多。由此看来，其实粮贷和粮价是互相影响的。不仅粮价上涨使得粮贷偿还得以实现，粮贷压力也促使粮价不断上涨。此项贷款还清后，随着粮价不断上涨，杭州市粮食同业公会又提出了 1000 亿元贷款的请求。按照当时的情况，杭州市据统计共有人口 52 万人，平均每人需米 5 合，日约需米 2600 石，每石约价 1600 万元，即需资本 416 亿元。② 从 7 月底到 8 月 20 日国民政府强制限价为止不到一个月时间，正是粮价涨幅最为疯狂的时期。粮价从每石 1600 万元涨到每石 5375 万元。限价政策的出台，物价冻结，这笔贷款申请也无疾而终。

1948 年 8 月 20 日开始使用金圆券代替法币并且对所有物品进行限价，11 月 1 日杭州限价放开。两个多月的限价以及对经济实施管制，杭州周边的乡米入城几告中断，加之江西省实行粮食禁运政策，粮商原有的少数资本在此次限价过程中亏耗殆尽，难以为继。鉴于此情形，杭州市粮食商业同业公会于 11 月 10 日转函中央银行商借金圆 500 万元作为办米基金分向产区陆续运达杭州来解当前的危局。③中央银行同意了杭州市粮食商业同业公会的借贷。杭州市粮食商业同业公会以原 500 万元原额不足以大量采购，

---

① 杭州市民食调节委员会：《民调字第 280 号为归还卅六年度粮贷款本息共计一百五十七亿陆仟一百五十万九千另五十一元函请查照见复由》（1948 年 7 月 19 日），浙江省档案馆藏，档案号：L077-002-0119。

② 《民调字第 291 号据本市粮商业同业公会电请举办粮贷抵押以裕粮源等情转请查照办理见复由》（1948 年 7 月 23 日），浙江省档案馆藏，档案号：L077-002-0119。

③ 杭州市粮食行商业同业公会代电：《总字第 436 号为各粮行资本短绌亏耗殆尽拟请转商中央银行贷借五百万元作为办米基金由》（1948 年 11 月 10 日），杭州市档案馆藏，档案号：旧 3-2-382。

希望拟将数额扩充至 1000 万元。① 1949 年 1 月，杭州市政府分两次共向浙江省物资运用委员会借款 300 万金圆用于续拨囤粮 3 万大包周转金。② 1949 年 3 月，浙江省物资运用委员会以 3750 万金圆向杭州市政府价购糙米 15000 石。③ 1949 年 2 月 7 日杭州市政府电请财政部借贷粮款 2 亿元，并在 3 月 9 日派员赴上海洽定现借 1 亿元，并由浙江省财政厅厅长陈宝麟将杭州市政府先借得 1 亿元的情况报予省主席周岩。④

上述说明了战后军粮需求以及由此引发的粮贷情况。我们可以发现政府十分重视国家军粮任务的完成，而在完成粮食供应的过程中，政府、银行和粮商形成了一个紧密的利益共同体。作为战后杭州市粮食实际调控的负责人，周象贤与粮商的关系十分紧密。

3. 省、市两级政府角力

省、市两级政府对于钟渭泉态度不同。在钟被捕后，陈仪便对这个案子十分关注，表示必须严办。而周市长对于这个案子的表态则温和许多，如果案子属实则严办，大家应该静候法院的审理。⑤ 陈主席与周市长均是表态严办，但是仔细品味，两者的强硬态度相距甚远。这两者态度的不同表象是粮食问题下政府对于粮商一个采取严惩以平民愤，一个采取偏袒，似

---

① 杭州市粮食行商业同业公会代电：《总字第 441 号准中央银行杭州分行函知商借金圆五百万圆一案应转呈政院核办等因拟请查案转电并扩充金圆至一千万由》（1948 年 11 月 17 日），杭州市档案馆藏，档案号：旧 3-2-382。

② 浙江省物资运用委员会代电：《为电奉金圆 150 万元请代购量见复电》（1949 年 1 月 3 日），杭州市档案馆藏，档案号：旧 3-2-380；浙江省物资运用委员会代电：《准电续拨囤粮三万大包周转金 150 万元业经窄版复请查照由》（1949 年 1 月 26 日），杭州市档案馆藏，档案号：旧 3-2-380。

③ 浙江省物资运用委员会代电：《为电复迅请依约将糙米 15000 市石印领及价款 3750 万元拨送过会由》（1949 年 3 月 3 日），杭州市档案馆藏，档案号：旧 3-2-380。

④ 杭州市政府签报：《拟请电徐部长准予借贷 2 亿元由》（1949 年 2 月 7 日），杭州市档案馆藏，档案号：旧 3-2-380；杭州市政府签报：《赴沪洽定先借一亿元》（1949 年 3 月 9 日），杭州市档案馆藏，档案号：旧 3-2-380；浙江省财政厅长陈宝麟：《呈请省主席周岩先拨一亿元案》（1949 年 3 月 10 日），杭州市档案馆藏，档案号：旧 3-2-380。

⑤ 《周市长对钟案发表意见》，《工商报》1948 年 11 月 25 日，第 4 版。

乎是政府粮食政策上的分歧。但实则省、市两级政府的抗争更多地表现为省政府主席陈仪和市长周象贤之间的个人冲突。省政府主席陈仪与市长周象贤的矛盾在陈仪上任时就有所显现。前任省政府主席沈鸿烈在 1948 年春提出辞职时曾提到浙江是蒋介石的家乡和 CC 派的老巢，且乡绅也殊难应付。陈仪深知浙江地方豪绅权势大，派系也根深蒂固，在此地不好办事。① 陈仪来到浙江任职后，便向杭州市长周象贤下手。周象贤第一次谒见陈仪时，陈仪让其考虑继承人选。② 钟渭泉的事件正好为陈仪所利用。

从案子发展的情形来看，陈仪达到了他的目的。周象贤在 11 月 24 日辞职获准，时人在推测周市长辞职的原因时，认为他在处理现阶段的"人为粮荒"感到棘手。③ 可见，虽然周象贤辞职的直接原因是拱宸桥划归杭县的问题，但是与粮食问题以及钟渭泉案是有一定关系的。周象贤辞职后，陈仪便将其亲信任显群安排到了杭州市长的职位。周辞职后，并未在新职上就任，继续留在杭州。④ 不过他的角色渐渐由台前向幕后转变。在这一轮的省、市两府交锋中，省政府主席陈仪获得了胜利，这无疑会使钟案向不利于钟渭泉的一面发展。

（二）粮商与摊贩的竞争

战后各地交通未能恢复，特别是浙赣铁路长时间中断以及各省（特别是江西省）粮食禁运政策给了一些"单邦"来往于浙赣两省间贩运粮食的机会。

抗战胜利之际，整个浙赣铁路仅剩杭州至诸暨与江山至上饶坑口两段未拆毁，总计 87 公里。就整段铁路损毁状况看，江山至衢县一段破坏较

---

① 全国政协文史资料研究委员会、浙江省政协文史资料研究委员会、福建省政协文史资料研究委员会编：《回忆陈仪》，中国文史出版社 2012 年版，第 173 页。

② 行者：《周象贤轰走了陈仪》，《政治新闻》1949 年第 1 卷第 4 期。

③ 《杭州市的财政粮政，向任市长提供意见》，《大华日报》1948 年 11 月 26 日，第 1 版。

④ 《周象贤上任就辞职，未能抛得杭州去》，《大华日报》1948 年 12 月 15 日，第 4 版。

轻。金华至诸暨一段因为胜利之前日军仅拆除了路轨和材料，未伤及路基，损害亦不大。而金华至衢州以及上饶至南昌段，因受战争影响，损失较重。胜利之初，国家重视华中、华北的铁道恢复计划，没有余暇、资金和材料来恢复浙赣线。故战后九个月中，浙赣线仅能搜集残存器材，恢复了衢州至江山一段的 35 公里，于 1947 年元旦正式通车。1947 年春，交通部确定将浙赣路全线修复计划。① 具体浙赣线修复状况（详见表 19）。

表 19   **战后浙赣铁路各段恢复通车时间**

区域段名称	长度（公里）	通车时间	备注
杭州—诸暨段	77	—	日军未拆除
诸暨—金华段	108	1947 年 4 月 20 日	—
金华—衢州段	82	1947 年 9 月 1 日	—
衢州—上饶段	45	1947 年 1 月 1 日	抗战胜利之际实际通车为江山至上饶坑口段 10 公里
上饶—南昌（向塘）段	252	1948 年 1 月底	1947 年 11 月 5 日修至横峯（峰）；11 月下旬修抵弋阳；1947 年底除梁家渡大桥外已全部修通
南昌—萍乡段	263	1948 年 7 月底	1948 年 4 月 30 日修复至樟树

资料来源：根据行政院新闻局编《浙赣铁路》，行政院新闻局 1947 年版，第 10—14 页；储裕生：《在浙赣边境线上》，《申报（上海版）》1947 年 12 月 4 日，第 5 版；《一月来之交通：一月来之铁路（1947 年 8 月 11 日—9 月 10 日）》，《世界交通月刊》1947 年第 1 卷第 3 期；《一月来之交通：一月来之铁路（1947 年 12 月 11 日—1948 年 1 月 10 日）》，《世界交通月刊》1948 年第 1 卷第 7 期；《一月来之交通：一月来之铁路（1948 年 1 月 11 日—年 2 月 10 日）》，《世界交通月刊》1948 年第 1 卷第 8 期；《一月来之交通：一月来之铁路（1948 年 7 月 11 日—8 月 10 日）》，《世界交通月刊》1948 年第 2 卷第 2 期；《一月来之交通：一月来之铁路（1948 年 8 月 11 日—9 月 10 日）》，《世界交通月刊》1948 年第 2 卷第 3 期；《半月来之交通（1947 年 11 月 5 日—11 月 20 日）》，《粤汉半月刊》1947 年第 2 卷第 23 期；《半月来之交通（1947 年 12 月 5 日—12 月 20 日）》，《粤汉半月刊》1948 年第 3 卷第 1 期；《半月来之交通（1948 年 2 月 21 日—3 月 4 日）》，《粤汉半月刊》1948 年第 3 卷第 6 期；《半月交通简讯（1948 年 4 月 21 日—5 月 5 日）》，《粤汉半月刊》1948 年第 3 卷第 10 期；《半月交通简讯（1948 年 8 月 21 日—9 月 5 日）》，《粤汉半月刊》1948 年第 3 卷第 18 期整理所得。

---

① 行政院新闻局编：《浙赣铁路》，行政院新闻局 1947 年版，第 10—11 页。

图 5　浙赣铁路全线及沿线站点

说明：大字地名对应实心点，上饶在玉山（距离 30 公里）与横峰（距

离 48 公里）之间，弋阳在横峰西面 17 公里处，樟树在向塘西面 50 公里处。

以浙赣铁路为例，从抗战胜利至 1948 年 7 月底全线贯通历时三年。交通对于杭州市粮食问题的影响我们还可以从 1947 年杭州市粮食运销状况表中得到印证。

表 20　　1947 年杭州市粮食运销概况调查（粮食输入来源、数量及运输方法）

输入来源	运输工具	全程距离（公里）	全程时间	粮食种类	目前运输状况	通常全年总输入量（万石）
南京	火车	530	五天	白尖	不畅	6
无锡	火车、航船	360	三天	埠白羊尖	不畅	8
芜湖	火车、航船	450	四天	白尖	不畅	8
蚌埠	火车	510	四天	白尖	不畅	5
上饶	火车	420	三天	白尖	不畅	6
弋阳	火车	480	四天	白尖	不畅	3
杭县	汽车、航船	25	一天	罗尖、壬尖	畅通	2
嘉兴	汽车、航船	100	三天	白元、白粳、河南、蒸谷	畅通	3
湖州	航船	118	四天	蒸谷、白尖	畅通	4
硖石	火车、航船	60	二天	河南、壬尖	畅通	6

续表

输入来源	运输工具	全程距离（公里）	全程时间	粮食种类	目前运输状况	通常全年总输入量（万石）
泗安	航船	140	四天	泗安	畅通	4
余杭	汽车、航船	23	一天	罗尖、羊尖	畅通	3
金华	火车	270	二天	白尖	畅通	1
兰溪	火车、航船	300	二天、四天	白尖	畅通	5
衢州	火车、航船	500	二天、七天	白尖	畅通	2
目前供应 粮食状况	1. 本年来因天灾人祸粮荒频仍，浙江省向赖救济之，外省时有封锁出境之禁令以致来源猝减且浙赣铁路迟迟未通，影响输入很大，因此供销很难平衡，时有恐慌现象。					
	2. 本年开始因币制败值，百物价格飞涨，影响粮价逐步提升。自去年底 5 万元一石之价格，今年 6 月间竟步升至 35 万元之高价。嗣以早尖登场略见回颜，终因外埠价格刺激，一再上扬，迄已徘徊于 74 万元之间。					
备考	—					

资料来源：《粮食运销状况表》，杭州市档案馆藏，档案号：旧 10-3-310。

浙赣铁路通车之后，江西的米没有像预想那样源源不断地接济杭州市，因为此时江西省考虑到本省自身的军粮任务开始厉行粮食禁运政策。1948 年 2 月，杭州市粮商在江西省购办粮食 11600 石准备装车运杭时遭到江西省政府的禁令。[①] 其实，该段时间江西省虽采取粮食禁运政策，但是对于外商来赣采购粮食，江西省政府仍会放行。[②] 1948 年 8 月以后，已有材料[③]可以证明江西省政府层面实施粮食禁运政策。江西省政府呈准禁运粮食出境

---

① 杭州市粮食行商业同业公会：《呈为据会员大来、稔丰、荣泰仁、成丰等在赣省办就 11600 石运杭济销转请迅电赣省政府准予发给出省许可证以为杭州市民食由》，（1948 年 2 月 9 日），杭州市档案馆藏，档案号：旧 3-2-380。

② 浙省粮商在赣省订购食米 4 万石，因赣省府禁粮出境，未能运浙。但经浙省人士访问团去南昌洽商两省交换物质，赣省府允方，日来浙赣路每日送米千余包。《赣粮食源源输浙》，上海《申报版》1948 年 3 月 11 日，第 2 版。

③ 杭州市粮食店商业同业公会呈：《总字第 116 号呈为赣省禁运粮食出境影响本市粮食供应来源颇巨仰祈》（1948 年 8 月 30 日），杭州市档案馆藏，档案号：旧 3-2-380。

使得粮商和省、市两级政府的交流愈发频繁，希望浙江省政府出面与江西省政府交洽，促使江西省能够将杭州市粮商在赣所购食米尽快放运以缓解杭州市粮荒。但是 1948 年 10 月开始，大量杭州粮商在江西购买的粮食因赣省的禁运政策无法通过浙赣铁路运往杭州市而滞留在赣省。具体数量为1948 年 10 月 17 日统计食米 18358.5 石，食米 2800 包，稻谷 500 担（详见表 21）。1948 年 11 月 2 日统计食米 18262 石，食米 1252 包，豆 60 石（详见表 22）。

表 21　　杭州市各粮行在赣已购未运粮食数量报告（1948 年 10 月 17 日）

粮行名称	采购地点	数量	采购地点	数量	采购地点	数量	备考
荣泰仁	鹰潭	200 石	温家圳	1900 石	南昌	250 石	—
大丰源	鹰潭	400 包	温家圳	400 包	弋阳	400 包	—
成丰	鹰潭	400 石	温家圳	1000 石	—	—	—
信丰	鹰潭	300 石	温家圳	1500 石	南昌	300 石	—
大来	鹰潭	420 石	温家圳	700 石	南昌	500 石	—
聚德新	鹰潭	72.5 石	温家圳	887.5 石	—	—	—
万成泰锡记	—	—	温家圳	300 石	南昌	100 石	—
复泰	鹰潭	200 包	—	—	贵溪	400 包	—
源泰协	鹰潭	500 石	温家圳	1300 石	—	—	—
广源	鹰潭	400 石	温家圳	400 石	南昌	400 石	—
广源	上饶	400 石	河口	500 担	—	—	—
大隆	鹰潭	192.5 石	—	—	—	—	—
永大祥	樟树	200 石	—	—	—	—	—
大行	南昌	450 石	—	—	—	—	—
鼎丰泰锡记	温家圳	400 石	—	—	—	—	—
同济	南昌	400 石	乐平	70 石	—	—	—
德源	温家圳	166 石	—	—	—	—	—
德泰恒	樟树	600 石	—	—	—	—	由峡江驳函樟树快车

续表

粮行名称	采购地点	数量	采购地点	数量	采购地点	数量	备考
鑫泰	鹰潭	400 包	—	300 包	—	三百包	—
稔丰	鹰潭	50 石	温家圳	250 石	—	—	—
建丰泰	□州	200 石	—	—	—	—	—
同兴	南昌	250 石	—	—	—	—	—
复济	温家圳	500 石	—	—	—	—	—
五昌记	□州	300 石	—	—	—	—	—

注：合计食米 18358.5 石，食米 2800 包，稻谷 500 担。

资料来源：杭州市粮食行商业同业公会：《总字第 355 号呈送在赣已购未运粮食报告表乞电请省政府及省田粮处转电立饬放行由》（1948 年 10 月 17 日），杭州市档案馆藏，档案号：旧 3-2-380。

表 22　　杭州市各粮行在赣已购待运粮食数量（1948 年 11 月 2 日）

行号名称	采购地点	购就数量	采购地点	购就数量	采购地点	购就数量	备考
大丰源	温家圳	400 包	—	—	—	—	—
正盛	南昌	140 石	—	—	—	—	—
鑫泰	鹰潭	400 包	—	—	—	—	—
聚源新	鹰潭	90 石	温家圳	535 石	—	—	—
大来	鹰潭	800 石	温家圳	800 石	樟树	200 石	—
大来	南昌	600 石	□安	700 石	—	—	—
荣泰仁	南昌	250 石	上顿渡	500 石	温家圳	1550 石	—
荣泰仁	鹰潭	400 石	弋阳	10 石	—	—	—
万成泰锡记	温家圳	150 石	—	—	—	—	—
成丰	温家圳	1000 石	鹰潭	400 石	—	—	—
稔丰	温家圳	300 包	—	—	—	—	—
同兴	南昌	2300 石	吉安	500 石	—	—	—
大行	南昌	1100 石	—	—	—	—	—
复泰	贵溪	288 石	鹰潭	69 石	—	—	—
源泰协	温家圳	1200 石	鹰潭	400 石	万年	300 石	—

续表

行号名称	采购地点	购就数量	采购地点	购就数量	采购地点	购就数量	备考
德源	温家圳	600 石	鹰潭	350 石	鹰潭（豆）	60 石	—
复济	温家圳	300 石	—	—	—	—	—
周锦记	温家圳	300 石	南昌	250 石	临川	300 石	—
长源	温家圳	800 石	—	—	—	—	—
德泰恒	峡江	300 石	—	—	—	—	此米须驳函樟树快车
建丰泰	抚州	200 石	—	—	—	—	—
大隆	鹰潭	152 包	—	—	—	—	—
永大祥	温家圳	200 石	樟树	200 石	吉安	200 石	—
信来	鹰潭	500 包	温家圳	500 包	—	—	—

注：合计食米 18262 石，食米 1252 包，豆 60 石。

资料来源：杭州市粮食行商业同业公会：《总字第 428 号电为在赣省办就食米遭当地官署之阻运或收购请赐派大员前往交涉以利民食由》（1948 年 10 月 17 日），杭州市档案馆藏，档案号：旧 3-2-380。

通过表 21 和表 22，我们发现 10—11 月，杭州市粮商有大量粮食滞留在江西省。江西省政府电告粮部在粮食流通原则下拟加强管制，鉴于浙赣路每月运出粮 15 万包影响民食情形，将在车站检查劝阻。[①] 10 月 26 日，江西省政府除允许沪民食调配会的购粮放行外，其余机关团体来赣采粮未予批准。[②] 11 月 1 日，时任江西省政府主席胡家凤对于浙省府及京沪杭粮商纷来赣购粮情形称："嗣后非给证许可，概禁出境，粮商办粮目前不拟发给出境许可证。"[③] 江西省将该批粮食扣留，欲以其作为该省的上交军粮。

粮商无法通过铁路将米运往杭州市无疑使得"单邦"可以以个人名义

---

① 《赣加紧交运军粮，粮食外流将加制止》，上海《申报》1948 年 10 月 3 日，第 2 版。
② 《沪民调会购粮，赣省府允放行》，上海《申报》1948 年 10 月 26 日，第 4 版。
③ 《赣限制粮食出境》，上海《申报》1948 年 11 月 2 日，第 2 版。

私自往来与浙赣之间运米来杭售卖有了空间。就"单邦"的成分而言，这其中有很大一部分是"在乡军人"，即退伍的军人。这些失业的在乡军人曾向市府请愿，总干事郑国琛拟具了在乡军官福利事业计划呈核，但因为市府无款可拨便间接流产了。于是，他找了其他途径，发给在乡军人采购运销证明，采办东西来贩卖。于是这些在乡军人纷纷成群结队，以跑单邦的方式赴赣办米。①

钟案爆发之前，摊贩米充斥在杭州市的街头，他们给粮商带来了竞争。钟渭泉曾向周市长建议将在乡军人贩来的粮食由政府收购交给粮店销售。②之后，钟渭泉联合政府将摊贩米肃清。钟渭泉被逮捕后，摊贩中的主要成员在乡军人在 11 月 22 日召开的杭州市在乡军官会组长会议中提出了"列举钟渭泉收购摊贩食米事实请严办"一项。③同时，在乡军人利用《大华日报》这个舞台，一再揭发和抨击钟渭泉的投机倒把与囤积粮食行为。④随着案情的发展，在乡军人的态度更为坚决。钟渭泉于 12 月 3 日具状申请移转管辖区的请求被在乡军人获悉后，他们表示绝不放弃："即使钟案移转天涯海角，他们也要追踪而去，到庭作证。如果是谁许钟案转移管辖，他们就要谁一同到庭。"⑤

（三）商、民矛盾持续激化

在钟渭泉的侦讯过程中，粮商代表钟渭泉和民众之间的矛盾继续激化。

---

①　汪振国：《抗战胜利后杭州的在乡军官》，杭州市政协文史委编：《杭州文史丛编：政治军事卷》下，杭州出版社 1996 年版，第 99—110 页。

②　《杭州三次打米店风潮及钟渭泉案》，中国人民政治协商会议浙江省人民委员会文史资料研究委员会编：《浙江文史资料选辑》第十一辑，浙江人民出版社 1979 年版，第 187 页。

③　《在乡军官会将检举，钟渭泉收购摊贩食米事实》，《正报》1948 年 11 月 23 日，第 4 版。

④　《杭州三次打米店风潮及钟渭泉案》，中国人民政治协商会议浙江省人民委员会文史资料研究委员会编：《浙江文史资料选辑》第十一辑，浙江人民出版社 1979 年版，第 188 页。

⑤　《透视钟案》，《东南日报》1948 年 12 月 6 日，第 4 版。

前文中提到了战后杭州市粮食问题恶化导致了粮商和民众之间时有发生暴力冲突。钟渭泉被捕后，民众对于钟渭泉的愤怒情绪俨然达到了顶点。11 月 23 日，白衣寺杭州高等特刑庭侦讯钟渭泉。在从监狱到侦讯庭（白衣寺）的路上，便有许多闻讯的市民尾随其后，直呼其为米蛀虫、奸商，要求枪毙他。在白衣寺前广场上更是围聚了数千群众，等着当庭宣判钟渭泉死刑。群众见迟迟不审判，焦躁的情绪蔓延开来，呼喊声使得问讯不得不终止。庭长王家楣告诉大家今天只是侦查，等侦查有了结果再公审，公审后再审判。随后王庭长的一句话引起了群众的误会，他们误认为"你们要枪毙他，就枪毙我好了"。这一误会引发了一场轩然大波，广场群众涌入特刑庭，场面一片混乱。混乱场面一直持续到傍晚，群众没有在特刑庭内寻找到钟渭泉。一个中年人事后对记者说："如果那时钟渭泉被我们寻到，每一个人吐一口痰在他身上就可把他淹死！"[①] 几个小孩子高高坐在法官席上装模作样，学着做法官，一个孩子拍着审判台对下面的群众说："我判决了！钟渭泉把米藏起来不肯卖，穷人买不到米吃，该死，该死，判死刑！绑出去，枪毙！"[②] 小孩子的童言引起了地下民众的呼应。

特刑庭上侦讯钟渭泉的混乱状况生动地反映了民众压抑在心中的对于粮商的愤恨之情。正是民众的这一反应，使省政府主席陈仪坚定了严惩粮商钟渭泉的决心。

杭州特种刑事庭庭长王家楣在白衣巷侦讯庭前面对群众时也有强硬表态。他表示只要违反法律，刑庭绝不有所宽贷或放纵。[③] 在之后的侦讯过程中，王庭长曾特函《东南日报》《大华日报》《民报》《正报》四家报纸，

①　详见《万人争看钟渭泉，群情愤慨主张严办速办，冲入特刑庭秩序大为混乱》，《东南日报》1948 年 11 月 23 日，第 4 版；《特刑庭群情沸腾，钟案昨审未成》，杭州《大同日报》1948 年 11 月 23 日，第 2 版；《特刑庭前人山人海，市民空巷看审粮奸》，《工商报》1948 年 11 月 23 日，第 4 版。

②　《万人争看钟渭泉，群情愤慨主张严办速办，冲入特刑庭秩序大为混乱》，《东南日报》1948 年 11 月 23 日，第 4 版

③　《王庭长表示决依法办理》，杭州《大同日报》1948 年 11 月 23 日，第 2 版。

希望以他们传声，向社会各界搜集证据，以便早日定案。12 月 7 日，他对记者说正在积极调查罪证，务必早日开庭公审以慰众口。①

侦讯期间，钟渭泉曾以 200 担白米聘请叶苇担任其辩护律师以代替张衡。叶苇作为其辩护律师后，曾于 12 月 3 日以上月在白衣寺侦讯时群众的过激行为为由，具状杭州特种刑事庭申请将案移沪特刑庭办理。但是王庭长驳回了这一申请，认为钟渭泉案应在杭地办理以昭大信。虽然有群众冲入庭内，但是并无骚动情形，公安秩序亦并无影响，故认为这个理由不能成为移转管辖的原因。因此，钟渭泉想让案子脱离杭州审理的愿望没有成功。

纵观钟渭泉从逮捕到死刑的过程中，我们可以看到有许多势力在其中角逐。其中有省、市两级政府，即官和官之间的抗争，其结果是政府对于粮商钟渭泉有着不同的态度。摊贩米商和以钟渭泉为代表的大粮商们围绕着限价后的粮价展开了竞争，这场因粮食问题引发的商商间的矛盾由于钟渭泉等人收购摊米而加剧。商和民随着杭州市粮食问题的恶化而矛盾日趋激化，两者之间的斗争亦日趋频繁和激烈。办案人员受到各种势力的影响，对于钟渭泉表露出必须按照法律严办的决心。综合以上各种势力角逐的结果，钟渭泉的反对势力更为强盛，钟渭泉的死刑似乎不可避免。钟渭泉的行为触犯了许多法律条款，如《非常时期农矿工商管理条例》第十二和三十一条②、《动员戡乱完成宪政实施纲要》第六条③、《戡乱时期危害国家紧急治罪条例》

---

① 《积极调查罪证，钟案即将公审》，《大华日报》1948 年 12 月 8 日，第 4 版。

② 第十二条规定指定之企业及物品，其生产者或经营者，不得有投机、垄断或其他操纵行为以及第三十一条违反第十二条之规定，而有投机、垄断或其他操纵行为者，处五年以下有期徒刑，并课所得利益一倍至三倍之罚金。四川联合大学经济研究所、中国第二历史档案馆编：《中国抗日战争时期物价史料汇编》，四川大学出版社 1998 年版，第 4、6—7 页。

③ 第六条为安定民生，政府对于日用品之交易价格，各业薪俸工资及物资流通，资金运用及金融业务，均得加以限制或管理。法学教材编辑部、《中国法制史资料选编》编写组：《中国法制史资料选编》下册，群众出版社 1988 年版，第 1100 页。

第五条①、《违反粮食管理治罪条例》第四条囤积居奇②以及《刑法》第55条。③ 根据钟渭泉案所依据的法律条文，可以将钟渭泉判处十年以上有期徒刑或无期徒刑，甚至死刑。诚如本章开头所描述的场景，1948年12月16日钟渭泉在杭州高等特种刑事庭被判处死刑，十日内可向中央特刑庭上诉。

结　　语

钟渭泉在杭州被判处死刑后，旋即提起了上诉，案子被移交到了南京中央特刑庭。钟案之后的走势发生了一个180度的大转变，经过上海重审，最终无罪释放，可谓"死"而复生。此时的官商之间联结加强而官民之间联结消散。

钟渭泉案如同一面镜子，通过它将战后杭州粮食危机折射出来。钟案发生的背景便是战后杭州市粮食问题进一步恶化并转化为一场危机。该时期的国共内战使得军粮需求巨大，交通阻隔和余粮省份禁运政策使得供给杭州的粮食减少。由于这两方面的因素，战后杭州市出现了粮食供不应求的情况。粮食供求失衡的直接后果便是在这段时间内粮价飞涨。粮食不足与粮价飞涨

---

① 第五条第一项第十款意图妨害戡乱，扰乱治安或扰乱金融者，处死刑或无期徒刑或十年以上有期徒刑。彭明主编，金德群、杜建军本册编：《中国现代史资料选辑》第6册，中国人民大学出版社1993年版，第269页。

② 具体该条法律量刑标准为：一、谷五千市石以上或小麦三千市石以上者，处死刑、无期徒刑或十年以上有期徒刑。二、谷三千市石以上五千市石未满，或小麦一千八百市石以上三千市石未满者，处无期徒刑或七年以上有期徒刑。三、谷一千市石以上三千市石未满，或小麦六百市石以上一千八百市石未满者，处七年以下三年以上有期徒刑。四、谷五百市石以上一千市石未满，或小麦三百市石以上六百市石未满者，处三年以下一年以上有期徒刑。五、谷二百市石以上五百市石未满，或小麦一百市石以上三百市石未满者，处一年以下六月以上有期徒刑。六、谷未满二百市石，或小麦未满一百市石者，处拘役或一千元以下罚金。《违反粮食管理治罪条例》，《工商法规》1948年第45期，总第1353—1354页。

③ 一行为而触犯数罪名或犯一罪而其方法或结果之行为犯他罪名者，从一重处断。法政学社辑录，吴瑞书校勘：《中华民国刑法》，法政学社1936年版，第13页。

引发了民众的恐慌，当出现粮商囤积居奇的情况时，民众采取了带有暴力性质的抢米风潮。大规模的抢米风潮严重破坏了社会秩序。1948 年 11 月的米潮以及钟渭泉被捕反映了粮食危机下激烈的社会矛盾。面对战后杭州的粮食危机，政府采取了多项措施。具体有办理粮贷来充实杭州市的粮食存底，办理贫户平粜米及公粮来保障市民的生活，建立粮食市场和打击囤积居奇来规范和限制粮商等。

在粮食危机下，官、商、民三者之间的关系是十分微妙的。王奇生在讨论 20 世纪 30 年代的"三友案"中曾概述了政权、资本家与工人之间的关系。他提到如有任何阶级的行为危及国民党政权统治时，其均有可能采取非常手段加以遏制。[①] 战后杭州市粮食问题恶化使得政府在处理商民矛盾中也遇到了同样的问题。如果没有粮商贷款购粮，将粮食运抵杭州，那么杭州市的社会秩序会因缺粮而发生混乱。这无疑会危及国民党对于战后杭州市的统治，因而政府与粮商有合作与利益往来。但是，粮商囤积居奇激化了商民之间的矛盾，民众的反抗同样会使社会不稳定，冲击国民党的统治。这种矛盾在战后杭州市的抢米风潮中体现得淋漓尽致。政府官员谨慎地调和着两者的矛盾以维护其统治。当民众的抗争演化为全市性的暴力抢米时，政府不得不考虑群众的诉求，采取一系列紧急措施去制约粮商。但是风潮过后，政府对于粮商的限制便又放松了。当时一些记者关于政府"今天打米店，明天造名册，后天着手审查，大后天召开会议的一串刻板的老法套之中……致造成米价的飞涨，失却控制"[②] 的措施描述切中了政府在处理商民矛盾中两难境地的要害。1932 年学者萨孟武分析了这种情况，"国民党的社会基础非常薄弱，他

---

① 王奇生：《党员、党权与党争——1924—1949 年中国国民党的组织形态》，上海书店出版社 2003 年版，第 145 页。

② 《杭州又闹打米店风潮（社论）》，杭州《大同日报》1947 年 5 月 3 日，第 2 版。

们太想迎合社会全体人民，结果反而一无所获"①。因而，政府想要迎合社会全体的心态是很难调和商民两者之间的矛盾的。具体在钟渭泉案中，官、商、民之间的博弈更为显著。官和民联合使得钟渭泉被判处死刑，但当官和商勾连主导案子走向时，钟渭泉由死刑变为无罪。由此说明了官和商的勾连强于官和民的联结，官员最终在商、民之间选择了商。这也从侧面反映了国民党统治大陆时期"政府与工商业界的永久联盟是国民党权力的主要支柱"② 的观点。政府对于商的倾向性选择使得他们有可能失去民众的支持。而国民党在战后处理恶性通胀问题上屡屡受挫使得民众对政府的能力失去信任。抢米风潮的发生正是民众对于政府能力失信的一个显著表现。

---

① 王奇生：《党员、党权与党争——1924—1949 年中国国民党的组织形态》，上海书店出版社 2003 年版，第 149 页；转引自萨孟武《如何增厚党的力量》，《时代公论》第 4 号，1932 年 4 月。

② ［美］胡素珊：《中国的内战——1945—1949 年的政治斗争》，王海良等译，中国青年出版社 1997 年版，第 146 页。